外国新闻事业史

WAIGUO XINWEN SHIYE SHI

主编 刘 勇 李新丽 刘 丽

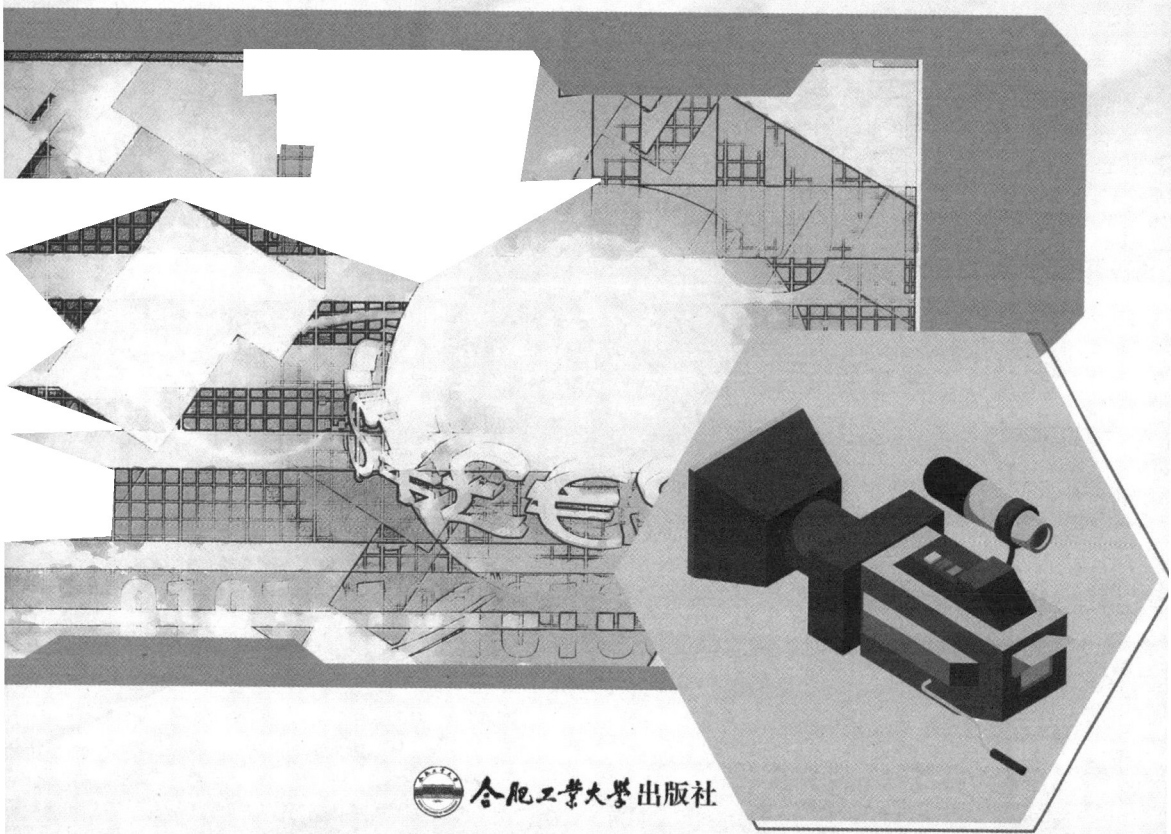

合肥工业大学出版社

目　　录

外国新闻事业的起源

本 章 学 习 要 点

　　新闻事业是人类社会发展到一定历史阶段的产物。在新闻事业问世之前的古代,人类只有初级的新闻传播活动。正是在这种初级新闻传播活动长期演进的基础上,在资本主义经济兴起的过程中,孕育和诞生了面向公众进行广泛新闻传播的社会行业,即新闻事业。因此,学习和研究外国新闻事业的历史,不能不追本溯源,理清其由古及今的孕育和诞生的过程。

　　通过本章学习,应重点了解新闻传播事业产生和发展的原因、动力、规律以及以媒介为标志的各传播阶段的特点。

第一节　新闻传播的起源

　　新闻传播活动就是人们之间相互进行的获取新情况、交流信息的社会传播活动。人类为了生存而进行必要的物质生产,然后产生了社会联系和社会交往,出现了新闻传播。

一、新闻传播产生于人类生活需要

我们生活的世界,起源于大约 137 亿年前的宇宙大爆炸(Big Bang)。相对于此,聚居其间的人类则非常年轻。根据考古学的研究,与地球上第一个灵长类动物的出现相对应的时间是约 7200 万年前。大约 3000 万年前,地球上出现了最早的猿类。1200 万年前,古猿慢慢开始了由猿到人的过渡。700 万年前,人类始祖出现。400 万年前,非洲出现了南方古猿。到了大约 100 万年前,人类终于粉墨登场。大约 10 万年前,人类的进化经历了一次质的飞跃。一种更加接近于现代人的人类,广泛分布于欧亚大陆,从德国到非洲,从比利时到中国和爪哇,到处留下了他们的踪迹。

有了人类,那作为人类伴随活动的新闻传播是怎样产生的呢?是什么力量促使新闻传播从无到有发展起来的?这一直是人们争论的焦点。唯心史观的解释是人天生的器官加上好奇心。美国新闻学者约斯特认为:"人一生下来就有一个传播消息的说话器官和一个收受消息的听觉器官,这两个器官……永远在想发挥它们的作用。人类同时又具有无穷无尽的好奇心……它创造了一种对事物的不断的兴趣。""这些对事物的好奇心是新闻欲的起源。"①从马克思的历史唯物主义观来看,把好奇心、新闻欲视为新闻发展的动力,未免本末倒置。催生新闻传播的根本力量应该是社会发展的客观需要。社会对新闻传播的需要,表现为以下三个方面:

其一是生存的需要。众所周知,作为万物之灵长的人类,在生理方面有许多不及其他动物的地方。人类没有飞禽那样迅捷,没有走兽那样勇猛,跑不及马,力不及牛,听觉、触觉的功能甚至不及一些低等动物。人要在生物进化的征途中生存下来,就必须了解周围的环境,并且密切合作,共同挑战环境。而这种合作的基础、了解环境的渠道,就是彼此间的信息交流。可见,为了生存,人类自然会出现报道消息、提供意见的需求。而这种需求,又逼迫着人类去创造种种工具、发展种种技术来适应它,来扩大它的影响范围。

其二是生产的需要。马克思主义者认为,人类最初的历史活动,是物质资料的生产,而人类的意识、语言、信息交流,正是在这些活动中并且是为了这种活动的需要而产生的。马克思说:"人是最名副其实的社会动物,不仅是一种合群的动物,而且是只有在社会中才能独立的动物。孤立的一个人在社会之外进行生产……就像

---

① [美]卡斯珀·约斯特著,王海译:《新闻学原理》(中国传媒大学出版社 2017 年版),第 1、2 页。

许多个人不在一起生活和彼此交谈而竟有语言的发展一样,是不可思议的。"[1]这就意味着,缺乏意识交流,不存在由这种交流所维系的社会,人类的生产就不能进行。不言而喻,新闻信息便是意识交流的主要内容。

其三是生活的需要。人类的生活是丰富多彩的。调剂、维持并指导人们的生活,是新闻传播的主要使命之一。从遥远的原始社会开始,新闻传播就在发挥其丰富生活的功用。自此以来,新闻传播逐渐成为人类生活不可缺少的工具。

可见新闻传播并不是凭空发生的,它是社会需要的产物,但是这种需要仅仅提供了一种可能。要使可能变为现实,又取决于客观的物质条件、精神条件和一定的社会结构。

二、新闻传播的起源

这里的起源问题探讨是着眼于人类社会初始的新闻传播现象。新闻传播的起源并非从某个点开始,而是在累进发展过程中出现,大致经历了三个阶段:

（一）新闻传播的萌芽状态

在半人半猿时期或者说正在形成中的人的时期,此时的人与动物的差别尚不是太大。就传播来看,他们的生理结构还无法发出语言。美国传播学者德弗勒推断:他们"很有可能通过一些他们生理上能发出的有限声音进行传播,如嗥叫、咕哝、尖叫,加上身体动作,大致包括手和手臂信号,大幅度动作和姿态"。因此,他们"能够相互传播的讯息的复杂程度是有限的"。尽管如此,这些早期的人类传播也不同于动物的传播,甚至可以说是大大超越了动物,因为他们能够创造,"他们可以根据共通的意思和解释规则使用发声、手势信号、面部表情、身体动作和姿态,来编码他们的想法"[2]。这是其他动物所不具备的。总之,在萌芽阶段,人类的传播方式还未消除类似于动物的痕迹,而在传播内容上,又逐渐趋于复杂,非动物所能达及。

（二）新闻传播的过渡状态

人类自身演进已脱离动物的本能时代,进入史前文明阶段,并给后人留下了传播各种信息的雕刻、绘画和其他符号等。同时,人类的语言在生理功能和内容表达方面也不断完善,而且发展为一种能自由表述感情与意义的符号系统,以其他任何动物都不可能发明或采用的方式进行社会的交往和信息的交换,使人类传播发展到一个高潮。这一个阶段,就如其生产分工尚不精细一样,传播的分类也不完备,

---

① 马克思:《〈政治经济学批判〉导言》,《马克思恩格斯选集》第二卷（人民出版社 1972 年版）,第 87 页。

② ［美］梅尔文·德弗勒、桑德拉·鲍尔-洛基奇:《大众传播学诸论》（新华出版社 1990 年版）,第 13 页。

或者说,各种各样的传播都还交织于一起,呈一种混沌状态,其中蕴含着新闻传播,而且是新闻传播演变进化链条上的极为重要和关键的一环。

(三)新闻传播的成形状态

这一阶段可以从有史记载开始。人类社会活动的丰富性和复杂性,使得新闻信息传播能力不断得到提升。尤其是传播方式、手段改进,文字产生与使用、各种书写记录载体出现等,使得新闻信息传播有效地实现。当然,这一阶段人类关于自己生活经验及知识的记载,和今天我们所说的新闻信息传播有联系也有区别。之所以说成形,是指在有限的记载中,经过考证已经发现可以确凿无疑称之为新闻传播的东西。[①]

第二节 人类早期的新闻传播活动

人类传播历史的早期,尚处在亲身传播阶段,即以人体自身为媒介,尤其以语言为主要手段,以表情和动作等为辅助手段的传播阶段。从此至近代新闻业诞生之前,它大致经历了口头新闻传播、手写新闻传播、印刷新闻传播三个发展阶段。

一、口头新闻传播

人类从动物界分离出来之后,随着劳动的进行,大脑逐渐发达,发音器官逐渐完善,思维能力逐渐发展,大概在几十万年前产生了音节语言。语言的产生是人类传播史上第一个重要的里程碑,从此以后,口头的语言传播就成了人类主要的传播形式。口头传播时期也是人类新闻传播史上延续最久的时期。

在古代社会,口头语言传播的具体方式就已十分多样。有个人之间的交谈,众人一起的议论,民族、部落的集会,田边地头的传闻,广泛流传的民谣,行吟诗人的说唱等,其中都包含着人们需要的新闻信息。而新闻性最强的口头传播,往往出现在战争或其他重大事变中。公元前500多年,古代波斯帝国国王大流士一世曾经在国内许多山头上派驻家臣,通过高声呼喊、语言接力的办法,向各地传达命令。公元前490年的马拉松平原报捷,可说是古代最著名的一次口头新闻传播。

声光传播是指借助声光信号来传递信息,例如敲击响器、吹奏号角、点燃烽火、

---

① 方汉奇:《中国新闻事业通史·第一卷》(中国人民大学出版社1992年版),第一章。

挥动旗幡等。声光传播的距离比较远,排列组合有较多的变化,表达的意思也可以更加复杂,特别是在作战或遭遇突发事件之时,可及时传达命令、互通消息。在非洲,许多民族有专门的鼓语。鼓语能述说历史,能报知新闻,能布告法律,并且能做关于某事的质问、呼喊、谩骂、诽谤,距离数千米人们也能听见。有人把这种鼓语称为"大鼓电报"。这种原始的声光传播确实对现代通信方法有一定影响,鼓点的疏密组合,实际上是电报代码的先导。

事件:
马拉松报捷

　　图式传播是指用简单的符号或图画来表达意思、传递信息。它是较为高级的辅助手段,通常被认为是文字传播的发轫。这类简单的图记符号,在世界许多地方的考古活动中都有发现,在近代一些原始部落中仍有所见。普列汉诺夫在他的《论艺术:没有地址的信》中记述了这样一件事:德国人种学家斯坦恩在巴西一个河岸上看到土人画的一条鱼,他就让随从的印第安人在河里撒网,果然捞出了几条同河岸上画的一样形状的鱼。可见土人画鱼正是为了向伙伴传递"这里有鱼"的信息。

　　正如传播学家威尔伯·施拉姆所说的,如果把人类传播的历史看作是一天的话,那么今天我们所使用的大众传播工具只是在这"漫长的一天的最后一秒钟"才产生的。然而,即使在种种新的传播方式不断涌现的今天,口头传播仍是不可或缺的。标记、声光、图式传播也在继续使用着,只是它们的形态已经完全现代化。

二、手写新闻传播

　　文字的出现,是人类传播史上第二个重要的里程碑。它标志着人类原始时代的结束和文明时代的开始。随着文字的出现和书写工具的改进,手写新闻传播渐渐上升为主要的新闻传播形式。

　　最早的文字产生于奴隶社会初期。大约在公元前三四千年,中国、埃及、印度和两河流域(幼发拉底河、底格里斯河),分别出现了早期的象形文字。古埃及的文字一般写在纸草上,称为纸草文字;古印度的文字主要保存在石、陶、象牙等制成的印章上,称为印章文字;两河流域苏美尔人的文字最初刻在石头上,以后用尖头的芦秆、骨棒刻画在黏土制成的泥板上,笔画形状像木楔,故而称为楔形文字。随着社会的发展,古代文字大都由表形向表意、表音演进,衍生出各种字母文字,而且形体日益简化,书写日益便利。

　　早期的书写工具是各种简陋的自然材料,包括石壁、黏土、兽皮、兽骨、竹简等。埃及沼泽地带盛产高秆植物纸草,将茎部剖成薄片并用树胶粘连起来,就成为地中海地区古代通用的书写材料。公元后,一些重要文件改用羊、兔等动物皮制成的羊

(兔)皮纸书写。人工造纸的技术则起源于中国。公元105年(东汉),我国蔡伦总结前人经验,用树皮、麻头、破布、旧渔网为原料造纸成功。这种技术后来经中亚阿拉伯地区传入欧洲,为各国采用。

手写的新闻传播突破了口头传播在时间上和空间上的局限,可以使信息传播的容量更大、内容更准确、距离更远、留存时间更长久。但是,它是在人类进入阶级社会以后出现的,因此一开始就受到统治阶级的垄断,用以维护他们的利益,反映他们的意志,为他们的统治服务。平民百姓没有认字识字的条件,也无力拥有书写工具,在很长时期内与手写传播无缘。

在古代外国的手写新闻传播活动中,有两种形式历来受到史家的注意:一种是公告式的,即原始形态的官方公报;一种是书信式的,即新闻信。

官方公报最早出现在古罗马时期。公元前59年,古罗马执政官尤利乌斯·恺撒下令公布元老院及公民大会的议事记录、法庭审判、税收情况等内容,用尖笔书写在罗马议事厅外一块涂了石膏的特制木板上,后人称之为《每日纪闻》(Acta Diurna)。

公元前44年恺撒遇刺身亡。经过一番权力争夺,他的养子恺撒·屋大维成了罗马的最高统治者。公元前27年起,屋大维集军政大权于一身,奴隶主的罗马共和国从此转变为罗马帝国。屋大维在公元前6年恢复《每日纪闻》,从此这一官方公报断断续续刊布到公元330年迁都君士坦丁堡为止。公报的内容有议事记录、帝国法令、战争消息、司法案件、官员任命、宗教活动,以及贵族的结婚、生育、死亡等。除了缮写在布告牌上面,还抄写、颁发给各地驻军首长。罗马帝国的不断扩张使《每日纪闻》的传播范围越来越广。这一公报畅通了统治机构的内部联系,起了维护帝国统治的作用。

新闻信指的是传递新闻、交流信息的书信,它是西方古代历史上流传最久的手写新闻传播形式。史书记载,早在公元前500多年,古罗马就开始出现新闻信,直到西罗马帝国灭亡(476),新闻信绵绵不绝。因为这个奴隶制国家幅员广阔,环绕地中海,地跨欧、亚、非,首都罗马和各行省、属地之间,无论官方还是私人,都要靠新闻信保持联系。

链接:
中国唐代进奏院状

官方的新闻信常有传递政情军情的性质。例如公元前47年,恺撒由埃及快速进军小亚细亚,征讨本都王国。战争顺利结束后恺撒立即写信给罗马告捷,信上只用了三个词:"我到,我见,我胜"(拉丁文为三个单数第一人称的动词:Veni, Vidi, Vici)。

私人的新闻信主要流行于上层社会。罗马共和末期的政治家、哲学家和文学家西塞罗,一生就写了许多书信,有给亲友的,也有给当时权势人物的,其中不少在其生前就在社会上流传。他死后留下了900多封信(包括部分别人写给他的),其中记述了当时许多重大事件和人物,记录了罗马的生活、外省的情况,以及民间习俗、竞技、游乐等。这些信件现在是珍贵的历史资料,当时则是互传信息的新闻信。

罗马时代已经出现了以撰写新闻信为业的人,他们专门给远离首都的军政长官、王公贵族、税吏、巨商写信,提供首都的消息。发展到中世纪,欧洲许多国家都有新闻信流行,上层社会主要依靠它获得外地消息,以后随着资本主义经济的兴起、商业航海业的发展,新闻信才逐步扩散到商人和平民中去。

三、印刷新闻传播

印刷术的发明,使印刷新闻传播成为可能,它在人类传播史上竖起第三座重要的里程碑。

印刷术最早出现于中国。公元7世纪初,中国人发明了雕版印刷术,即用在板材上雕刻成图文的印版进行印刷。宋朝庆历年间(1041—1048),毕昇首创胶泥活字排版印刷术。元代后期,中国又出现了木活字印刷。14世纪时,朝鲜人创造了铜活字。

大约在14世纪末、15世纪初,中国的雕版印刷术传到欧洲,并在意大利、德国、荷兰等地得到推广和应用,印制了纸牌、雕版画、印本书籍等雕版印刷品。从中可见中国古代印刷术对欧洲印刷传播的影响。但是,由于欧洲各国使用的是拼音文字,与雕版印刷不甚契合,所以欧洲的雕版印刷业并没有像在中国那样获得充分的发展。在雕版印刷术传入欧洲半个多世纪以后,欧洲人就开始应用活字印刷了。

对欧洲印刷史有着特别重要意义的是德国人谷登堡的活字印刷术。1450年前后,德国美因茨的工匠谷登堡(1397—1468),改进了金属活字印刷技术。他用铜模铸出了以铅、锡、锑合金为材料的活字,并形成了由拣字、组版、填空、齐行和印刷等步骤组成的活版印刷工艺。他还制成了木质的、靠螺旋在印板上加压力的印刷机,代替了纯粹的手工操作,从而提高了印刷的质量和效率。随后他用自己发明的印刷设施印出了《圣经》释义辞典。

15世纪后半期至15世纪末,谷登堡的印刷术在整个欧洲扩散,意大利(1464)、瑞典(1468)、法国(1470)、尼德兰(1471)、西班牙(1474)、英国(1476)先后引进了活字印刷。出版书籍很快成为每一个大城市的时尚和有利可赚的生意。在出版书籍的同时,从15世纪末叶起,一些印刷商已经开始印刷某些记事性的小册子,记述近期发生的大事,例如重大战役、自然灾害、节日庆典、王公葬礼之类。这些内容说不上什么时效性,但对一般读者仍不失为新鲜的信息,从而带有某种新闻性。小册子篇幅不等,有时还附有木刻插图,通常在大城市的书店里出售,或者由小贩沿街兜售。其中比较著名的有:1482年奥格斯堡发行的《土耳其侵犯欧洲新闻》,1493年西班牙发行的《哥伦布发现新大陆记》,1508年奥格斯堡发行的《巴西探险记》等。这些记事性的小册子被看作是印刷新闻传播的萌芽。

在古代新闻传播活动长期发展的基础上,16世纪的欧洲出现了手抄小报和新闻书。这两种传播媒介的兴起,是古代新闻传播向近代新闻事业的重要过渡。

手抄小报发源于意大利境内的威尼斯。威尼斯位于地中海北岸,早在10世纪末就是个富庶的商业共和国,是东西方交通枢纽和贸易中心。15世纪时,资本主义生产方式开始在这里萌芽,造船、纺织、玻璃等行业相当发达,手工业工场林立,工人达19万之多。这里的手工业主、商人、航海界人士十分关心商品的销路、各地的物价、来往的船期。于是有人专门打听这些消息,抄写后出售。后来,需要相同消息的人多了,他们就抄写多份,谁需要就卖给谁,这就是手抄小报。有资料认为,1536年威尼斯已有专门采集消息的机构和贩卖手抄小报的人。1563年同土耳其发生战争期间,威尼斯政府也曾发行手写的小报。1566年这里又出现定名的小报,叫作《手抄新闻》(*Notizie Scritte*)。以上各种小报的内容主要是商品行情、船期和交通信息,间或也报道政局变化、战争消息和灾祸事件,因为这些都会影响贸易和交通。小报不定期,沿街兜售,每份一个铜圆(一说张贴在公共场所,凡入内阅读须付一个铜圆)。当时的铜币叫作"格塞塔"(Gazzetta),后来这种小报流传到罗马以及欧洲各国,就称为威尼斯小报(Venice Gazzetta)。而 Gazzetta 一词也就成为欧洲各国早期报纸的名称。

在16世纪,意大利的其他城市以及德、英、法等国都有手抄小报的发行。有些大的商行或银行,在总行与分支机构之间常有互通消息的信件,主要供业务参考,也有选择地摘抄一些售与外人阅读。

新航路开辟后,世界主要商路从地中海转移到大西洋,意大利的威尼斯以及其他城市在商业上的重要地位也不得不让位于大西洋沿岸的里斯本、塞维利亚、安特卫普和伦敦。特别是尼德兰的安特卫普(现属比利时),到16世纪时,已经成为世界贸易的中心,近代资本主义社会中的一些经济机构,如证券交易所、股份公司、航运保险公司等,在此也都建立了起来。16世纪末期,在欧洲手抄小报流行的同时,在记事性小册子的基础上,安特卫普首先出现了不定期的新闻印刷品,

链接:
富格尔商业通讯

其内容是某些重大事件的报道。与前述小册子相比，其新闻性明显增强。这些印刷品多为书本形式，故被称为新闻书（Newsbook），也有单页的新闻传单（Newssheet），通常在书店、集市或街头出售。有些新闻书和新闻传单在安特卫普出版后，被翻译成英、法等国文字，向其他国家传布。

根据现有记载，德国 1502 年出版过报道打败土耳其人的印刷品，并且首次使用了报纸（Zeitung）一词。英国 1513 年出版过有关苏格兰战争的新闻书；到 16 世纪末，英国的新闻书逐步多起来，1590—1610 年有过大约 450 种，名中常带有"真实的新闻"（True News）、"真实的报道"（True Relation）等字词。法国在 1529 年以后出现不少活页印刷品，内容多与宗教改革有关。意大利 1549 年出版的《特兰特会议新闻书》，报道天主教改革的新闻，曾译成德文和英文再版，影响比较广泛。

总体来看，手抄小报和新闻书曾在相当长时间内并存发展，它们是近代报刊的雏形。因为它们的出现，绵延千百年的古代新闻传播活动发生了质的变化。新闻传播的规模扩大了，从特定的对象转而面向整个社会了，专门采集和公开发布新闻的机构逐渐出现了，从事这项活动的行业队伍逐渐形成了。于是，经过漫长岁月孕育、准备的近代新闻事业即将降临人间。

第三节　近代新闻事业的诞生

进入 17 世纪，随着社会政治经济变动的加剧、社会信息量以及对信息需求的增长、物质技术条件的逐步改善，原来的手抄小报逐步改为印刷出版，不定期的新闻书逐步定期化。定期化的实现，先是一年、半年，由于刊期过长，只能称为定期出版物；以后随着邮件稳定在每周一次，便有了新闻性较强的周刊或周报，这便是定期报刊。通常认为，定期报刊的出现标志着近代报业，也就是近代新闻事业的诞生。

世界上最早的定期刊物诞生于德国。1609 年，德意志地区出现了两种周报：《通告-报道或新闻报》（*Avisa Relation oder Zeitung*），在沃尔芬比特尔（一说奥格斯堡）发行，每周一张，只有一条新闻；《报道》（*Relation*），在斯特拉斯堡出版，当年 9 月 4 日曾刊登著名天文学家伽利略制作一台新的望远镜的消息。这两份周报依靠新闻信获得世界各地的消息并加以刊载。一般认为它们是世界上最早的定期报刊。当时在德意志地区出现的周报或周刊还有：《法兰克福新闻》（1615—1902）、《法兰克福邮报》（1616—1866）、《马格德堡新闻》（1626—1955）等。

定期报刊在德国出现之后,从 1610 年到 1661 年间,瑞士、奥地利、英国、法国、丹麦、意大利、西班牙、瑞典、波兰等国也陆续出现了定期报刊。

英国最早的定期报刊是《每周新闻》,1621 年 9—10 月连续出版了 6 期,单张印刷。这是经封建王朝特许出版的,只登译自国外出版物的消息。法国的定期报刊出现于 1631 年。这年 1 月,《各地见闻》周刊在巴黎出版,但是不久被 5 月创办的《报纸》所兼并,《报纸》是国王特许出版的 4 页周刊。在此前后,其他欧洲国家,如瑞士(1610)、奥地利(1620)、丹麦(1634)、意大利(1636)、西班牙(1641)、瑞典(1645)、波兰(1661)等,也陆续出现了定期报刊。由于封建政权的压制,这些报刊起初只刊登国外新闻,后来才增加为当局所许可的国内新闻和言论。

近代意义上的期刊(杂志),最早出现于 1665 年。这年 1 月在巴黎出版了《学者杂志》,内容有新书介绍、科学发明等,起初是周刊,后改为月刊。同年英国皇家学会创办的学术性季刊《皇家学会哲学汇刊》,直到今天还在出版。

1682 年,奥·门克教授在莱比锡创办了德国第一份科学杂志《学术纪事》。它与 1688 年在汉堡出版的《每月论坛报》一起,开创了延续到 19 世纪中叶的德国期刊中文学与哲学成分超过新闻的思辨传统。

1670 年到 1790 年,德意志地区先后出版期刊 3494 种,超过同时期世界其他地区期刊出版量的总和。

在定期报刊逐渐增加的基础上,欧洲以至世界各国先后出现了日报。1650 年,出版商蒂莫台斯·里兹赫在莱比锡创办了《新到新闻》。一般认为,这是德国,也是世界上第一份日报。1660 年,莱比锡印刷局长创办周报《莱比锡新闻》,3 年后改为日报出版。这 2 份报纸存在的时间都不长。

英国第一张日报是 1702 年在伦敦出版的《每日新闻》。该报开始时单面印刷,以后改为 2 面印刷,每面 2 栏,从而初步具备近代日报的形式。

法国第一张日报是 1777 年元旦创办的《巴黎新闻》,以报道新闻为主,内容多样,并有广告。

美国第一份日报是费城的《宾夕法尼亚晚邮报》,1775 年创办时为周三刊,到 1783 年改为日报,小张 2 面印刷,存在时间不长。

综上不难发现,近代报刊都是首先出现在德国。这有以下几方面的原因[①]:

第一,德国是最早发明和采用活字印刷技术的国家。新的印刷手段的运用,使信息的大量复制成为可能。这就为定期报刊的出现奠定了技术基础。

第二,德意志地区的邮政系统比其他国家发达,许多城市可以每日递送邮件。

---

① 程曼丽:《外国新闻传播史导论》(复旦大学出版社 2004 年版),第 7 页。

这就为报刊的定期发行提供了保障。

第三,由于国家分裂、长期战争和黑暗的专制统治,到 16 世纪末期,德国已经成为欧洲封建统治势力最薄弱的国家。而"报纸首先是在那些中央权力薄弱或统治者比较宽容的地方兴盛起来的,前者如德意志地区,当时它分裂为许多弱小的公国;后者如那些低地国家(指今日的荷兰、比利时和卢森堡——译注)"①。

从 17 世纪初定期报刊问世,到 17 和 18 世纪日报陆续创办,这是近代新闻事业的初创时期。首先,报刊从一般的印刷物中分离了出来,同书籍区别开来,形成独立的报业。其次,报纸和期刊(杂志)也开始分流,形成报业中的两个分支。报纸已具备散张、2 面印刷、分栏编排的形式,内容有新闻、评论、广告三个主要部分,刊期短,有日报、周报等。期刊(杂志)保留成册装订的书本形式,有政治时事性、科学性、文艺性等类别,刊期比报纸长,有周刊、半月刊、月刊等。

这里应该指出,在定期报刊不断兴办的情况下,作为大众媒介早期形态的手抄小报和新闻书之类的印刷品,并没有销声匿迹。它们在 17、18 世纪继续流行,特别是在社会大动荡中显得十分活跃。从个体来看,它们比较零散,生存期不长,大多没有留下名字和实物;但从整体看,它们流行广泛,影响巨大,是近代报业的重要补充。

第四节　新闻事业诞生的历史必然性

新闻事业的诞生有着深刻的社会历史背景。"没有需要,就没有生产。"马克思的这一论断不仅适用于物质产品的生产,同样适用于精神产品的生产。人类历史上任何新生事物的产生,都有这种社会需要的呼唤。如果没有资本主义经济兴起过程中整个社会对新闻信息的大量需求,小规模的、定向传播的新闻活动也就不会发展成为大规模的、面向社会公众的新闻事业。归根结底,是资本主义商品经济的兴起以及由此而来的社会变化,形成了对新闻事业的需要,同时也提供了产生新闻事业的物质手段和社会条件。

这种社会需要可以概括为两个方面。从经济上看,资本主义经济的兴起,使得

---

① ［美］迈克尔・埃默里、埃德温・埃默里:《美国新闻史:大众传播媒介解释史》(新华出版社 2001 年版),第 9 页。

社会分工更加发展,人们为市场而生产,又从市场取得生活必需品。这种市场联结着百里、千里之遥的地区,原料来自远方,产品销往外地,整个民族、国家真正连成一体。而且随着航海事业和对外贸易的发展,国际交往也不断增加。这就使得人们不仅需要了解本地的情况,还要知道国内和世界各地的重大事变。而在重要的商业城市或贸易港口,对新闻信息的需求就更加集中和突出,这些地方自然就成为早期新闻事业的发源地。从政治上看,资本主义经济的兴起,打破了长期停滞的封建秩序,加速了社会政治变动,阶级矛盾日益激化。特别是同宗教改革交织在一起的反封建浪潮,声势浩大的资产阶级革命运动,风起云涌,连绵起伏。这就使得社会信息量大为增加,社会各个阶层都不得不关注新闻信息,以适应事态的变化。特别是新兴的阶级力量更是迫切需要传播信息、宣传观点、制造舆论,以促进社会的变革。

在这种社会需要增长的同时,有关的社会和物质条件也在发展。这些条件主要有:

① 印刷和造纸工业日益发展。近代报业诞生前的一个多世纪,活字印刷已经推广到整个欧洲,手摇印刷机也已普及,人造纸已经取代了昂贵的羊皮纸和简陋的埃及草纸。这样,印刷效率有所提高,生产成本明显降低,新闻印刷品就有可能批量生产。

② 交通和邮政事业日趋发达。16世纪前后,欧洲各国行走马车的公路大量兴建,内河航运不断改善。地理大发现以后各国竞相发展远洋航运,因此人员往来、信息交换日趋便利。法国(1464)、英国(1478)、德意志(1502)等国先后开设为民众服务的邮政业务,到17世纪初许多城市的邮班已缩短到每周一次,使得报刊定期发行成为可能。

③ 人口集中的城市逐步增多。农村人口不断向城市流动,以英国为例,17世纪初已有1/5的人住在城市里,著名的工业城市曼彻斯特、利物浦、伯明翰等正在形成。这种情况使得社会联系更为紧密,既增加了信息的来源,也增加了信息的需求,形成了新闻采集和传播的良好条件。

上述条件的具备和发展,就使得新闻事业的诞生有了现实的可能。正是这种社会需要和实际条件的结合,形成了新闻事业诞生的必然性。

由于新闻事业诞生在封建社会末期,它又和资产阶级的经济政治需要息息相关,就不可避免地要遭到封建统治者的敌视和压制。它同其他一切随着资本主义经济来到世上的新生事物一样,被封建统治者视为洪水猛兽而严加防范。尽管封建阶级也需要了解各方面的信息,但他们决不允许不利于本阶级的信息在社会上流传。他们一贯奉行愚民政策,阻挠社会信息的自由传播。尽管如此,欧洲各国的报刊仍在陆续问世。许多违背封建政权意向的报刊,或是秘密印刷发行,或是在国外出版后偷运进来,尽管政治倾向不同,但都汇成了一股不可阻挡的潮流,冲击着封建旧秩序的堤防。总之,封建压制和反压制的矛盾是同新闻事业相伴而生、相伴而长的。这一矛盾只是在以后资产阶级革命过程中才逐步获得解决①。

思考与练习

1. 人类新闻传播活动经历了哪些阶段?

2. 人类的传播活动与传播技术的关系如何?

3. 简述古代罗马《每日纪闻》的性质及其基本内容和作用。

4. 最早的公告式新闻和书信式新闻出现在什么年代?

5. 为什么说新闻事业的诞生是历史的必然?

---

① 张允若、高宁远:《外国新闻事业史新编》(四川人民出版社 1996 年版),第 14—17 页。

近代资产阶级报业的创建与发展

本 章 学 习 要 点

　　本章介绍了 16 世纪资本主义生产关系冲击下的欧洲社会剧变以及在文艺复兴和宗教改革的背景下,欧洲各国新兴报刊的发展历程。英、美、法资产阶级革命中各国的革命报刊具有各自特征。资产阶级革命激发了对于新闻出版自由的呼唤,众多革命报刊创刊,革命报刊也在舆论动员中推动了革命的进程。

第一节　资产阶级革命与近代报刊

一、16 世纪欧洲社会的剧变

　　马克思曾经以 16 世纪作为世界进入资本主义时代的分水岭,其认为虽然 14、15 世纪,在地中海沿岸的某些城市已经出现了资本主义生产的最初萌芽,但是资本主义时代是从 16 世纪才开始的。资本主义的经济是从封建社会的经济当中萌芽并成长起来的。资本主义因素的发展加速了封建自然经济的解体。随着资本主义商品经济的日渐发达,16 世纪的欧洲集中发生着宗教、经济和社会方面的重大变革。

　　重大变革之一是 16 世纪在资本主义生产关系带来的冲击下,基督教教权与各国君权的平衡再次被打破。1517 年 10 月 31 日,德国马丁·路德(1483—1546)以虔诚教徒的身份发动针对教会的批评和革新建议,带头上街张贴反对教皇里奥十世的《九十五条论纲》。《九十五条论纲》认为:告解圣事的中心是悔改,而不是向神父认罪;肉身的苦修和禁欲,若无内心的忏悔便毫无用处;靠积累功德赎罪也无益,只有基督的功德才能有助于赎罪;教会的"功库"只在于上帝通过取得基督施行救赎恩典的福音。由于教会统治日益腐朽,路德一时激愤的做法产生了他自己也没有意料到的巨大反响——席卷全欧洲的宗教改革运动最终产生了一个

路德带头上街张贴反对教皇
里奥十世的《九十五条论纲》

新的基督教教派,称为更正教派或新教。新教的兴起,使得原本于 1054 年分裂成罗马公教(亦称天主教)和东正教的基督教世界再次闹分裂。自此,基督教世界三教鼎立,延续至今。

　　重大变革之二是 14 世纪文艺复兴运动在意大利兴起,15 世纪和 16 世纪遍及欧洲。新兴的资产阶级利用复兴古希腊罗马文化的口号,反对罗马教会与封建统治。正是因为文艺复兴运动倡导人文主义,以人权、人性反对神权、神性,起到了动摇教会权威、打破思想禁锢的作用。这一时期葡萄牙和西班牙等国率先进行了海外征服。地理大发现开启了世界史的历史进程,同时在比较中,"西方文明"逐渐凸显自身优势。

链接:
基督教历史上的
几次分裂与发展

　　16 世纪之后,欧洲外部是货物与信息更广泛的流动,内部则是宗教革命引起的剧烈社会震荡。社会迫切需要打破封闭而僵化的信

息流动进程。"出版自由"的理念应运而生,这一时期的资产阶级革命家利用报刊进行宣传鼓动,号召广大人民群众起来革命。"出版自由"这个口号,从中世纪末到19世纪,在全世界成了伟大的口号。因其反映了资产阶级的进步性,即"反映了资产阶级反对僧侣、国王、封建主和地主的斗争"①。这是列宁对"出版自由"历史功绩的评价。法国浪漫主义文学家夏托布里昂(1768—1848)曾睿智洞见"并非宪法给予我们出版自由,而是出版自由给我们带来了宪法"②。这句名言一语道破了"出版自由"在资产阶级革命过程中所起的能动作用,说明出版自由与资产阶级民主制度的因果关系,又是其民主制度的重要内容。17世纪、18世纪西方各国爆发一系列反对封建主义的资产阶级革命,推翻封建制度,建立资产阶级政权,资本主义的生产方式代替了封建的生产方式。

重大变革之三是市民地位上升。以16世纪的英国为代表,资本主义的发展冲击生产关系,旧的等级秩序和等级观念发生变化,贵族和教士的特殊地位和角色意义大为弱化,市民地位上升,形成所谓"乡绅兴起"的局面。各等级间的矛盾和竞争更加激烈,旧的等级界限被打破。新兴阶层则通过参与国家管理而晋身上层等级。劳动者也逐渐具备了"平民"的等级意识并开始为争取自身利益而斗争。马克思认为,"市民社会"这一用语是在18世纪产生的,当时财产关系已经摆脱了古代的和中世纪的共同体。真正的资产阶级社会也是随同资产阶级发展起来的。这一名称始终标志着直接从生产和交往中发展起来的社会组织,这种社会组织在一切时代都构成观念的上层建筑的基础,也是观念变迁的基础。

需要注意的是,文艺复兴运动与宗教改革为资产阶级革命做出了思想上、文化上的准备,新兴阶层的出现也为资产阶级革命创造了条件。但是这些条件并不是从16世纪至19世纪末所谓"西方文明"出现并占据全球优势的直接原因。历史学家斯塔夫里阿诺斯认为1500年之后,是西欧国家在中世纪后期开始的殖民扩张,使得人类进入了全球史的时代。这一时期"为上帝服务和寻求黄金"的文化精神、"文艺复兴时期的骚动"使得个人主义和现世主义增长、神学和基督教对现实生活的控制手段让位于当时由个人探究出的道德准则和社会准则,乃至经济持续增长、科学技术的进步等等都不是根本原因,他将这种全球扩张的根源主要归结于"一个牟利的欲望和机会、一个使牟利得以实现的社会和体制结构"③。按照马克思的观点来看,西方从16世纪开始的逐步占据优势,并非出于西欧拥有比世界其他地区

---

① 《列宁全集》第32卷(人民出版社1987年版),第85页。

② [日]稻叶三千男、新井直之:《日本的报业理论与实践》(新华出版社1985年版),第39页。

③ [美]斯塔夫里阿诺斯著,吴象婴、梁赤民译:《全球通史:1500年以后的世界》(上海社会科学院出版社1999版),第32页。

更加先进的伦理或文化,而是先于其他地区快速发展的资本主义生产方式与带来的全球扩张和时代的变迁。

二、资产阶级革命中的报刊

英、美、法资产阶级革命后,推翻了封建政权,建立了资产阶级共和国。三国革命后报纸发展的进程,受两个因素的制约:第一,资产阶级革命是否彻底,建立起怎样的政治制度;第二,资产阶级共和制是否巩固,有无封建复辟。

英国资产阶级革命以资产阶级与土地贵族妥协建立君主立宪制而告终,是不彻底的。政府以法律和经济的手段限制报纸的发展,英国报业在相当长时期里发展迟缓。美国资产阶级革命比较彻底,资产阶级共和制也比较巩固,美国报业发展较快。法国资产阶级革命最为彻底,但是革命后建立的资产阶级共和制不巩固,一再发生封建复辟,法国报业发展屡遭顿挫。

链接:
意大利耶稣会士利玛窦描述16世纪的中国

一方面,尽管严格的政治控制明显制约着新闻业的进步,然而它仍然获得了长足的发展。首先是内容方面,17 世纪初的小报只刊登一些干巴巴的消息,到了该世纪中叶开始登载政论文,并逐步将报道面扩展到社会和文化生活的各个方面;其次是尽管有特权制度的阻碍,但报纸的发行量仍在不断扩大,这是推行专业化和开展竞争的结果;再次,新闻业尽管受到种种审查,但还是获得了某种政治权利(各国新闻业有所不同),新闻业作为自由思想的先锋,开始为本身的自由而斗争。

另一方面,虽然报纸的内容不断丰实、读者的范围显著地扩大,但是直到 18 世纪末新闻业仍未受到重视。即使在最先进的国家,如英国、法国也不例外。报纸虽已经显露出来重要性,本来应该受到重视,可是当时人表达思想的主要手段依然是书籍和小册子。报纸作为反映客观世界的一种手段,客观到了消极被动的地步。对于社会上进行的斗争,报纸只是客观反映,并不能真正触动其实质。真正能对事态发展产生影响的还是传统的文学作品。

在 18 世纪,办报还是一种被人轻视的职业,新闻业在社会和知识界上流人物的眼中,只是一种没有价值、没有魅力的次文学。卢梭在 1755 年讲述:"一本周期性出版的书是怎么回事呢? 就是一本既无价值又无益处的昙花一现的著作。文人们以轻率的态度诵读这些东西,仅仅是给未受教育的女人们和为虚荣所驱使的蠢人们听的。"在伏尔泰看来,报纸无非是"一些鸡毛蒜皮的琐事的记叙"。什么时候

新闻事业才有发展呢？需要等到世界的飞速发展时期，特别是革命时期，整个社会生活的节奏加快，突发性新闻的不断出现以及这些事件在越来越多的公众中引起浓厚兴趣。周期性出版物及时报道这些事件，才有可能使报纸在社会生活及各种政治势力的角逐中占据越来越重要的位置。

英、美、法资产阶级革命时期的报刊有以下 3 个共同点：①封建统治压制出版自由，严禁资产阶级书籍、政论小册子及报刊宣传反封建的资产阶级民主思想；②革命爆发后，资产阶级政论小册子及报刊冲破限禁，迅速发展，动员人民进行革命斗争；③资产阶级革命胜利后，资产阶级报刊的作用起了变化，从反对封建主义的新闻工具变为维护资本主义的新闻工具。

第二节　英国近代资产阶级报业

一、控制与反控制：17 世纪英国出版业状况

1640 年的英国资产阶级革命是世界近代史的开端，它引发欧洲的一系列革命，最终宣告了新社会政治制度诞生。在英国资产阶级革命之前的英国新闻出版业状况是这一时期英国社会的缩影。

从中世纪开始，阅读手抄新闻是贵族的特权。爱德华三世时期的米诺特、伊丽莎白一世时期的怀特都是当时的著名手抄新闻人。15 世纪中叶起，印刷术在欧洲成为一种技艺，冒险家兼商人的威廉·卡克斯顿（1422—1491）在 15 世纪初期便设立了英国第一家印刷所。此后随着经济的增长和城市化的影响，资产阶级革命前，英国城市居民对于出版物的社会需求急剧上升。据有关学者估计，莎士比亚时代伦敦人的识字率大约在 1/3 到 1/2。就整个英国来说，到了 1641 年，有 30% 的男性具有了签名的能力，能够阅读但不能书写者则远远超过这个比例。印刷术

英国第一位印刷商
威廉·卡克斯顿

的普及大为刺激了这种社会需求。从都铎土朝时期(1485—1603)最早开始对于出版业进行严厉的控制,一直延续到光荣革命之后,英国王室对于出版业采取了多种控制手段,简要介绍如下:

(一)特许出版和行政控制

1530年,第一个在政府控制下颁发许可证的制度得以建立。1534年的圣诞节,亨利八世又发布公告,规定出刷商在开张营业前须先行获得皇家许可,"事先约束"的想法从此成为英国法律。1557年,玛丽女王设立皇家特许出版公司(Stationer's Company),将出版作为特权限制在特权商人之间。这是最早的官方控制的出版同业行会,也是第一家特权行会。1586年,星室法庭颁布特别法令,赋予了皇家特许出版公司更多的特权,具体内容包括:

① 一切印刷品必须送皇家特许出版公司登记,全部印刷商的印刷机必须在皇家特许出版公司登记;

② 除教会同意外,不再允许出版商的登记申请;

③ 皇家特许出版公司对非法秘密出版物有搜查、扣押、没收及逮捕犯罪嫌疑人的权力,并有权对其实施相应的惩处;

④ 除剑桥大学、牛津大学和伦敦市以外,一律禁止印刷;

⑤ 印刷任何刊物,均需事先请求许可,否则处12便士到14先令罚款或坐牢等各项处罚;

⑥ 出版商的学徒以1~3人为限,剑桥、牛津大学印刷厂分别限有学徒10人。

上述命令一直延续到1640年革命爆发被废止,后又有复辟者多次效法,对英国出版业的影响长达一个多世纪。

(二)严刑峻法

1570年,伊丽莎白一世将枢密院的司法委员会改组为直属女王的皇家出版法庭,即星室法庭(Star Chamber),以加强封建统治,组成人员包括枢密院人员(包括国会议员、财政大臣、掌玺大臣、主教1人、勋爵1人)和大法官3人。星室法庭在审理时,不采用陪审团,主要处理普通法庭无法审理的刑事案件或特殊性质的案件。星室法庭虽然不能判处死刑,但是可以对被认为是煽动叛国或者诽谤宫廷的案件,处以罚款、戴枷示众和坐牢的刑罚,甚至是鞭打、烙刑、断手足等酷刑,直到1641年废止。星室法庭后来成为专断司法的同义语。历史上星室法庭抨击过许多书籍印刷者与作家,如托马斯·霍布斯(1588—1679)、约翰·弥尔顿(1608—1674)、约翰·洛克(1632—1704)等作家,其主要著作与思想均对革命产生巨大的影响。

托马斯·霍布斯

约翰·洛克

在上述手段的压迫下,这一时期能够正式出版的英国刊物,首先均为获得特许的皇家特许出版公司成员的刊物。如 1605 年,皇家出版商成员,同时也是荷兰新闻书的贩卖者伯特出版了可能是英国最早的印刷新闻书《约克郡谋杀案》。其次只能是关于国外的新闻。在内容上有严格规定,不得报道涉及英国国内的政治新闻。所以当时的荷兰出版商看到英国人对于新闻信息的社会需求,在阿姆斯特丹印刷报道德国"三十年战争"消息的英文新闻周刊,运往英国销售。英国出版商鲍尔尼和阿切尔等从 1622 年到英国革命期间出版了多类新闻刊物,均只报道国外政治新闻。

二、1640—1688 年英国大革命期间报刊

1640 年英国资产阶级革命爆发后,推翻了近百年来的封建王朝关于新闻出版活动的制度与法律。英国出版业获得了初步的自由。1641 年 7 月 5 日国会废止了星室法庭,同年颁布新的出版法,规定出版者姓名登记备案后即可出版。后又废除皇家特许出版公司,不再禁止报道国内政治新闻。这给当时的新闻出版带来了新的活力。

事件:
17世纪的报刊开始定期出版

1640—1660 年,有近 300 种报刊出现。这类报纸在形式上处于由书向报的转换过程中,所以又被称为新闻书。但报纸在形式上的变化仍是显著的,如第一页开始有报头,报名下面直接刊登新闻;在内容上开始刊登国内新闻,甚至国会议程。在革命高潮时期,尤其是英国的两次内战期间,这类报告国内外政治事件的新闻书大规模出现,书籍和新闻

印刷品成为革命动员、推动革命前进的主要宣传工具。

革命之初有代表性的刊物是 1641 年托马斯在伦敦发行的第一本专门报道国会新闻的周刊《国会每日纪闻》(另译《国会活动纪要》,*The Heads of Several Proceedings in this Present Parliament*)。这是英国首家报道国内政治新闻的报刊。

大革命中形成的两派政治势力国会派和保皇派开始创办各自报刊,于是在英国新闻传播史上,1643 年开始出现党派报刊。国会派的代表报刊是 1643 年创办的《英国信使》(*Mercuius Britainicus*);保皇派的代表报刊是同年创办的《宫廷信使》(*Mercuius Aulicus*)。还有一家在伦敦创办的保皇派报刊《公民信使》(*Mercuius Civicus*)。① 随着两派政治势力的瓦解,国会派不复存在,国会中又出现独立派和长老派。

链接:
弥尔顿生平简介

在各种出版禁令被革命冲垮后,出版的混乱无序和批评国会的言论急剧增多。1643 年 6 月 13 日,在当权的长老派的主持下,国会恢复了出版特许制度,并成立出版检查委员会。出版物数量在半年内锐减 70%。英国政论家约翰·弥尔顿在 1643 年因为出版了 2 本未经许可的关于离婚的小册子,被国会出版委员会召去质询,由于弥尔顿是国会议员,因而没有受到处分。而他在面对国会质询时的演说词在 1644 年年底以小册子的形式出版,即著名的《论出版自由》。

《论出版自由》的要点如下:

一是弥尔顿出于对于人类理性的笃信,认为政府不应限制自由。"杀人只是杀死一个有理性的动物……禁止写书,则是扼杀了理性本身。"②

二是弥尔顿坚信限制言论出版自由就是妨碍真理,认为:"现在正是我们发表写作和言论来推动大家进一步讨论激动人心的事情的时候……虽然各种学说流派可以随便在大地上传播,然而真理却已然亲自上阵;我们如果怀疑她的力量而实行许可制和查禁制,即是伤害了她。让她和虚伪交手吧。谁又看见过真理在放胆交手时吃过败仗呢?""……如果我们竟致采用查禁制,那就非常可能是查禁了真理本身。"③

三是明确出版自由是一切自由中最重要的权利。他提出"让我有自由来认识,抒发了己见,并根据良知作自由的讨论,这才是一切自由中最重要的自由"④。

① 陈力丹:《世界新闻传播史》(上海交通大学出版社 2002 年版),第 28 页。
② [英]弥尔顿著,吴之椿译:《论出版自由》(商务印书馆 2009 年版),第 6 页。
③ [英]弥尔顿著,吴之椿译:《论出版自由》(商务印书馆 2009 年版),第 53、56 页。
④ [英]弥尔顿著,吴之椿译:《论出版自由》(商务印书馆 2009 年版),第 52 页。

《论出版自由》的小册子成为西方自由主义理论的源头之一,影响深远。美国新闻学者韦尔伯·施拉姆赞扬其"在自由主义传统上写出了主张思想自由的光辉论点"①。但是应当看到的是,正因为将出版自由视为是建立在人类理性基础上的权利,所以弥尔顿并不认为人人都应当享有出版自由。他在《为英国人民声辩》一文中指出,"凡是不能自制的人,以及由于心智鲁钝或错乱而不能恰当地管理自己事务的人",不配享有崇高的出版自由。后来他参与国会出版委员会制定出版管制法令,赞同该法令中所规定的条款:"除出版者与作者或至少印刷者的姓名已登记备案以外,任何书籍不得付印。"

1660 年 5 月,斯图亚特王朝复辟。弥尔顿则以"弑君者"的辩护人的罪名被捕

1644 年出版的《论出版自由》

入狱,由于他的国际荣誉以及多方营救,才于 1660 年年底获释。但是统治当局还是命令刽子手在绞刑架下当众焚毁弥尔顿的一些著作,象征性地予以惩罚。

1649 年 5 月,英国宣布为共和国,同时进入由军人首脑克伦威尔统治时期。1653 年克伦威尔被拥戴为"护国主",实行专制的新闻政策,只有 2 家政治性周刊被特许出版。

1660 年查理二世复辟后,3 年内陆续恢复了一系列出版禁令,重新宣布不经许可不可报道国会新闻,任命了王室新闻检查官。复辟期间,1665 年由于伦敦发生瘟疫,宫廷暂时搬迁到牛津郡,国务副大臣威廉逊派穆迪曼创办了一份王室的官报《牛津公报》(Oxford Gazette)。该报创刊后作为政府公报一直发行至 20 世纪。《牛津公报》由于是第一种单页印刷、刊载新闻、每周两次定期出版的印刷品,因此被视为英国历史上第一家真正的报纸,同时也是世界上最古老的报纸。Newspaper 一词首次出现于这份报纸上,其内容上有较多的官方新闻,以及一些社会新闻,没有言论。从第 24 期起,其迁回伦敦出版,改名《伦敦公报》(London Gazette)。

1679 年,国会在社会各界强大的压力下,批准 1662 年以来所制定的一系列出

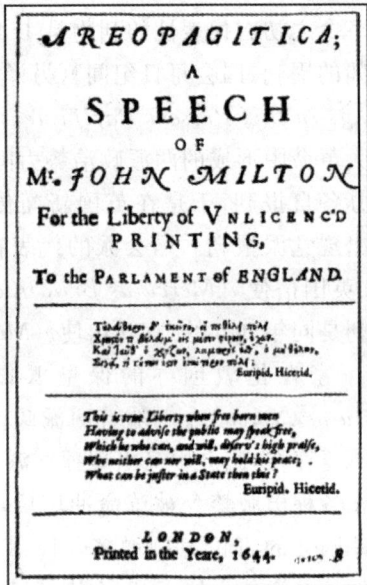

---

① [美]韦尔伯·施拉姆著,中国人民大学新闻系译:《报刊的四种理论》(新华出版社 1980 年版),第 51 页。

版许可法律失效。

三、光荣革命后的报刊

(一)废止出版特许制

1648 年的资产阶级革命虽然废除君主制,建立了共和国,但是在 1688 年发生政变,斯图亚特王朝复辟,成立了金融资产阶级与土地贵族妥协的君主立宪制,史称光荣革命。革命确立了君主立宪制,王权削弱,资产阶级化的贵族掌握了国家的实际权力。在革命形势的发展和各方呼吁下,1694 年皇家出版特许制终于得到废止,英国历史上出现新的办报热潮。1690 年,英国出现第一家外埠报纸《伍斯特邮递员》(Berrow's Worcester Journal)在伍斯特市创刊,这是最早使用 Journal 一词作报名的报刊。1702 年英国出现了第一家日报。在伦敦创刊的《每日新闻》(Daily Courant),由马利特创办。初创时半张,单面印刷,每版 2 栏,主要刊登国外新闻;后扩充版面,改为 2 面印刷,刊登船期和广告。1735 年,因政府津贴减少,该报与《自由英国人》和《伦敦新闻》合并,改名《每日公报》。

光荣革命后英国新闻界还有一份著名的政治性杂志,即著名作家和政论家丹尼尔·笛福创办的《英国评论》(1704—1713)。这是英国最早的一家具有鲜明资产阶级民主意识的刊物。所有论文几乎全部出于笛福之笔,他的写作原则是"假设对 500 个不同职业的群众说话,而使每个人都能听得懂"。笛福也被认为是英国第一个职业记者。1705 年,《英国评论》改名为《评论》。后笛福因言论得罪当局,4 次入狱。1719 年,他在《每日邮报》上连载小说《鲁滨逊漂流记》,从此开了报纸连载小说的先河。

(二)实行"知识税"

妥协性的革命决定了英国资产阶级革命有很大的保守性。英国政府一方面废止行政控制和严刑峻法,另一方面征收"知识税"(Tax on Knowledge),限制报纸出版发行。1712 年,英国政府开始向报纸、广告和纸张征税,历史学家称之为"知识税",这是管制出版的特别方法。恩格斯指出:"诽谤法、叛国法和渎神法,都沉重地压在出版事业身上……英国的出版自由一百年来苟延残喘,完全靠政府当局的恩典。"[①]英国报纸在政府限禁下种数少、报价高、销量小,报纸都靠政府的津贴以及实力集团的贿赂生存。结果政党报纸居统治地位,分为两大派别,即保守党的报纸和辉格党(自由党的前身)的报纸,因而英国报纸在 17 世纪中叶资产阶级革命后的一两百年间发展迟缓。

英国历史上的印花税始于 1712 年 5 月 22 日英国国会通过的"印花税法案",

---

① 《马克思恩格斯全集》第 20 卷(人民出版社 1972 年版),第 79 页。

直到 1861 年才全部取消。内容主要有 4 点：

① 报刊税：所有报刊自 1712 年 5 月 22 日起，一律征收印花税。税率为：半张或者小于半张者，每份付税半个便士；半张以上，不超过 1 张者每份付税 1 便士；报纸和小册子超过 1 张（4 页）不及 6 张者，每期每张付税 2 先令；超过 6 张的书籍、税单、报表等均可免税。

② 广告税：广告每项付税 12 便士，官办报刊《伦敦公报》亦同，但书籍及单独发行的广告免税。

③ 纸张税：进口纸张每吨征税 1 先令至 16 先令（按纸张等级收税）。本国纸张每吨自 4 便士至 1 先令 6 便士不等。

④ 所有报刊均须向政府印花税局（Stamp Office）注册，出版报刊每期均须注明发行人的姓名、地址，如有不符，罚款 20 镑；报刊如不付税就出版，将吊销出版执照并受到相应惩处。

由于印花税税收十分苛刻繁重，此法案实施半年后，伦敦的报刊便停业一半，政府成功遏制了报刊发展。1714 年压低印花税金后，伦敦的报纸又逐渐增多。

新闻出版业者和知识界对于印花税深恶痛绝。从约翰·亨特和利·亨特出版的《考察家报》（The Examiner, 1808—1881）开始，该报在头版上总是称自己已经缴纳了"知识税"。后来，英文"知识税"就用复数来统称纸张税、印花税和广告税了。一方面，"知识税"由于种类繁多，对出版界带来了巨大的负担；另一方面，政府通过此举，并辅之以津贴制度，一定程度上起到了控制报业的作用。有学者认为由于知识税的高成本效应，办报人必须把报纸定位在高端读者，同时努力改变经营方式：驱使报纸追逐利润；另外，知识税还改变了报纸的外在形态：大开报纸（Broadsheet）开始出现，政客负责提供文章，记者和广告商负责提供资料，政论占据报纸的大部分版面等①。

第三节　美国近代资产阶级报业

美国近代报业历史大致可分为这样几个时期：殖民地时期、独立战争时期、"政党报纸"时期。每一时期的报纸都有其特点，反映着当时的政治、经济及文化等社会现实。

---

① 郭亚夫、殷俊：《外国新闻传播史纲》（四川大学出版社 2004 年版），第 61 页。

一、殖民地时期报业

1492 年哥伦布发现美洲新大陆后，欧洲开始向北美大量移民，17 世纪初，以波士顿为中心的马萨诸塞海湾殖民地建立起来。由于该殖民地的经济、文化，尤其是商业与教育发展比其他殖民地快，波士顿遂成了美国报纸的发祥地。尤其是商业刺激经过几个世纪的历程，形成集中的市场，强化信息需求，对第一份报纸的创办影响极大，几乎所有国家早期的报纸都是在商业中心出版的。以至于美国新闻学者得出"新闻业的先驱：商业"①的结论。

殖民地人口与商业的增长，为海运贸易和广告消息创造了市场。美国第一张报纸《国内外公共事件》于 1690 年 9 月 25 日在波士顿出版。发行人本杰明·哈里斯，原是伦敦的一个印刷工兼出版商，后为逃避英当局的迫害而流亡到北美。该报共有 4 版，版面没有什么设计，但只印 3 个版面，第四版为空白，读者可以在传阅时将自己知道的新闻及感想填写上去。这看似仅仅是一个偶然的现象，从传播学意义上讲则是注意受众之间的横向交流。但该报由于没得到当时英国殖民地当局的出版许可，又公开批评殖民地王室政府，因此只出了一期就被查封，没能继续出版。

第一张连续发行的报纸是 1704 年《波士顿新闻通讯》(Boston News Letter)。该报为周报，由英国女王维多利亚任命的波士顿地区邮政局长约翰·坎贝尔创办。它依托邮政系统出版发行，一是信息灵通，二是可降低成本。在殖民地时期，邮政局长大都是一位重要的政治人物，新闻工作者无一例外地全都是邮政局长，因为邮政作为重要政府机关受到庇护。

该报大小与 1690 年的《国内外公共事件》一样，内容大都转发英国报纸的内容，顺从当权者的意志，被允许发行，但由于失去可贵的民心，虽存在 15 年但很少发行超过 300 份，有 2 次是由于政府津贴才维持下去。有政府津贴和邮政局长大人挂帅，并不一定就产生优秀的报纸。"轻松安逸的环境决不会造就伟大的新闻事业，《波士顿新闻通讯》枯燥无味，不受检查，几乎无人阅读。"②

这一时期的报纸为了言论自由，不得不同殖民当局的出版许可法、印花税法、煽动诽谤法等压制手段进行斗争。1763 年，英国宣布在北美实施印花税法，遭到报界及广大读者的强烈反对，第二年不得不宣布取消。

殖民地共约 35 家报纸，印刷出版大都比较粗陋。值得称道的是詹姆斯·富兰

---

① 〔美〕埃德温·埃默里、迈克尔·埃默里著，苏金琥等译：《美国新闻史——报业与政治、经济和社会潮流的关系》(新华出版社 1982 年版)，第 25 页。

② 〔美〕梅尔文·L. 德弗勒、埃弗雷特·E. 丹尼斯著，颜建军等译：《大众传播通论》(华夏出版社 1989年版)，第 35 页。

克林办的《新英格兰报》，现代报纸的一系列复杂文化特性，包括报纸的私有制、新闻的原则等理念和部分印刷技术，已在该报积累起来。报纸开始作为新兴社会的一个重要部分。

独立以前的美国，因为是英国的殖民地，英殖民当局对北美报刊采取种种限禁，而北美地区在反抗过程中发生了对于美国新闻自由具有里程碑性质的案件——曾格案。

曾格为当时《纽约周报》主编和发行人，发表了有关出版自由的论文，代表平民观点，批评当时总督工作中的不正当行为。这样的报道可以想象颇受大众欢迎，曾格不得不增印报纸以满足读者的要求。而以总督为代表的殖民地当局指控曾格对政府进行无耻中伤、恶毒谩骂和煽动责难，1734 年 11 月 17 日拘捕曾格，翌年 8 月进行审判。当时颇具名气的 80 岁高龄律师安德鲁·汉弥尔顿风尘仆仆地从费城赶来纽约，出庭为曾格辩护。汉弥尔顿主张：损害名誉或政治诽谤罪不应以有无"诽谤"，而应该视其内容是否真实而定。如果是基于真实的事实，则应定为无罪。这一证明属实则免予责罚的法理阐释深深地打动了各位陪审员，结果终于宣判曾格无罪。

曾格事件在新闻史上具有标志意义，使美国比英国本土还要早一个世纪确立了出版自由的操作原则，比起约翰·弥尔顿提出口号在理论上主张的出版自由又进了一步，使之在司法实践中得到确认和保障。美国、英国等西方国家都在后来制定的有关毁损名誉的法律条款中，加进了如果为了正当的目的而发表的东西是真实的，可以不追究刑事责任这一条。

二、独立战争时期报业

随着殖民地当局和殖民地人民矛盾的激化，社会动荡加剧，各地报纸更加注重政治新闻。除了少数亲英的保皇派报纸外，多数报刊积极宣传资产阶级的民主自由思想，反抗英国的殖民统治，为独立战争制造舆论。美国的日报也在这一时期产生。第一份日报是 1783 年的《宾夕法尼亚晚邮报》，由本杰明·汤于 1775 年在费城创办，起初为周刊，1783 年改为每日出版、双面印刷。

北美独立战争具有双重性质，它是一次争取民族独立的战争，也是一次资产阶级革命。独立战争前北美报刊广泛传播英国、法国著名启蒙思想家的作品与资产阶级民主思想，开展反对印花税的斗争。北美居民虽然多数是抗英的爱国派，只有少数大地主、大资产阶级和亲英分子是保皇派。其中保皇派财力雄厚，背后又有英国政府支持，势力很大。战前，北美共有 37 种报纸（多数是周报），其中近 1/3 属于保皇派，两派不仅战前在各自报刊上制造舆论，战争中也都充分利用报刊进行宣传。

三、"政党报纸"时期报业

独立战争胜利后,各党派在组织怎样的
政府问题上产生分歧,有联邦派和反联邦派
之分,前者主张建立中央集权式的联邦政府,
后者主张建立比较松散的邦联制国家。两派
争权夺利,都想控制政府,各地报纸大都成了
党派斗争的工具,互相谩骂攻讦,造谣诽谤,
甚至捣毁编辑部,大打出手。这种情况持续
了几十年。美国新闻史学者称"政党报纸"阶
段为美国报业的"黑暗时期"。

这一时期,托马斯·潘恩、塞缪尔·亚当
斯、托马斯·杰斐逊等帮助公众建立独立观
念、开展战后宪法讨论等。从一开始,美国的
报纸就成了一支独立于政府的重要的政治力
量,形成美国报业自由主义的传统。

美国政论家托马斯·潘恩

（一）托马斯·潘恩与《常识》

托马斯·潘恩(1737—1809)是著名的政论家,资产阶级民主主义者和启蒙学者。
1737年1月29日,他出生在英国东部诺福克的一个平民家庭里,父亲是一个裁缝工
人。因家境贫穷,他13岁时不得不辍学去打工,成年后经常参加工人组织的社会活
动,就一些严肃的现实问题撰写文章、组织辩论,其政治才能得到初步的锻炼。

因为偶然的机会,潘恩在伦敦见到代表北美13个殖民地与英国政府谈判的本杰
明·富兰克林(启蒙思想家、政治家、科学家,参加《独立宣言》起草工作,是美国开国
元勋之一)。富兰克林发现潘恩是一个很有才华和抱负的人,就劝他去美国,还亲手
写了一封推荐信给在费城的女婿,称他是"一位有智慧的值得尊敬的青年"。这样,
1774年12月潘恩来到美国,经富兰克林的女婿介绍在《宾夕法尼亚杂志》当编辑。18
个月以后,该刊物被当局查封。接着,潘恩参加了在费城成立的全美第一个反奴隶制
协会,他继续撰写反奴役、求解放的文章,引起人们的普遍注意。1775年的整个秋天
他伏案疾书,1776年1月《常识》正式出版,在当时300万北美人口中发行总数达50
万册。据说当时每个识字的美国人都读过潘恩的这本小册子。富兰克林自己出资
买下100本送给朋友,极力推荐此书,华盛顿评价《常识》使包括他在内的北美人民心
理上引起了巨大变化。尽管《常识》发行量如此大,潘恩却未取一分钱稿费,这就是所
谓政治家办报出版活动与经济人办报出版活动的不同之处。

《常识》的主题是呼吁北美殖民地的人民立即拿起武器,进行争取自由的战争,以摆脱英国殖民统治,建立资产阶级民主共和国。《常识》深刻地揭露了英国君主政体和殖民统治的本质,批判了妥协和解的谬论。"这个体制使一个人无法获得广博的见闻,然而又授权他去解决那些需要十分明智地加以判断的问题。"①《常识》旗帜鲜明地指出:殖民统治是一种不可容忍的罪恶,争取独立是个常识问题。《常识》分析了美国当时的形势和美国的战斗能力,旨在增强美国人民的自信心,使他们相信依靠"团结、经验、资源"就一定能战胜英国。

《常识》早于《独立宣言》半年发表,对美国独立战争的进程起着直接的巨大的影响。它吹响了反对英国殖民统治、争取自由和独立的战争号角。在《常识》精神的鼓舞下,北美人民立即拿起武器、下定决心、义无反顾地为民族权利和国家独立而斗争。

潘恩曾经说过:"世界就是我的祖国,没有赢得自由的土地,到处都是我的家乡。"1787年,他离开美国回到了阔别十几年的欧洲,来往于英法之间,参加法国大革命,以笔为武器继续为自由和独立而斗争。

人们怀念潘恩,视他为"美国独立之父";人们纪念潘恩,是他首先提出"美利坚共和国"的国名,给这个新型的国家起了这个名字。潘恩第一个宣称"美国的事业在很大程度上也是人类的事业",这对美国人产生了深远的影响。其代表作有《人权论》《理性的时代》等。

(二)托马斯·杰斐逊的新闻自由思想

托马斯·杰斐逊(1743—1826)出身于种植园主家庭,是美国著名的启蒙学者、美国资产阶级革命领导人和开国元勋之一。他于1760年入威廉与玛丽学院学习2年,其后学习法律5年,取得律师资格。他在青年时期接受欧洲启蒙思想,受弥尔顿、洛克、孟德斯鸠和卢梭的影响最大。他于1774年起草《英属北美权利概述》,1776年为大陆会议起草《独立宣言》,1801—1808年2次连任总统。

美国第三任总统托马斯·杰斐逊

杰斐逊的民主思想中新闻自由的思想占有重要的地位,其主要贡献有倡导人权法案、保障出版自由。杰斐逊特别强调"天赋

①　[美]托马斯·潘恩著,何实译:《常识》(华夏出版社2004年版),第10页。

权利""个人第一分权"学说观念。他认为个人比政府重要,假如人民知识水准提高,并有灵通的消息,那么人民只需要一个权力最小的政府就够了。他曾说"凡是有新闻自由的地方,而且每人都能阅读报纸,那么这个社会一切都是安全的"。

杰斐逊宣称信仰出版自由,他一贯强调报纸启迪民智、监督政府的作用。他有一句名言:"假如要我在政府和报纸两者之间进行选择:即有政府,没有报纸;或者,有报纸,没有政府,我会毫不犹豫地选择后者。"这段话被美国新闻学者视为经典广为传诵。

综上所述,杰斐逊新闻自由思想有两个基本点:第一,报纸在民主政治中的基本功能是服务;第二,为了更好地服务必须享有新闻自由。在作为美国开国元勋和两任总统的杰斐逊身体力行地倡导下,新闻自由构成了美国的传统①。杰斐逊在各门学科上都有精深造诣,他热爱科学事业。他是弗吉尼亚大学的创办人;他发明的机器拥有几项专利,还发明了考古研究的先进方法;他出版《弗吉尼亚笔记》并创办科学杂志;任总统期间在白宫设立小型博物馆;为扩大美国的疆土发动探险考察。

美国独立战争爆发后,《独立宣言》庄严宣告:北美人民为争取自由、建立独立的合众国而战斗。但是在独立战争胜利后,宪法会议于1787年制定的宪法草案却没有将《独立宣言》的精神包括在内,没有保障言论、出版、集会、信仰等自由的规定。宪法虽然确立了共和政体,但根本没有保障公民权利的条款。宪法草案有待各部批准。美国人民掀起规模壮阔的争取民主权利的运动,要求在宪法中增加人权法案。这样国会才于1789年通过宪法十条修正案,又称《人权法案》(1791年生效),规定了人民有宗教信仰自由、言论出版自由以及集会、请愿等权利。这十条修正案,统称第一修正案,其中宪法第一条修正案为:国会不得制定法令以限制言论出版自由。这是美国民主的基本的原则,美国历史上第一个新闻法规的效能一直延续至今。

围绕着批准宪法的斗争形成了两个党派,支持批准的是以亚历山大·汉密尔顿为首的资产阶级右翼联邦派,反对批准宪法的是以杰斐逊为首的资产阶级民主派反联邦派,美国报纸从此开始分属于两派彼此论战,报纸变成了政党组织的一个部分,成了政党的喉舌。报纸威力是来自编者和政论,而非来自记者和新闻,美国新闻史进入了"政党报纸"时期。

联邦派的《合众国公报》主编芬诺与反联邦派的《曙光女神报》主编贝奇不仅在

---

① ［美］梅尔文·L. 德弗勒、埃弗雷特·E. 丹尼斯著,颜建军等译:《大众传播通论》(华夏出版社1989年版),第87页。

报纸上互相攻击,两人还曾在街头殴斗,芬诺掌击贝奇的面颊,贝奇棒打芬诺的头部。报纸主要的目的是讨论政治经济问题而不是刊登新闻,报纸如此报道加剧了政党政治的恶斗。

第四节　法国近代资产阶级报业

1789—1794 年的法国大革命是继 17 世纪英国革命和美国独立战争后的更彻底的资产阶级革命。它推翻了法国的封建制度,确立了资产阶级政权,并且为整个世界留下了一笔珍贵的文化遗产。

一、启蒙运动与大革命的思想准备

18 世纪的法国,整个封建制度正面临着崩溃。资产阶级和广大人民的革命情绪日益高涨,终于在 1789 年爆发了资产阶级民主革命。法国的启蒙运动开始于大革命之前,是为这场革命做理论准备的。法国阶级矛盾的尖锐性和广大人民强烈革命的愿望决定了法国的启蒙运动具有比较强的革命性,因此,法国启蒙学说也就成为欧洲启蒙运动中最激进、最典型的一派。为此,恩格斯高度评价了法国启蒙学者:"在法国为行将到来的革命启发过人的头脑的那些伟大人物,本身都是非常革命的。"[1]

法国最著名的启蒙学者有伏尔泰、孟德斯鸠、卢梭和狄德罗等。

弗朗索瓦-马利·阿鲁埃(1694—1778),笔名伏尔泰,出身于公证员家庭,是 18 世纪声望最高的启蒙思想家。他的著作极为丰富,全集包括哲学、历史、史诗、小说、戏剧和一万多封信札。主要政治思想著作有《论各族风俗与精神》《哲学辞典》等。伏尔泰从自然法学说出发,批判封建制度。他认为自然法赋予人们平等,是自由的理性法律。他反对封建贡赋和等级特权,要求信仰自由及言论、出版自由。伏尔泰的思想不仅深入 18 世纪法国第三等级人们的心里,为 1789 年的资产阶级革命准备了思想条件,而且对 19 世纪欧洲许多国家民族独立自由的斗争起很大的推动作用。

---

[1]　《马克思恩格斯全集》第 20 卷(人民出版社 1972 年版),第 79 页。

法国启蒙思想家伏尔泰

法国启蒙思想家孟德斯鸠

夏尔·德·塞孔达·孟德斯鸠(1689—1755),法国启蒙思想家、法学家。他出身于贵族家庭,读过法律,当过律师和法院顾问。他从研究罗马史出发,阐述其政治主张,认为罗马的兴盛是因为建立了共和制政权,而罗马衰落的原因是消灭了自由、道德堕落的结果。为此他提出了立法、行政、司法三权分立,彼此独立、互相监督的政治主张。这一观点在 1789 年的《人权宣言》和 1791 年的宪法中均有反映,至今已成为西方世界社会政治制度的基本架构。其主要著作有《波斯人信札》《论法的精神》等。

让-雅克·卢梭(1712—1778),是法国启蒙学者中最具有民主倾向的代表人物。其重要理论著作《论人类不平等的起源和基础》是要寻找"文明社会"灾难的根源。他认为,"文明社会"之所以不幸,在于人类陷入等级压迫和不自由状态;之所以如此,又是因为私有观念和私有财产的出现。卢梭揭示了私有制社会财产等不平等不合理状态:"一小撮幸运的人沉浸在无穷的财富中,而饥饿的人民大众连最迫切需要的东西都被剥夺。"他进一步分析,正是因为富人要维护其不义的财富,便制定法律,设置了政府和官吏,这就进一步加深了压迫、奴役和人类的不平等,并促使奴役整个社

法国启蒙思想家卢梭

会的暴君的出现。尽管卢梭并不主张彻底铲除私有制,而只主张小生产所有制,但把私有制与不平等联系起来,眼光无疑是敏锐而深刻的。

《社会契约论》是卢梭最重要的政治论著。这部论著阐述了国家的建立是人民之间协议的结果。卢梭认为:人们结合为国家,同意放弃自己"天然的自由"而换取"社会的自由"①;国家的最高权力属于人民,"服从法律的人民就应当是法律的创作者"②。卢梭提出公民选举领袖的共和制度,他向往的国家实质上是民主机制的国家。

德尼·狄德罗(1713—1784),法国启蒙学者,"百科全书派"的领袖,出身于法国一个富有的家庭,1732年获巴黎大学文科硕士学位。1751年,他邀集许多先进的思想家和科学家参加编写《百科全书》,旨在将人类的全部智慧、经验汇集起来,以最先进的世界观加以阐释,开启民智。

二、革命爆发与报刊的发展

法国中世纪的等级代表会议,通常在国家遇到困难时国王为寻求援助而召集,参加者有僧侣、贵族和市民三个等级。1789年5月5日,等级代表会议在凡尔赛开幕,第三等级代表提出取消等级制,提出按人数表决,遭拒绝后矛盾激化,国王还秘密调遣军队准备镇压第三等级的反抗。由此,巴黎人民爆发武装起义,揭开了法国资产阶级革命的序幕。

在法国大革命前后,资产阶级革命派与其他派的主要宣传工具是政治小册子,新的报刊也纷纷创刊,成为重要的宣传工具。据统计,法国报刊1788年为60种左右;1789年5月5日等级代表会议召开,新报刊大量涌现,从5月到7月底巴黎新创刊342种,整个革命时期出现过的报刊达1350种;1789年7月14日至1792年8月10日法国报刊为500多种。1789年8月26日国民大会通过《人权宣言》,其中第16条就是关于保证言论、出版自由的条款:"思想和意见的自由传播是人类最可宝贵的权利之一,因而每个公民都有言论、著述、出版的自由,但须在法律的范围内对滥用此项自由负有责任。"

西哀耶士的小册子《第三等级是什么》猛烈抨击特权等级,流传广,影响大,对大革命起到了直接的推动作用。他认为特权等级应当废除,一切权利归全体国民。等级是受束缚、受压迫的一切,没有等级则是自由昌盛的一切。

1789—1794年,资产阶级革命时期的著名资产阶级革命派报纸有:马拉的《人

---

① [法]卢梭著,何兆武译:《社会契约论》(商务印书馆2002年版),第26页。
② [法]卢梭著,何兆武译:《社会契约论》(商务印书馆2002年版),第48页。

民之友报》、埃贝尔的《杜宣老爹报》、社会俱乐部的《铁嘴报》等。

让-保尔·马拉（1743—1793），出身于教员家庭，是雅各宾派的领袖之一。他的《人民之友报》是资产阶级民主派的机关报，1789 年 9 月 12 日创刊，1792 年 9 月 1 日停刊（中有间断，共出版 627 期）。马拉宣称办报目的是教育人民运用自由。他说："向公民们解释他们的权利，鼓励他们愿意行使它们，勇敢地坚持它们……自由的使命，就是教育人民仅仅服从公正和贤明的法律，反抗不公正的法律，向暴君们的法律进攻。"马拉坚信革命必须依靠贫民。他说："能够完成革命的，只有社会中的下层阶级，如工人、手工业者、小商人、农民，一言以蔽之，就是富人称之为恶

法国报人马拉

奴的那些下层人民，那些贫民。"《人民之友报》不断揭露反革命王党的阴谋，揭露资产阶级贵族的两面性与叛变倾向，坚决主张消灭封建制度，将资产阶级革命进行到底。恩格斯对马拉给予高度的评价。他于 1884 年在《马克思和〈新莱茵报〉》一文中写道："我们在许多方面都不自觉地仅仅是模仿了真正的（不是保皇党人伪造的）《人民之友报》的伟大榜样。"①

埃贝尔做过地方检察官，在法国大革命中是"长裤汉"（指代城市平民）的主要发言人。1790 年，埃贝尔创办了《杜宣老爹报》，该报是法国大革命中最具大众化的报纸。"杜宣老爹"是法国民间喜剧中的滑稽角色。他机智灵活，疾恶如仇，主持正义。"杜宣老爹"是人民群众的化身，深受群众喜爱。该报纸文字完全是平民口语，泼辣大胆地报道新闻，嬉笑怒骂地发表议论，紧跟革命步伐，鼓动"长裤汉"坚决地进行斗争。

社会俱乐部是民主知识分子的代表所建立的组织。马克思对它给予高度的评价，认为 1789 年在社会俱乐部中开始的革命运动，产生了共产主义。社会俱乐部的机关报《铁嘴报》在宣传平均分配土地、限制少数人占有过多财产、激烈抨击封建统治、积极宣传共和制度等方面做了大量的工作。

----

① 《马克思恩格斯选集》第 4 卷（人民出版社 1995 年版），第 185 页。

三、法国资产阶级革命后的报纸

18 世纪法国大革命后，长时期占统治地位的是"政党报纸"（法国报刊史学者称为"政治报纸"，又称"言论报"，以区别于 19 世纪 30 年代兴起的大众化报纸"消息报"）。其原因就是：①法国大革命后政局多变，资产阶级民主派与保皇派经历了长期的斗争；②法国政党林立，在 19 世纪 70 年代确立资产阶级共和政体后仍然有许多党派，各个党派均拥有自己的政治报纸。

法国革命后，政变频繁，封建王朝一再复辟。1848 年二月革命重建共和。1852 年路易·波拿巴称帝，又建第二帝国。直到 1870 年普法战争，路易·拿破仑兵败被俘，法国再建第三共和。法国报纸在大革命时期得到发展，但是在封建复辟时期，政府又恢复限禁报纸的制度：①出版报纸的特许制；②检查制；③交纳保证金制。报纸的发展受到挫折。

法国直到 1881 年的出版法颁布才废除了特许制与保证金制。该法第一条规定："印刷出版享有自由权。报纸期刊之发行，无须事前申请许可，亦无须交纳任何财产保证，只要向政府申报报纸、期刊的负责人的姓名。"法国 1789 年《人权宣言》所保证的出版自由至此才得以实现，报纸开始顺利发展。

思考与练习

1. 从新闻传播的角度看，西方文明的崛起是否是一种必然？为什么？
2. 近代英国专制政府控制新闻传播的手段有哪些？
3. 试比较弥尔顿和杰弗逊对新闻自由思想的贡献。
4. 简述法国大革命中的报刊及报人。
5. 为何美国政党报刊时期被称为"黑暗时期"？

近代无产阶级报业的创建与发展

本章学习要点

无产阶级充分利用报刊舆论,创办大量刊物,并形成了有别于资产阶级报刊的新闻思想与报刊风格,构成了世界新闻事业史中多彩的一章。无产阶级报刊也伴随世界报业的历史进程,经历了近代与现代的过程。本章介绍了欧洲三大工人运动的历程;在共产主义运动基础上,马克思主义形成前的欧洲工人报刊、马克思主义诞生后的无产阶级政治报刊以及列宁建立的无产阶级党报;对近代无产阶级报业的性质、特征进行了历史分析。

第一节　无产阶级报刊的阶段性发展

近代欧洲三大工人运动的爆发时期,由于无产阶级仍处在"自在"阶段,这一时期的工人报刊完全由工会组织、行业协会主办,强调经济斗争,缺乏完整的阶级意识和明确的政治目标。从 19 世纪 40 年代开始,马克思主义学说与蓬勃的欧洲工人运动相结合发展出国际共产主义运动的社会洪流。整个 19 世纪下半叶,无产阶级的组织从工会、社会民主党,发展到较为成熟的马克思主义政党。在这一历史进程中,马克思、恩格斯、列宁提出了一系列无产阶级政党学说和组织原则,并且亲自参加了《新莱茵报》《火星报》等办报实践活动,为无产阶级的新闻学奠定了基础。进入 20 世纪后,随着无产阶级政党成为执政党,社会主义国家出现,无产阶级的报业事业有了全新的发展,新闻观念日趋成熟。在斗争中诞生的无产阶级报业,同样经历了起伏挫折,它的历史是同民主运动和社会主义运动的历史紧密联系在一起的。按其发展过程,具体可分为四个阶段。

第一阶段:马克思主义形成前的工人报刊时期。这主要是指马克思主义的科学社会主义世界观形成前工人运动所创办报刊及其新闻实践。19 世纪 20 年代至 30 年代,工人运动还没有科学社会主义理论的指导,工人运动处于自发状态。这时期主要在欧洲大陆产生的工人报刊或社会主义派别的报刊具有历史的局限性,但它们在提高工人阶级的觉悟、揭露资本主义的剥削、唤醒工人阶级起来斗争方面发挥了重要作用。

第二阶段:无产阶级政治报刊时期。19 世纪 40 年代至 90 年代,马克思主义诞生并迅速传播开来,逐步与工人运动相结合,工人报刊随着无产阶级政治运动的发展而演变为无产阶级政治报刊。这些报刊在革命的不同阶段,及时为无产阶级指明斗争的方向,帮助工人阶级掌握科学社会主义理论,并为创建无产阶级政党作了组织上、思想上的准备。

第三阶段:无产阶级政党报刊时期。从 19 世纪末至 1917 年俄国十月社会主义革命胜利,俄国建立了社会民主工党,创办了布尔什维克党报。无产阶级党报作为无产阶级政治斗争的喉舌、旗帜和武器,在争取无产阶级自身的解放中发挥了巨大的推动、组织、宣传作用,为推翻资产阶级统治、建立无产阶级政权做出了杰出贡献。

第四阶段:社会主义新闻事业时期。在反法西斯战争胜利的基础上,欧洲、亚洲诞生了一系列社会主义国家,组成了与自由主义世界相对立的另一阵营。为了巩固社会主义政治制度、发展国民经济,同时作为冷战的有力武器,各社会主义国家纷纷仿效苏联的做法,在公有制的基础上建立了各自独立的新闻事业体系。1991 年苏联解体后,社会主义国家新闻事业面临新的挑战,在改革开放中自我调整、自我完善。(这一阶段将在本教材第五章《苏联—俄罗斯与东欧地区新闻事业的发展与演变》中加以详述。本章只论述前三个阶段。)

第二节 早期工人运动与工人报刊

一、近代工人运动的发源与高潮

18 世纪末到 19 世纪初,伴随着工业革命的飞速发展及其在欧美各国的完成,工人阶级的队伍不断壮大并觉醒。这一时期的工人运动往往以组织工会协会、创办报刊、进行革命宣传、罢工游行甚或武装暴动为运动形式,以表达经济要求为主要内容。工人运动地区局限于美国和英国、法国、德国等四国。18 世纪末西欧最早开始出现工人运动。如 1790 年法国圣亚田和里昂就爆发了工人暴动。1792 年,美国费城制鞋工人建立了美国第一个保持长期团结的工人组织。1794—1796 年,英国最早的羊毛加工工业和缝纫业工人团体组织起来。19 世纪的头三十年里,欧洲几个重要工业基地的工人罢工运动便从不间断,1824 年英国政府甚至不得不出台法律禁止工人结社。

1848 年欧洲革命前,三大工人运动的爆发掀起了工人运动的第一次高潮。1831 年,法国里昂工人为争取工资待遇参加罢工,与当局军队发生冲突后,发展成为武装起义,结果遭到残酷镇压。1844 年 6 月 4 日,德国西里西亚部分纺织工人在企业主窗下唱革命歌曲,遭到军警的毒打和逮捕,造成工人的起义,也以失败告终。1837 年 2 月,英国伦敦工人协会以争取普选权为中心,拟定致国会请愿书,1838 年以《人民宪章》名义公布,号召人民签名支持,掀起了全国性的宪章运

事件:
英国宪章运动

动。运动以征集签名的形式前后持续 12 年,最终三次请愿均被英国下议院否决,宪章运动宣告失败。

二、早期欧美工会刊物

19 世纪 90 年代之前,资本主义制度在欧美各国确立,早期的空想社会主义思想家们便充分利用新闻事业进行舆论宣传。法国思想家圣西门(1760—1825)是较早论述新闻问题的空想社会主义的代表人物之一。他曾创办《工业》杂志讨论社会和经济问题,其中指出:"人民把舆论称为'世界的女王',这是完全正确的。它是当

代最巨大的道德力量,只要它明确表态,人间的一切其他力量都得让步。"①受到法国空想社会主义的影响,德国社会活动家魏特林(1808—1871)在工人运动中形成了思想体系。1841 年 9 月,他曾创办《德国青年的呼吁》(次年改名《年轻一代》),除撰文要求改善工人物质生活条件之外,他特别提出:"我们还要在大庭广众中发表意见,使大家认识我们,因为直到现在为止,大家确实是不承认我们的。我们要把……我们正义控诉灌进当权者的耳朵。"②

在这一时期,早期工人协会开始以创办媒体刊物作为运动的重要方向。工人协会的成员和部分代表工人利益的知识分子开始创办报刊鼓吹工人利益。最早的工人报刊较多是由联谊会、互助会之类的工人组织创办的,以保障工人生活和改善劳动条件为主体,以经济斗争为主,随着三大工人运动之后工人阶级正式登上历史舞台,工人报刊上开始较多地提出参政议政、新闻自由等政治要求。

19 世纪初英国较早的工人报刊多是工会刊物。其中最早的是 1825 年夏伦敦各行业代表委员会创办的《各行业新闻和工匠新闻》周刊。另有 1830 年纺织工人领袖约翰·道尔蒂组建的全国劳工保护协会刊物《联合行业周报》,从 1830 年 3 月 6 日到同年 10 月 2 日止,共出 31 期。此后该协会改创办《人民之声》周刊,从 1831 年 1 月出版至 9 月。其详细报道全国劳工保护协会在各地活动情况,宣传"10 小时工作制法案"。

这一时期影响较为广泛的工人报刊是《人民便士报》(Penny Paper for the People),后改名为《贫民导报》(Poor Man's Guardian)。该报于 1830 年 10 月创刊,明确提出为工人阶级争取包括新闻自由在内的政治权利的要求,明确提出"为了表示抗议而出版,以公理对抗强权"的口号。

1837 年,该报停刊 1 年后,另一份更加著名的工人报刊应运而生。在英国宪章运动的影响下,宪章派左翼领袖菲格斯·奥康瑙尔在英国利兹创办了《北极星报》(The Northern Star),该报以人民宪章为旗帜,广泛宣传宪章派的各项主张,促使英国各地的宪章主义者联合起来,对于宪章运动发挥了积极的作用。同时作为工人报刊,《北极星报》同情俄国、法国、德国等地的工人运动,经常发表相关报道,受到读者的普遍欢迎。在办报时间相对短暂的工人报刊中,该报不但办报持续时间久,而且销量巨大,发行量最高时可达 5 万份,比当时"英国出版界的庞然大物"——《泰晤士报》的销量(同时期日销约 3 万份)还要高得多。

19 世纪初的法国工人报刊以空想社会主义者创办的刊物为主要代表。如圣

---

① 《圣西门选集》第一卷(商务印书馆 1962 年版),第 192—193 页。

② 《国际共产主义运动史文献》编辑委员会:《共产主义者同盟文件和资料》第一卷(中国人民大学出版社 1989 年版),第 56 页。

西门及其信徒的《地球》《生产者》杂志。后出现工人组织办刊,如《工人报》《手工业者报》《工厂回声报》等,法国政府随即采取新闻高压措施、提高保证金等方式阻止工人报刊的宣传。与同时期英国工人报刊相比,法国工人报刊存在印刷份数少、存在时间短的特点,直到 19 世纪 40 年代后才出现较大发展。

　　19 世纪初的美国工人报刊最初诞生于费城。费城也是美国历史上的第一次工人罢工、第一个工会组织和第一个工人政党诞生的地方。1827 年,费城技工工会联合会创办了工会刊物《技工雇工辩护者》(*Journeyman Mechanic's Advocate*),仅出版 1 年便告停刊。1823—1834 年,伴随着美国工人运动的发展,工人报刊也呈现出繁荣景象。各地出版了 50 多种工人周报。其中最为出色的包括《工人辩护者》(*Working-Man's Advocate*),该周刊追求工人应当与社会其他成员一样享有平等的教育和平等的权利,并强调以斗争争取政治权利。该报持续出版至 1844 年。

　　19 世纪初的德国资本主义发展相对迟缓,工业革命亦晚于各国,因此工人阶级力量相对弱小。由于国内实行严格的书报检查制度,仅有的一些工人报刊也大多由流亡者在国外创办。这一时期国外出版的工人报刊包括:《被遗弃者》(1834)、《人民呼声》(1839)、《平等论者》(1840)等,空想社会主义者魏特林在日内瓦创办了《德国青年的呼吁》(后改名《年轻一代》),发行量达到 1000 份并发行到德、英、法等国。此后,德国境内也开始出现一些反映各类社会主义思潮的工人刊物。如皮特曼创办的《德国公民手册》《莱茵社会改革年鉴》、格律恩创办的《特利尔日报》等。

第三节　马克思主义诞生与无产阶级政治报刊

　　随着欧洲革命的失败,工人运动一度转入低潮,然而职业协会不断壮大,工人阶级的觉悟和组织程度日益提高。19 世纪中叶,伴随着马克思主义的诞生,马克思主义—社会主义新闻思想与工人运动迅速结合,对各国的工人运动尤其是共产主义者同盟、第一国际等政治组织的理论深度、空间拓展产生了重要而深远的影响。

一、1848 年欧洲革命和工人报刊的崛起

　　1848 年年初,随着当时欧洲进入大工业生产阶段,资本主义迅速发展,但大部分国家还处在旧的君主专制统治之下,矛盾一触即发。欧洲大陆爆发大规模的革

命风暴,第一场革命于 1848 年 1 月在意大利西西里爆发,随后的法国二月革命将革命浪潮波及欧洲大部分地区。德意志革命(又称三月革命),先后经历了慕尼黑起义、柏林革命等起义运动。奥地利首都维也纳也爆发了推翻梅特涅政府的示威游行,几个月内,匈牙利、罗马尼亚、捷克、波兰等国相继卷入。这场革命运动是继 17 世纪英国资产阶级革命与 18 世纪法国资产阶级革命后欧洲第三次革命大风暴,是一场席卷全欧规模的资产阶级民主革命。

在革命浪潮中,欧洲产业工人队伍进一步扩大,觉悟和组织程度进一步提高。这场革命失败后,工人运动再一次掀起高潮。标志性事件是全国性的以社会主义为诉求的工人组织开始出现。1847 年德国的松散的工人组织"正义者同盟"改组,创立了共产主义者同盟。

二、1848 年欧洲革命期间马克思和恩格斯的报刊活动

马克思和恩格斯参加 1848—1849 年的群众革命斗争的时期,是他们一生活动中最令人瞩目的中心点。恩格斯因在巴黎从事革命活动而遭到法国政府的迫害。1848 年 1 月 29 日,法国政府勒令恩格斯在 24 小时内离开巴黎。恩格斯不得不立即离开法国,前往比利时首都布鲁塞尔。1848 年 1 月底,恩格斯来到布鲁塞尔,同马克思一起为推动比利时革命运动积极开展活动。

1848 年 3 月 1 日,法兰西共和国临时政府成员斐迪南·弗洛孔以法国人民的名义邀请马克思重返巴黎。1848 年 3 月 3 日,马克思接到比利时当局限令他 24 小时内离境的命令。夜里,警察突然闯进马克思家,借口马克思没有身份证将他逮捕。马克思被拘留 18 小时后获释,随后匆忙离开布鲁塞尔前往巴黎。马克思到达巴黎后,受共产主义者同盟中央委员会的委托,在巴黎成立新的中央委员会。马克思和恩格斯根据《共产党宣言》确立的原则起草了《共产党在德国的要求》,这是无产阶级在资产阶级民主革命中的第一个行动纲领。

1848 年 2 月,国际共产主义运动

马克思在布鲁塞尔被捕(素描)

的第一个战斗纲领《共产党宣言》问世,这标志着马克思主义的诞生。1848 年,欧洲革命向共产主义者同盟提出了新的任务,马克思、恩格斯认为,指导盟员活动、教育广大革命群众进行革命斗争的最好的形式是掌握斗争工具,创办一个大型日报在他们看来是当务之急。日报能每日干预运动,反映当前整个局势,使报纸和人民不断保持联系,成为运动的喉舌。

（一）《新莱茵报》创办

为了有效地指导这次革命尤其是德国革命,马克思、恩格斯决定创办一份大型的日报,通过报纸和人民保持紧密联系,让报纸充当运动的喉舌。他们选择民主派活动中心、无产阶级相对集中的德国科隆市筹备办报。

1848 年前后的科隆城

1842 年,马克思曾在科隆参加并编辑过《莱茵报》,当时造成较大社会影响。

马克思、恩格斯在《新莱茵报》编辑部（油画）/萨皮罗

为了继承其传统但又不同于《莱茵报》，马克思、恩格斯决定仍在科隆出版一份报纸，新报纸命名为《新莱茵报》。1848年6月1日，创刊号出版，从策略上考虑在报纸的刊头位置印着"民主派机关报"，但处处都强调了自己特殊的无产阶级性质。

《新莱茵报》的编辑委员会包括主编马克思和6名编辑。马克思任《新莱茵报》主编，恩格斯、恩斯特·德朗克、威廉·沃尔弗、格奥尔格·维尔特、斐迪南·弗莱里格拉特等共产主义者同盟的盟员任编辑部成员，其中恩格斯是实际上的副主编。

德国诗人和政论家
威廉·沃尔弗

德国无产阶级革命家和政论家
格奥尔格·维尔特

德国诗人
斐迪南·弗莱里格拉特

德国政论家和作家
恩斯特·德朗克

德国政论家
约翰·亨利希·毕尔格尔斯

《新莱茵报》除星期一外，每日出版。一般为4版，新闻多的时候出增刊，有重大新闻时以传单形式出号外，有时一天出2次报纸。每期报纸和增刊的末尾都辟有《最新消息》栏目，简述在报纸开印前收到的最新消息。报纸的发行方式以订阅为主，也有少量零售。尽管遭到政府的重重阻挠和镇压，报纸在3个月内发行5000份，最高发行量是6000份。

（二）《新莱茵报》战斗历程

《新莱茵报》首先是应1848年德国革命的需要而创办的，它最直接的目的在于宣传贯彻革命的纲领、路线,提出德国革命的 2 项基本任务:对内彻底推翻封建制度,建立统一的、不可分割的、民主的德意志共和国;对外推进反对沙皇俄国的战争。这也是《新莱茵报》宣传的 2 个基本内容。当时在国内问题上,对如何实现德国统一等问题,无产阶级、资产阶级和小资产阶级民主派的政治纲领和路线是完全不同的。资产阶级企图以普鲁士王国或以奥地利帝国为中心实现统一,小资产阶级民主派主张实行君主立宪政体或建立联邦共和国。《新莱茵报》彻底揭露了他们的反动实质,批驳了他们的改良主义路线,用事实说明,只能是普鲁士国家的消灭、奥地利国家的灭亡,德国真正统一成为共和国。

《新莱茵报》在宣传正确的革命纲领的同时,也针对共产主义者同盟内部阻挠纲领贯彻的错误思想予以坚决斗争。以柏林工人中央委员会领导人波尔恩为代表的右倾机会主义路线,认为无产阶级的任务是改善自身的经济条件,反对工人进行政治斗争。针对这些错误认识,《新莱茵报》刊登了大量文章来澄清被他们搞乱的思想,论述资产阶级民主革命的胜利是无产阶级革命序幕的理论,指出无产阶级一定要积极参加资产阶级民主革命,争取革命的领导权,为把这场革命转变为社会主义革命创造条件。

由于《新莱茵报》在宣传革命纲领、路线方面所做的努力,普鲁士王朝和与之勾结的资产阶级对此感到无比恐惧和憎恨,不择手段地加以迫害。在不到 1 年的时间里,该报编辑人员被反动当局提起诉讼 23 次,马克思先后 7 次遭到传讯和庭审,当局认为他是莱茵省暴乱的根源。1848 年 9 月 25 日,该报多位编辑人员在参加群众集会时被反动当局逮捕,报纸一度停刊。1849 年,以普鲁士为首的德意志各邦拒绝承认法兰克福国民议会于 1849 年 3 月 28 日通过的帝国宪法,激发了人民群众的反抗情绪。当年 5 月初,在萨克森和莱茵省等地相继爆发了维护帝国宪法的武装起义,史称五月起义。由于德国各地人民的护宪运动和起义的高涨,该报燃烧起日益猛烈的革命火焰。莱茵省省长和警察厅长惊恐万分,勒令报纸停刊,拘捕该报编辑。5 月 9 日,埃尔伯费尔德爆发了起义,恩格斯立即组织革命队伍前往埃尔伯费尔德参加起义。恩格斯于 5 月 15 日动身返回科隆。随后,普鲁士政府对他发布逮捕令,次日,马克思收到普鲁士政府的驱逐令。《新莱茵报》其他编辑都面临被捕或被驱逐出境的危险。

1849 年 5 月 19 日,《新莱茵报》用红色油墨印刷了它的终刊号,发表了马克思以编辑部名义撰写的"告读者",强调:"无论何时、无论何地,他们最后一句话始

事件:
《新莱茵报》
审判案

终是:工人阶级的解放!"①

(三)《新莱茵报》的办报方针

《新莱茵报》是马克思、恩格斯宣传革命思想、鼓动和组织民主运动中无产阶级的强大武器,是"革命无产阶级最好的、无与伦比的机关报"(列宁语),是无产阶级新闻事业的一座丰碑。它的办报思想、宣传特色和战斗传统,是无产阶级新闻事业的宝贵精神财富。

1. 坚持无产阶级立场,一切宣传都为实现革命的纲领路线服务

《新莱茵报》创刊时打的是民主派的旗帜,但在各个具体场合它都时时表现出无产阶级性质,始终站在无产阶级立场上分析问题、解决问题,坚定地维护无产阶级的根本利益。从这个立场出发,报纸把宣传共产主义者同盟的政治纲领作为首要任务,贯彻纲领中规定的党的路线、方针和策略,使报纸成为对工人进行政治训练的武器,并提出"报刊按其使命来说,是社会的捍卫者,是针对当权者的孜孜不倦的揭露者,是无处不在的耳目,是热情维护自己自由的人民精神的千呼万应的喉舌"②。这是马克思、恩格斯无产阶级报刊思想的具体实践,是无产阶级党报思想和党性原则的雏形。

2. 重视联系群众的方针,持续干预运动,指导斗争

马克思、恩格斯在创办《新莱茵报》时曾精辟地论述了无产阶级报纸的功能:"报纸最大的好处,就是它每日都能干预运动,能够成为运动的喉舌,能够反映出当前的整个局势,能够使人民和人民的日刊发生不断的、生动活泼的联系。"③《新莱茵报》在无产阶级报刊史上开创了与群众密切联系的独特方式——建立广泛而灵活的通讯员网。通讯员遍及国内外几十个城市,大多是共产主义者同盟盟员,也有激进的革命民主主义者,他们从国内国外的各个角落、各个部门、各个单位向报纸及时提供无产阶级斗争的最新消息。通过通讯员网,报纸与现实斗争紧密地联系在一起。此外,《新莱茵报》非常重视读者来信,以此作为编辑部与群众交流、群众参加报纸工作的渠道。报纸每期刊登十几封读者来信,或加上按语,或来函照登,以多种多样的读者来信反映社会生活的方方面面。报纸在密切联系群众的同时,又十分重视指导群众。

3. 重视政治报刊作为喉舌的功能

《新莱茵报》从坚定的无产阶级立场出发,对不同对象表现出强烈的革命爱憎:

① 《马克思恩格斯全集》第 6 卷(人民出版社 1965 年版),第 619 页。
② 《马克思恩格斯全集》第 6 卷(人民出版社 1965 年版),第 275 页。
③ 《马克思恩格斯全集》第 7 卷(人民出版社 1965 年版),第 113 页。

对封建王朝、容克地主、贵族官僚和反动军阀，给予坚决批判和彻底否定；对小资产阶级，报纸采取既团结又斗争的态度，支持他们和无产阶级联合起来跟大资产阶级做斗争，批评他们的动摇和幻想；对无产阶级和劳动人民，报纸热情地给予赞扬和鼓励。当1848年6月巴黎工人起义遭到统治者残酷镇压后，全欧只有《新莱茵报》一家报纸勇敢地为起义者高唱赞歌，马克思亲自起草《六月革命》一文，总结斗争经验，向光荣的战败者致敬。

《新莱茵报》文风生动朴实，语言尖锐泼辣，善于以嘲笑讽刺作为掷向敌人的匕首、投枪，表现出其坚定的无产阶级立场。后来恩格斯非常自豪地回忆办《新莱茵报》时期的战斗经历，说"这是革命时期，在这种时候从事办日报工作是一种乐趣。你会亲眼看到每一个字的作用，看到文章怎样真正像炮弹一样地打击敌人，看到打出去的炮弹怎样爆炸"①。

《新莱茵报》在马克思、恩格斯的革命活动中占着重要的地位。他们把这个报刊变成了宣传、鼓动和组织民主运动中的无产阶级的强大武器，在世界无产阶级报刊史上树起了一座丰碑。

三、马克思主义指导下的各国工人报刊

《新莱茵报》停刊后，马克思和恩格斯辗转于各地继续从事革命活动。1849年6月初，马克思到达巴黎。不久巴黎当局又下达驱逐令，马克思被迫于1849年8月24日离开巴黎前往伦敦，后与恩格斯在伦敦会合，他们立即着手重建共产主义者同盟的领导机关。1850年3月和6月，马克思和恩格斯共同起草了2篇《共产主义者同盟中央委员会告同盟书》，总结了欧洲革命的经验，制定了无产阶级在未来革命中的纲领和策略。为了提高工人群众的思想觉悟和理论水平，马克思1849年9月初参加了伦敦德意志工人教育协会，在协会中讲授政治经济学和《共产党宣言》的基本观点。

自共产主义者同盟后，欧美各国纷纷建立全国性的联合工会。伦敦的建筑工人举行罢工获得胜利后，形成英国各行业工人的联合组织——工联伦敦理事会。法国的工人运动从19世纪60年代后重新活跃，1863年第一次参加了议会选举斗争，德国工人在1863年创立全德工人联合会。美国也在1863年初创立全国性的工人联合会。

1862年伦敦举行世界博览会，300多名法国工人代表前往参加，受到英国工会联合会的热情接待。1863年声援波兰人民起义时，英国工会联合会呼吁加强国际

---

① 《马克思恩格斯全集》第22卷(人民出版社1965年版)，第89页。

团结,在伦敦圣马丁教堂召开了声援起义的国际工人代表大会。来自英、德、法、意、波兰等国的 200 多名工人参加了大会,大会决定成立国际工人协会(即第一国际)。第一国际支持各国工人的斗争,积极促进各国工人运动的统一和团结。在第一国际的推动下,1871 年起义的巴黎民众建立巴黎公社,工人阶级第一次进行了建立国家政权的尝试。1861 年,英国工会联合会创办了自己的机关报《蜂房报》,该报成为第一国际的正式机关报。1865 年,第一国际通过控股的方式将《矿工和工人辩护士报》改组为协会的机关报《工人辩护士报》。

欧洲革命前后的 20 年间,马克思主义的诞生引领工人报刊进入新的发展阶段。1847 年,共产主义者同盟创办了机关刊物《共产主义者杂志》,马克思和恩格斯提出的"全世界无产者,联合起来!"的革命口号第一次刊登在试刊号的封面上。早在 1844 年 2 月,马克思曾与卢格在巴黎创办过德文刊物《德法年鉴》,曾引起一定的反响,被恩格斯称为"德国第一家社会主义刊物"。1850 年,马克思和恩格斯在伦敦创办《新莱茵报·政治经济评论》,在杂志上发表了一系列总结 1848—1849 年革命经验的重要著作,进一步丰富和发展了无产阶级革命理论。《新莱茵报·政治经济评论》1850 年 3—11 月在汉堡印刷,共出版了 6 期。从此之后,工人报刊在国际工人运动联合的现实基础上继续发展。除了英、法、德、美 4 国外,逐渐发展到北欧、中东欧。俄国、波兰、丹麦、瑞典、荷兰、比利时、奥地利等国也陆续出现工人报刊。工人报刊、各国的工会组织刊物发展成为具有鲜明特色的政治报刊。

第四节　俄国工人运动的发展与无产阶级政党报刊

相对于西欧各国,沙皇俄国的资本主义发展较为迟缓。19 世纪 60 年代以前,工厂还为数不多,贵族地主的农奴经济占主要地位。废除农奴制度后工业资本主义开始发展,直到 19 世纪 90 年代资本主义大工业才发展迅速。俄国工人报刊的历史同俄国民主运动和社会主义运动的历史不可分割。按照列宁的说法,在俄国近代报刊史上在贵族和平民知识分子办报之后,工人报刊才发展起来。其中,他将赫尔岑以及他在国外创办的《钟声》杂志作为第一个时期报刊的代表[1]。这份刊物

---

① 陈力丹、周智秋:《列宁关于俄国工人报刊发展史的文献——〈俄国工人报刊的历史〉》,《新闻界》,2012 年第 23 期。

出版于19世纪五十年代,前期以俄国农民社会主义理论为基础,后来站到了革命民主派一边。第二个时期以作家车尔尼雪夫斯基和工人彼得·阿列克谢耶夫、斯捷潘·哈尔图林等为代表。最早的俄国工人报纸是1885年在彼得堡出版的《工人报》,但只出版了2期。这是"俄国创办社会民主党工人报刊的唯一尝试"。第三时期始于社会民主党人参加的群众性工人运动。1883年,以普列汉诺夫的"劳动解放社"为代表的第一批马克思主义组织开始成立起来。1895—1896年,俄国工人的生活异常痛苦,由于俄国国内工人运动的增长和西欧工人运动的影响,影响深远的彼得堡大罢工后,开始出现真正的俄国工人报刊。这一时期,俄国工人运动中有经济派的《工人思想报》和《工人事业》杂志。代表性刊物是1900年创刊的俄国社会民主党机关报《火星报》。

一、列宁与《火星报》

像马克思、恩格斯一样,列宁革命活动的一生与报刊活动密不可分。列宁在十月革命前办过《火星报》《前进报》《无产者报》《真理报》,领导过《新生活报》(1905年俄国第一家布尔什维克日报)、《工人报》、《明星报》等,积极撰写文章,给《火星报》供稿达到60多篇,给《真理报》十月革命前供稿达到500多篇。十月革命胜利后,在社会主义建设中,列宁领导世界上第一个无产阶级国家,这在人类历史上是前所未有的。作为社会主义国家的领导人,列宁非常重视报纸工作,认为报纸是社会主义建设的强大武器;是改造经济和对群众进行生活教育的工具;是使落后者振作起来,教育他们进行工作、遵守劳动纪律、组织起来的工具。作为无产阶级革命事业的导师,列宁的经历与马克思的不同之处在于他跨越了无产阶级夺取政权前后两个阶段,因此,列宁关于社会主义建设的思想非常丰富。

(一)《火星报》的创办历程

19世纪末,西欧各国爆发的工业危机蔓延到俄国,影响俄国三四年之久,百万工人失业,工人生活日益贫困。为了生存,工人阶级多次举行政治罢工和示威游行,反对资产阶级压迫。与此同时,农民也开始起来革命,与工人阶级站在一起,要求推翻专制制度。在工农运动的影响下,学生运动也蓬勃开展。全国革命形势迅速高涨,迫切需要一个统一集中的新型政党来领导即将来临的革命。1898年召开的俄国社会民主工党第一次代表大会,宣告建立了党,但还没来得及制定党纲党章、联络各地社会民主主义组织,中央委员会就被沙皇政府破坏了。党的各个地方委员会、团体和小组在组织上、思想上仍然如一盘散沙,处于涣散状态,而各地工人组织内部的机会主义派别"经济派"的影响在继续扩展,只有成立一个能领导和组织革命运动的统一集中的党,才能改变俄国工人运动中思想混乱和组织涣散的状况。

当时俄国无产阶级对如何建党这个问题存在着分歧,个别地方组织认为可以通过召开党的代表大会,选出富有凝聚力的领导机关,团结各地方组织来完成建党。列宁则提出,在目前的俄国"除了利用全俄报纸之外,再没有别的方法可以培植起强有力的政治组织",因为"没有这样的机关报,地方工作仍然是狭隘的手工业方式。不通过一种报纸把党的正确的代表机关建立起来,党的成立在很大程度上仍然是一句空话"。① 列宁认为,沙皇专制下的俄国工人缺乏欧洲其他国家工人所具有的相对自由的政治条件,如组织人民会议、影响议会活动、参加地方社会团体、建立同业联合会,等等。因此,沙俄社会民主党人只有而且必须用秘密出版的革命报纸实现政治教育,进行宣传鼓动,并指导各种政治斗争。

列宁在西伯利亚流放期间就开始筹措办报。1900 年年初,他从流放地归来时,沿途访问了许多城市的地方社会民主主义组织,介绍自己的办报计划,挑选通讯员、代办员,建立报纸的据点,迅速展开创办报纸的准备工作。为了躲避沙皇专制政府的破坏,列宁决定在国外出版报纸,秘密运送回国。这年秋天,列宁到国外征询了劳动解放社领袖普列汉诺夫等人的意见,亲自拟订出版计划。12 月 24 日,《火星报》在德国莱比锡正式出版,报名源自报头上印着的两行诗句:"试看星星之火,行将燃成熊熊烈焰!"这是十二月党人诗人普希金向他们致敬的一首诗中的著名诗句。列宁担任《火星报》的主编和领导者。

通过《火星报》扎实具体的准备工作,1903 年 7 月至 8 月,俄国社会民主工党第二次代表大会秘密召开。会上就无产阶级专政和党的性质问题发生激烈争论,最终分裂为两派:以列宁为代表的布尔什维克(俄文"多数派"译音)和以马尔托夫为代表的孟什维克(俄文"少数派"译音)。大会最后通过布尔什维克提出的党纲党章,巩固了马克思主义对机会主义的胜利,建立了新型的俄国社会民主党,实现了列宁的建党计划。

"二大"决定由列宁、普列汉诺夫和马尔托夫组成《火星报》编辑部,马尔托夫无视大会决议拒绝参加编辑部工作,因此《火星报》第 46 期至 51 期由列宁和普列汉诺夫负责编辑出版。其间普列汉诺夫转而支持孟什维克,要求让被大会否决了的孟什维克原任编辑参加报社工作,列宁坚决反对。11 月 11 日列宁辞去编辑职务,第 52 期以后《火星报》为孟什维克所掌握,成为反对列宁和布尔什维克的工具。为区别起见,党内称 52 期以前的《火星报》为"旧《火星报》"、52 期以后的《火星报》为"新《火星报》"。该报于 1905 年停刊,共 112 期。

---

① 《列宁全集》第 6 卷(人民出版社 1986 年版),第 153 页。

（二）《火星报》为建党而斗争

列宁创办《火星报》的直接目的是通过办一份全俄政治报来建党。列宁在该报发文《从何着手》，探讨俄国社会民主党人行动方法和计划，认为"报纸的作用并不限于传播思想、进行政治教育和吸引政治同盟军。报纸不仅是集体的宣传员和鼓动员，而且是集体的组织者"①。它必须在宣传革命纲领和路线的不懈努力中，把各个松散的社会民主主义小组和团体紧密地联结在一起，把农民、学生及更广泛的同盟军团结起来，统一思想，建立起新型的马克思主义革命政党，这才是完成了自身的任务。

第一，为建党奠定思想基础，为俄国工人运动确立正确路线。19世纪末，国际共产主义运动中的右倾机会主义已经从个别国家中的派别现象发展成为国际性的政治思潮。他们否定马克思主义关于无产阶级革命、无产阶级专政的基本原则，认为无须社会革命政党的斗争，而只要有社会改良主义的政党就能够实现阶级的解放。他们严重扰乱了工农群众对革命的正确认识，给革命造成了极大的危害。俄国工人运动也面临着同样的困境，俄国社会民主主义运动中的机会主义派别——"经济派"，崇拜工人运动的自发性，赞美涣散的手工业方式，崇尚经济斗争，认为反对沙皇专制不是工人运动的主要任务，从而否定建立马克思主义政党的必要性。《火星报》从第一期开始就反复阐明：俄国无产阶级的迫切任务是反对专制政府，争取政治自由，团结一切力量，反对一切被压迫人民的共同敌人——专制制度，离开了反对沙皇专制制度的政治斗争，就不能使工人摆脱奴隶地位。《火星报》指出，社会主义思想体系是研究社会发展规律和无产阶级斗争规律而总结出来的，而自发的群众运动需要革命理论的正确引导。这帮助大批工人澄清了认识，逐步摆脱了"经济派"的机会主义观点，确立了俄国社会民主主义运动的革命路线，为建党奠定了思想基础。

第二，为建党奠定组织基础。在建党过程中，《火星报》不仅是思想上统一各地方组织的工具，也是组织上团结各地方组织的中心。列宁亲自选拔、培养人才建立的《火星报》代办员网，把分散在各地的革命活动串联在一起，联络和新建了各地的革命组织，并通过宣传鼓动、调查报道和组织工作扩大了报纸的影响。这些代办员都是各地方组织的骨干，他们熟悉本地情况，能够有效地进行宣传、鼓动和组织工作。他们通过收集稿件、运送报纸，把《火星报》的星星之火撒遍整个俄国大地，使俄国人民紧密地联系在一起，使一个接一个地方组织摆脱了"经济派"的影响，转到《火星报》方面来，为团结各地方组织成为统一政党奠定了组织基础。

---

① 《列宁全集》第5卷（人民出版社1986年版），第8页。

第三，为建党奠定理论基础。《火星报》发表了大量论党的工作问题的文章，制定并宣传党纲党章，筹备召开党的"二大"。从《火星报》创刊至第 52 期出版，共发表了 300 余篇论党的工作问题的文章，一切宣传都围绕着建立一个新型的无产阶级政党来进行。从创刊号起就开辟《党的生活》专栏，集中报道和阐述各地党组织的生活和活动，论证应当建立什么样的党和怎样去建党。1902 年 6 月，《火星报》在第 21 期上发表党纲草案，编辑部强调党纲应当代表党的集体思想，希望每个委员会、小组和个人都要参加讨论，并通过各种形式来表明对党纲的态度。之后，报纸又刊登大量阐述党的纲领和策略的论文以及各地方组织对党纲的反响，掀起了一个宣传高潮，使列宁的建党思想深入人心。

《火星报》编辑部胜利地筹备了 1903 年 7 月至 8 月举行的俄国社会民主工党第二次代表大会。会上，经过严肃斗争，《火星报》路线终于获得胜利。大会在一个专门的决议中指出《火星报》在建党过程中的特殊作用，并宣布它是党中央机关报。《火星报》实现了在特定的历史条件下列宁关于"报纸不仅是集体的宣传者、鼓动者，而且是集体的组织者"[1]的办报思想。

作为第一份全俄马克思主义政党报刊，《火星报》在无产阶级党报的组织性、党性观、宣传观等重要问题上成为历史范例，并对中国共产党党报在内的其他各国无产阶级政党报刊产生深远影响。通过无产阶级革命导师的办报实践和理论总结，无产阶级报刊由此形成了党性、指导性、战斗性、群众性风格的特点。

链接：
无产阶级报刊党性观对中国共产党党报的影响

思考与练习

1. 简述无产阶级报刊的发展阶段及其特点。

2. 早期欧美工会刊物与马克思恩格斯领导的无产阶级政治刊物有何区别？

3. 简述《新莱茵报》的创办时间、创办过程及内容特征。

4. 以《火星报》为例，简述列宁的无产阶级报刊理论的内容与特点。

5. 简述 19 世纪欧洲工人报刊的发展历程和历史教训。

---

[1] 《列宁全集》第 5 卷（人民出版社 1986 年版），第 8 页。

第四章

资本主义现代报业的发展和变化

在技术革命与社会变迁推动的浪潮中,报纸的廉价化、大众化与商业化造就了现代报业。本章介绍了工业革命推动下现代报纸普及与报业现代化进程。重点介绍独立报刊最早在英国、廉价报刊最早在美国的出现。19世纪末20世纪初,资本主义由自由主义阶段发展到垄断阶段,美国、英国和法国的报业垄断成为报业发展的主流。简述德国和日本等国家在19世纪的报业。

第一节　资本主义现代报业概说

现代报纸产生于19世纪中叶,它是伴随着主要资本主义国家工业革命完成而出现的,脱胎于19世纪20年代后出现的廉价报纸。廉价报纸是现代报业的开端,廉价报纸发展到19世纪使得报业逐步实现企业化和大众化。这是西方报业发展过程中的一个质变,并且成了区别近代报业和现代报纸的重要标志。

一、廉价报纸：工业革命带来的报纸普及与报业现代化

18世纪后期至19世纪中期，发生在主要资本主义国家的第一次工业革命既是一次社会生产力的革命，又是一次生产关系的深刻变革，它为报业发展提供了新的机遇。

工业革命的象征物：珍妮纺纱机、蒸汽火车与世界博览会

工业革命与资产阶级革命的双重叠加效应造就了社会变迁。首先，科学技术的发展。工业革命后生产力水平取得了飞跃的发展，与新闻传播关系密切的有：1814年蒸汽印刷机的出现，1839年摄影技术的出现，1844年有线电报的出现，1857年越洋海底电缆的应用以及印刷、造纸技术的革新，等等。它们大大提升了新闻传播的效率，丰富了新闻传播的手段，为现代报业发展提供了物质基础和技术保证。其次，工业化和城市化为现代报业的出现造就基本环境。工业革命造就产业工人队伍，劳动者受教育程度相对提升。教育普及必然带来报纸读者普泛化，不再局限于少数权贵、政客及知识精英，由此构成了现代报业发展不可或缺的受众基础和市场基础。而以工商业繁荣为基础的广告介入报业，并建立起相应的营利机制，使得报纸在经济上独立为"业"成为可能。

资本主义世界的经济活动以市场为主，广告在市场经济中起沟通产销联系、指导生产和消费的媒介作用。英国历史学家托马斯·麦考利曾写道："广告对于商业如同蒸汽机对于工业，是唯一的推动力。除造币厂外，没有人能够不靠广告赚钱。"①大众媒介作为商业所具有的营利能力就是由广告决定的，随着经济的发展，整个社会对信息和媒介的需求愈发强烈，而现代社会发展对报业的依赖是显而易见的，对报业的生产方式提出了更高的要求。以往的手工作坊设备简陋、工艺落后、人员缺少、资金匮乏，生产规模还只能是简单生产的状况不可能继续下去了。报业的社会化大生产、机器化大生产势在必行，采用资本主义企业经营管理方式的

---

① ［美］梅尔文·L.德弗勒、埃弗雷特·E.丹尼斯著，颜建军等译：《大众传播通论》（华夏出版社1989年版），第470页。

报纸在 19 世纪中后期开始出现,从而成为报业。其中社会化人生产要素有:雇用大量劳动力、技术设备先进、资金实力雄厚、市场规模庞大等,这些因素综合的结果使得报业采取同其他企业一样的经营管理方式来运作。办报如同办工厂、开发矿山一样能赚钱,"资本主义使报纸成为资本主义的企业"(列宁语),而作为广告客户的工商资本家利用报纸做广告工具的同时,也使原先作为主要舆论工具的报纸成了资本主义企业,办报人也随之成为报业资本家。

报业演变到这一步使其性质发生了新变化,它不再仅仅是传播社会信息及舆论的工具,同时也是资本主义企业,具有双重性质。市场与技术在廉价报纸演变成现代报纸过程中起了某种决定性作用,使得广告也成为现代报纸一个重要特征与内容。对于广告商来说,报纸发行量被认为是预测利润变化的标志。这种媒介企业性质便把广告商、媒介经营人和受众联结起来形成一种功能系统,作为一种社会关系结构决定了现代大众传播媒介的发展模式。

在廉价报纸基础上演变的现代报纸到了 19 世纪末取代了政党报纸,成为资本主义的主体。现代报纸从另一个角度讲也是商业报纸,它按照商业原则办报,注意满足消费者也就是读者的需求,同时作为企业开展自由竞争,自由竞争的结果必然导致垄断,这是政治经济学上的一个基本原理。

二、垄断报业:现代资本主义报业的必然结果

西方新闻事业作为媒介产业从总体上说是一种资本主义的行业,它必然要受资本主义经济规律的制约。19 世纪末主要资本主义国家进入垄断时期,现代资本主义报纸随着所在国资本主义进入垄断阶段,也开始自身的兼并与集中的垄断化过程。资本主义国家报业的垄断化是一个国际现象。

(一)垄断报业的原因

首先是政治上的需要。在垄断资本主义时期,垄断资本不仅控制了国家的经济命脉,而且控制了国家的政治机构。政治上的统治地位,要求垄断资本对经济、思想、文化各个领域实行控制。正如列宁所指出的:"垄断既然已经形成,而且操纵着几十亿的资本,它就绝对不可避免地要渗透到社会生活的各个方面去,而不管政治制度或其他任何'细节'如何。"①垄断资本既然掌握了国家的经济命脉,掌握了国家机器,下面一步必然会走向控制现代社会最基本的舆论工具——报纸。因为在某种意义上,控制了报纸就意味着控制了民心、控制了舆论,从而在一定的程度上稳固了统治基础。而要实现这一目的,依靠自由资本主义时期分散经营的、自由

---

①　列宁:《帝国主义是资本主义的最高阶段》,《列宁全集》第 27 卷(人民出版社 1990 年版),第 372 页。

竞争的资产阶级报业,是不可能做到的。垄断的政治经济现实,要求建立规模巨大、为数极少、能在根本的意义上保证宣传与政治步调一致的垄断报业。

其次是经济上的需要。在垄断阶段,生产资本集中的基本动机乃是垄断资本试图利用经济上的优势地位控制某种商品的生产和销售市场,把商品价格提高到生产价格以上,从而获取超过平均利润的高额垄断利润。而报刊事业,自工业革命以来,已变成了一种营利性的知识产业,报纸本身已由上层社会的精神特权变成了以普通民众为对象的特殊商品。控制这种特殊商品的生产及销售市场,一方面可以制造对于垄断资本有利的舆论,塑造其正面的社会形象;另一方面则会通过垄断的市场和价格,获取超额利润。

最后是报业自身经营上的需要。在垄断时期,报纸已发展成为规模巨大的资本主义企业,它需要实力雄厚的经济支柱,唯有垄断资本能够满足这一需求,能为它配置精良的技术设备,以出版数量巨大的书、报、刊等文化产品。庞大的报业集团的最大优势还在于它能够合理配置并充分利用报团的人力物力财力,从而降低生产成本、推广新技术、提高利润率。报团在各城市各地区出版多种报纸,在经营管理、广告、发行乃至新闻采访、特稿供应上,都能最大限度地发挥整体优势。具体而言,报纸主要经济来源是广告,报纸销量越大,广告来源越多,广告收费越高,如此循环,报团的出现成为势所必然。在报纸的发行、广告竞争中,资本少、发行量小的报纸往往会因高成本而倒闭或被兼并。报纸被兼并的依据,并不是质量高低,而主要是资本的多寡。

(二)垄断报业的特点及形成状况

19世纪后期,同业间竞争和兼并日益加剧,主要资本主义国家的报纸业基本上置于垄断组织控制之下。垄断报业特征有2个方面:其一,报纸的种数逐步减少,报纸的销量不断增大。同一城市中,往往只有一家或几家报纸发行,但属于同一老板。"一城一报"现象遍及大中小城市。其二,报团日益膨胀。各报团为了生存而兼并他报,为了发展而兼并他报,从而导致报团的规模不断扩大。报团拥有规模巨大的技术设备,广告收入丰厚,下辖各报共同采访、共发新闻,以雄厚财力兼并资本少、规模小的报纸。

第二节 美国现代报业

一、向现代报纸演变时期:美国开启廉价报纸时代

(一)19世纪美国三大廉价报

美国于19世纪初开始工业革命,整个社会政治经济的发展使得美国廉价报纸

得以在 19 世纪 30 年代首先在美国工商业最发达的东北部人城市出现,然后扩展到其他的城市。在当时的大街小巷、旅馆、酒店、银行、商店等处都可看到报纸,几乎每个看门人和马车夫的手里都有一份报纸。

1. 本杰明·戴的《太阳报》(*The Sun*)

《太阳报》是美国第一份成功的廉价报纸,是本杰明·戴(1810—1889)1833 年 9 月 3 日在纽约创办的。本杰明·戴当过印刷学徒工,其后自己从事印刷事业,并开设印刷所。他开始创办《太阳报》,主要是为印刷所增添印刷业务。他在创刊号上宣称:"本报的目的是办一份人人都能买得起的报纸,为公众报道当天的新闻,同时提供有利的广告媒介。"

该报注意刊登有趣味的新闻来吸引读者。本杰明·戴特别雇请了一些善于采访地方新闻、社会新闻、犯罪新闻及种种"人情味"故事的记者。他们采写的报道很能吸引读者。所谓人情味的故事,取材大都是无足轻重的生活琐事,但写得委婉动人。报纸还寻求一些奇闻趣事、耸人听闻的材料来招徕读者,有格调不高和一些低级、庸俗、耸人听闻的消息,甚至不惜弄虚作假、任意编造。其中最为突出的是关于月球人的假报道:从 1835 年 8 月 21 日起连续发了 7 篇报道,捏造了系列的关于天文学家在天文观测中发现月球人的报道。报道开始记述月球的地形、山脉、湖泊,接着发现月球上有鸟兽动物,之后报道发现了月球人,并且绘声绘色地描绘月球人是有翼能飞的"蝙蝠人",其后对月球情况与"蝙蝠人"加以描述。这一荒诞离奇的所谓"科学新闻"一时引起轰动,"月球骗局"使报纸的销量大增,一度成为世界上销数最大的报纸,印刷机一天开足 10 个小时,报纸还供不应求,读者伫立街头等待阅读该报。不久以后骗局被戳穿,同业群起指责。"月球骗局"是美国新闻史上一个精心策划的假报道的典型。

本杰明·戴为美国报刊发展开辟了一条新的广阔的发展天地。在报业经营上,本杰明·戴大力推行街头零售的营销方式,给报童相当大的回扣,回扣率达 33%,100 份报纸批发价只收 67 美分,吸引了大量新读者。美国报刊史学者莫特以"太阳升起了"作为廉价报纸兴起的一章的标题,它一语双关,预示《太阳报》的出现标志着一个报业新时代的到来。

2. 班内特的《先驱报》(*The Herald*)

班内特(1795—1872),苏格兰人,早年在英国读书并曾到过欧洲旅行,24 岁时移居美国,做过教师、职员、报纸校对、记者、编辑。

1835 年班内特 40 岁时创办《先驱报》,当时他只有 500 美元的微薄资金,开始创立其报业帝国的生涯。他与印刷商订立赊款印报合同,租了一间地下室作为报纸编辑的办公室。他独自担当编辑,撰写评论并兼管广告、发行等全部工作。由于他精通新闻业务、富有政治经验又谙熟社会情况、擅长煽情,把报纸办成了"世界上最耸人听闻,最黄色和讽刺性最强的报纸"。1840 年他 45 岁时,选择一位爱尔兰音乐教师做新娘,他别出心裁,以"终于束手就擒"为题在报上公布这个决定,利用一切机会进行炒作。

《先驱报》获得成功的主要原因是以地方新闻取胜,后来又加强全国性和国际新闻的报道。班内特藐视当时的保守道德,发表那些渲染凶杀、审判、强奸、堕落腐败行为的新闻,也卓有成效地报道政治和金融事务,多样化的内容使他的报纸有广泛的吸引力。其特色是警察局新闻、金融新闻、社会新闻。他在报纸创刊号上鲜明地宣布该报是一个超党派的独立报纸。他对报纸的社会效益与经济效益有独到的见解,认为:"一张报纸可把更多的心灵送上天堂,并从地狱中拯救更多的心灵,这一点胜过纽约的所有大小教堂,不仅如此同时还可赚钱。"

3. 格里利的《论坛报》(Tribune)

格里利(1811—1872)出生在美国乡村,没有受过多少教育,当过印刷学徒工,做过排字工作,自学成才。格里利集资 3000 美元,于 1841 年 4 月创办《论坛报》。他同情农民、工人,有志于社会改革,反对奴隶制度。这同他的贫穷家庭出身、艰苦的生活经历以及他所处的时代——美国从农业社会向工业社会转变的时代是分不开的。

格里利力图将《论坛报》办成一家有特色的报纸。他重视评论,也善于写作评论。《论坛报》的声誉与影响主要来自评论。格里利提出报纸应向不同观点开放的主张,还约请马克思为《论坛报》撰稿,并担任该报的英国通讯员达 11 年之久(1851—1862)。马克思为该报撰写了 500 篇左右的通讯和政论。格里利在办报过程中,善于网罗人才,使他的《论坛报》高于同类报纸。其有 2 位出色的编辑,一个是亨利·雷蒙德(《纽约时报》的创办人),另一个是查尔斯·达纳(后纽约《太阳报》主编)。

格里利重视报纸的社会功用,在报纸上广泛讨论当时社会关注的严肃问题(如酗酒、赌博、卖淫等),深受读者的欢迎。他利用报纸,发动一系列的社会改革运动,如在报上大声疾呼开发西部,致林肯总统公开信,促使林肯签署《解放黑人奴隶宣言》。1872 年,格里利在与格兰特竞选美国第 18 任总统时遭到失败,其爱妻此时又溘然长逝,双重打击下他心力交瘁,于同年 11 月 29 日去世。

(二)廉价报纸的主要特征及影响

较之于以前的报纸尤其是政党报纸,廉价报纸的特征主要体现在以下几个方面:

① 在政治上标榜是超党派的独立报纸。

② 以刊登新闻为主,报道面大,特别注重社会新闻,包括刺激性、黄色的、黑色的(指凶杀、殴斗等)等,大搞煽情主义。威尔梅桑(于 1854 年创办法国《费加罗报》)曾说过这样一句话:报纸"每天要把一块石头投入池塘"。这就是说报纸要用耸人听闻

的新闻吸引读者,这句话在资本主义国家报界广为传播,成为廉价报纸的"座右铭"。

③ 在经济上采用企业化方式经营,广告成为报纸主要收入来源。以《太阳报》为例,它有 4 个版,其中第四版是整版广告,第三版的半版刊登广告,此外还不时在一、二版插入广告。报纸售价仅 1 便士,远不够报纸的印刷、发行成本,主要靠广告补贴,广告介入构成了报业营利机制的关键环节。

④ 售价低,发行量大、读者多。廉价报纸发展到 19 世纪末已取代政党报纸,成为西方报业的主体。廉价报纸新闻报道面的扩大与广告的增多,在新闻理论业务、报业管理上都突破了政党报纸传统观念和做法,并已开始具备现代西方新闻学所标榜的报纸的四大作用:一是报道新闻;二是发表评议;三是提供娱乐;四是刊登广告。廉价报纸的读者对象扩大了,传递信息的范围与作用也扩大了,它们是资产阶级的大众化的开端,是现代资产阶级报纸的先驱。

廉价报纸开始完全按商业原则来办报,为了推销报纸,处处考虑读者的爱好和消费者的需求。对新闻业务作了一系列改革,产生了一批面向大众、文字生动、报道面广、价格低的报纸,宣告政党报刊时代的终结。从新闻理论上考察,报纸的商品性对报业发展的促进作用及业务改进,标志着报业发展进入了新的阶段。

二、19 世纪末至 20 世纪初美国的现代报业与报人

廉价报纸开始的报业大众化进程,至 19 世纪末趋于完成。当时具有重大影响的《世界报》《纽约新闻报》《纽约时报》等,引领着美国报业向现代报纸演变。

(一)《纽约时报》(New York Times)

亨利·雷蒙德(1820—1869)是一位卓越的新闻工作者。他出身于富裕的家庭,受过良好的教育,毕业后进入《论坛报》工作,成为格里利的得力助手,1851 年当选纽约州议会议长。

亨利·雷蒙德和《纽约时报》

1851 年 9 月 18 日，雷蒙德创办了《纽约时报》，在创刊号社论中宣称："将永远站在道德、工业、教育和宗教的立场上，报道世界各地新闻，成为纽约最好的报纸。"该报大张四版，售价 1 分，次年改成 2 分。报纸销量在 10 周内达 2 万份，一年达 26 万，取得很大成功。雷蒙德认为《太阳报》和《先驱报》耸人听闻、道德沦丧，《论坛报》政治倾向偏激、易于感情冲动。他决心"以自我约束来代替刺激和纷争"，"以理性代替偏见"，"以冷静及明智的判断，来代替冲动的情绪"，并进而提出适宜性、公正性的口号。社训为"提供所有的适宜登载的新闻"。该报创刊后努力贯彻这一办报方针，新闻报道详尽准确，言论调和平稳，尤其注意国外新闻，到南北战争时，已成为美国杰出的日报，对战争的报道十分出色。

1857 年，雷蒙德写了《新闻事业的理论》一文，论述公众报纸和政党报纸的区别。他认为政党机关报不对新闻事业负责，不是新闻事业的合法成员。而公众报纸即廉价报纸必须超党派且独立，具有更高尚的职能[①]。但在实际办报活动中，《纽约时报》仍具有鲜明的政治立场。

该报在美国是一家权威报纸，有"档案记录报"之称。这是因为它能比较充分和详尽地报道国内国际事件，发表有关评论，篇幅大，内容全面，还定期编印全部内容的索引，具有文献功能。主要读者是美国上流社会人士，有政府官员、国会议员、知识分子、研究人员等。每日发行量 80 万份，星期天 140 万份；平日版 150～200 页，70％广告，就这样新闻还有 15 万字；星期天版更是洋洋大观，有 400～500 页。

《纽约时报》还办了《纽约时报》通讯社，为苏兹贝格家族所有，人财物实力雄厚。它在美国通讯社中排第二，拥有美国一流的专栏作家、记者，如索尔兹伯里、托平、赖斯顿等。历年来它在美国报纸中得普利策奖最多。

（二）《华盛顿邮报》（ *The Washington Post* ）

《华盛顿邮报》是 1877 年由斯蒂森·赫钦斯创办的，以后两易其主，1933 年经营石油化工生意的资本家犹太人尤金·迈耶得手，凭借雄厚资金进行了改革，报纸大有起色。1948 年，尤金·迈耶将它转让给女婿菲力浦·格雷厄姆及女儿凯瑟琳·格雷厄姆经营。菲力浦为了办一流的报纸延揽一流的人才，以当时听来令人咋舌的年薪 10 万美元高价，争取到了半个世纪以来美国新闻界高山仰止的人物李普曼出山。菲力浦事业心非常强，可惜当他事业成功了却患了精神病，于 1963 年自杀。《华盛顿邮报》由凯瑟琳接掌，在李普曼精心辅佐和指导下，凯瑟琳成为美国报界女强人。在她主持下，《华盛顿邮报》关于"水门事件"的报道，在新闻史上留下具有里程碑意义的一页。

---

① 郑超然、程曼丽、王泰玄：《外国新闻传播史》（中国人民大学出版社 2000 年版），第 327 页。

　　《华盛顿邮报》消息灵通，言论有分量，又由于雄踞首都，其身份地位和各种关系非同一般，对政界有很大影响。100多年来，《华盛顿邮报》的编辑、记者与政府、国会上上下下的人打通了各种关系，故《华盛顿邮报》以披露内幕的政治性新闻而闻名于世。它发表了安全部门的关于印巴文件的秘密，公布了五角大楼关于越战问题的秘密文件，登峰造极的是"水门事件"的调查性跟踪报道。之所以能做到这一点，与其有政治经济后台及错综复杂的关系网密不可分。该报平日112个版，发行量70多万份；星期日200多个版，发行量100多万份。

事件：
水门事件
与美国新闻界

　　美国政治学者席勒曾在所著的《思想控制者》一书中写道："每一个参议共和众议员，不论他属于哪个党派，或持什么政治主张，每天早晨餐桌上都放着一份《华盛顿邮报》。"由此不难看出，这份报纸在美国乃至政界和舆论界占有举足轻重的地位。

（三）《洛杉矶时报》（*Los Angeles Times*）

　　《洛杉矶时报》创刊于1881年。美国内战后，随着东部居民大量拥向西部，西海岸经济迅速发展起来，尤其是房地产买卖特别兴隆。《洛杉矶时报》兼营房地产生意，发了大财，成为当地一个有权有势的大企业。《洛杉矶时报》是西部最大最富的加利福尼亚州的最大报纸。

　　《洛杉矶时报》虽然富甲全美，但历史上在美国的报纸中却没有地位，美国最初、最好的报纸都在东部。东部传统观念总觉得西部只有靠地产、靠石油起家的暴发户，只有骑马挎枪的牛仔，只有色情浪漫的好莱坞和嬉皮士，只有怪教及同性恋者，而没有文化，故该报为东部"自由主义"报纸及大部分知识分子所瞧不起，20世纪50年代曾被选为美国最差的报纸。1960年后换了一个发行人，进行改革，主要扩大报道面，增加国内国际新闻及其他专栏。同时，随着国内社会发展以及国际形势的变化，西部地域意义突现，《洛杉矶时报》的影响力逐渐上升。1971年，第一个提出要美军立即撤出越南，在国内国际产生广泛的影响。目前它同《纽约时报》《华盛顿邮报》相提并论，为美国第三大报，被认为是西部的《纽约时报》，说明在西部还是有分量的。

（四）《华尔街日报》（*The Wall Street Journal*）

　　《华尔街日报》为道·琼斯公司于1889年创办的一份金融性质的报纸，在美国金融中心纽约华尔街附近出版，是美国金融企业界的喉舌，为一张专业性报纸。其读者对象主要是工商资本家、企业经营管理人员、经济研究人员等，包括约20万名

大公司的董事长、总经理、副总经理。据 20 世纪 80 年代后期的统计,该报读者平均年收入为 52100 美元。

该报创办人是名为查尔斯·道和爱德华·琼斯的 2 名金融记者。他们起初也试图以政治新闻为重点,后发现不具优势,于是及时转向专攻经济新闻,并成立道·琼斯公司,《华尔街日报》是该公司的台柱。它大量刊登财政、银行、股票、税收、物价等方面的消息和评论,每日登出该公司"道·琼斯股票指数",成为研究美国乃至世界政治、经济、社会状况的一个重要的"参照系"和"风向标"。

1940 年以前,该报只报道股票交易等方面的金融新闻,之后逐渐扩大范围,随着经济影响的扩大,现在对政治、社会、文化、科技、旅游、娱乐等题材都有涉及。它的新闻特写常常以一个具体人或事开头,然后引出主题,具体生动。《华尔街日报》经常像专家似的将卷入某个问题或某个机构的个人作文学性的剖析。如许多读者对有关一家国际商用机器公司的报道不感兴趣,但是,如果从一位正被提升的年轻经理的角度撰写,巧妙地利用事物的整体与部分的关系以及人物与读者的关联度为中心,这篇报道就有可能吸引人们极有兴趣看下去。这一笔法很受美国新闻学教授的推崇,被称为"华尔街日报体"。

上述各家报纸奉行的编辑方针各不相同,但是基本上有 2 种倾向:一种是崇尚严肃的报道、稳健的言论,以上层社会为主要读者;一种则注重以耸听的新闻吸引读者,以社会中下层人为主要对象。它们以不同方式倡导报业的变革,标志着美国近代报业向现代报业的转变。正如《美国新闻史》作者埃默里父子所说的"美国报业存在着一条 90 年代"的"分水岭",标志着"新闻事业进入现代化的时代的进程已经完成"。[1]

四、19 世纪以来的美国新闻界人物

美国新闻事业在其发展历史进程中,在不同时期、不同领域出现一批杰出的、有影响的新闻人物,他们从不同的角度引领着新闻传播事业的演进。

(一)约瑟夫·普利策(1847—1911)

普利策是美国著名的报业主、记者、美国现代新闻业的奠基人。他出生于匈牙利,1864 年移居美国,从 1866 年起走上新闻道路。1883 年,他买下《纽约世界报》,进行新闻改革,引进文学手段,用大字标题、连环漫画、色情、仇杀等新闻刺激读者,到 1886 年年收入达 50 万美元。他主张报纸应在编辑方针上独立,报道社会公共

---

① [美]埃德温·埃默里、迈克尔·埃默里著,苏金琥等译:《美国新闻史——报业与政治、经济和社会潮流的关系》(新华出版社 1982 年版),第 32 页。

福益及登这些新闻才受读者欢迎，才有销路，才能保障报纸经济上的独立，才不受外界左右，同时也主张利用报纸揭露社会丑闻、推动社会前进。

美国新闻史学者莫特把普利策倡导"新新闻学"的办报特点归结为6项：①以国内外重大新闻为骨干，添加大量轻松、有刺激性的新闻以增强读者对报纸的兴趣；②借发起全国性运动之机，提高该报声誉，如为筹建纽约港自由女神像台座发起的募捐活动；③高质量的社论版，有力地论述、倡导、支持新闻栏倡导的社会改革运动；④篇幅大，报价低；⑤率先使用插图（木刻图画）；⑥重视报纸的推广工作，用各种奖励办法扩大销路。

美国报人约瑟夫·普利策

普利策深知好的报纸必须有良好素质的工作人员，并十分注意进行新闻工作的专业训练。其在晚年重视新闻教育，在遗嘱中宣布捐赠250万美元作为建立新闻学院的费用。可惜的是当1912年哥伦比亚大学新闻学院落成时，普利策已经去世了。普利策还留下50万美元设立普利策奖，奖给优秀的文学、历史、音乐和新闻作品，其中以新闻奖的影响最大。最初评选对象是5项，后增至15项，包括：为公众服务成绩优异奖、地方新闻报道奖、全国新闻报道奖、国际新闻报道奖、社论写作奖、漫画创作奖、摄影作品奖等。普利策奖被认为是美国新闻界最荣耀的奖赏。

（二）威廉·赫斯特（1863—1951）

普利策的《纽约世界报》兴旺发达，引来其他报纸竞争、模仿，其中最起劲的是赫斯特和他的《纽约新闻报》。赫斯特是大资本家办报成为报业巨头的典型，搞"煽情主义"超过普利策，成了有名的"黄色新闻"报业大王。

1863年4月29日，赫斯特生于美国加利福尼亚州的旧金山。其父是一个成功的拓荒者，以采银矿致富，为了追求政治权力和社会地位，曾收购《旧金山考察报》，目的是扩大自己的影响力。

赫斯特19岁进哈佛大学，担任学生刊物《讽刺文刊》的事务经理，由于狂饮喧闹无度被勒令停学，后对

美国报业大亨威廉·赫斯特

教授态度恶劣引起公愤，被开除学籍。他对报业有兴趣，研究过普利策《纽约世界报》的办报方法，告诉其父办报也可以像办矿一样赚大钱。1887年，他24岁时成

了《旧金山考察报》的负责人,重用善于编写猎奇报道、惯用大号字体标题突出耸人听闻消息的麦克伊温为编辑兼记者(麦克伊温曾对新闻下了个"定义",他说任何事情只要读者看了发出"哎呀"一声就是新闻),发行量1年内增加1倍,到1891年仅4年间每年获利35万至50万美元,但赫斯特并不以此为满足。

1891年老赫斯特去世,为其子留下巨额财产。1895年,赫斯特征得母亲同意后,带了750万美元前往纽约要与称霸报坛的普利策试比高低。他采用资本运作的方式,以18万美元收购陷入困境的《新闻晨报》(Morning Journal),更名为《纽约新闻报》(New York Journal),用较短的时间,在纽约报界建立起自己的阵脚,并同普利策的《纽约世界报》进行激烈竞争。其办报方针是:得到新闻,尽快地得到新闻,不怕花钱,不断地喧嚣刺激读者,攻击不正当财富,向穷人许愿,吸引读者。

画家奥特考特的《黄孩子》(Yellow Kids)是《纽约世界报》星期日版的一个引人注目的漫画专栏。主人公"黄孩子"只有几根头发,无齿傻笑,经常穿一件又长又大的黄衣服,到处东游西逛,发表观感,借以评论纽约新近发生的事件。由于漫画多以当时社会新闻为主题,而且趣味盎然,故"黄孩子"的大名在纽约家喻户晓。奥特考特随《纽约世界报》星期日版全班人马被挖到《纽约新闻报》继续主持《黄孩子》专栏。普利策又请拉克斯到《世界报》主持该专栏,由此引发"黄孩子双胞胎案",为争夺"黄孩子"的版权而诉诸公堂。两报均刊登"黄孩子"大幅

画家奥特考特创作的《黄孩子》

广告,使"黄孩子"成为风行一时的人物。有人把它搬上舞台,在纽约音乐厅上演。"黄孩子"成了两报的象征,加之两报又都充满刺激性新闻,于是人们将这种新闻与"黄孩子"漫画联系在一起称为黄色新闻。

1898年,美国为夺取西班牙在古巴和菲律宾殖民地而与西班牙作战,爆发了美西战争。战前赫斯特特地购买一艘快艇,派了著名作家戴维斯和画家雷明顿等到这个加勒比海岛上去,让他们提供有助于鼓动战争的新闻和图片。雷明顿不适应古巴气候,到哈瓦那后发了这样的电报:"一切平静,此处无骚乱,不会有战争,求返。"赫斯特立即回电:"请留下,你提供画片,我提供战争。"其在报上对美西战争煽风点火、推波助澜。当时美国方面一艘船发生海难事故,原因尚未查明,赫斯特在报纸上一口咬定是西班牙人干的。战争爆发后赫斯特更是兴致勃勃,亲自率领一批记者来到古巴进行采访报道。

1914 年赫斯特还创设全美最人的特稿辛迪加——金氏特稿社（KING）。其资产雄厚曾被列入美国 90 家富豪之列。

（三）沃尔特·李普曼（1889—1974）

有华尔街智囊、"白宫谋士"之称的沃尔特·李普曼，是 20 世纪以来美国最负盛名的新闻记者和政治专栏作家，两度获得美国新闻界的最高荣誉——普利策奖。60 多年来，他所撰写的国际评论对美国和许多国家的政治及国际关系都产生了相当大的影响。他写了上万篇社论、杂文、专栏文章，总数达 1000 万字以上，还出版了 30 多本著作。美国历届总统都非常重视他的立场观点。他同国际舞台上的风云人物如丘吉尔、戴高乐、赫鲁晓夫均有过接触，一些著名的政治家常以受到他的采访为荣幸。他并不指挥千军万马，然而他确有左右舆论的巨大力量。1964

美国政论家、专栏作家、
著名记者沃尔特·李普曼

年，他获约翰逊总统自由勋章，其证书上写道："他以精辟的见解和独特的洞察力对这个国家和世界的事务进行了深刻的分析，从而开阔了人们的思想境界。"

李普曼于 1889 年 9 月出生在纽约一个德国犹太移民家庭。父亲是个经营服装制作的富有商人，李普曼作为独子备受宠爱，父母亲一心想把他培养成一个学识渊博的人。从童年时代起，每逢夏季他便随父母到欧洲"文化旅行"，先后到过巴黎、伦敦、柏林、圣彼得堡，这使年幼的李普曼自然而然地熟悉了欧洲的建筑、雕塑、绘画、语言和历史。1906 年他 17 岁中学毕业，免试入哈佛大学学习哲学，向名家讨教，受到过实用主义哲学家、柏拉图主义哲学家、费边主义经济教授等的熏陶，广泛地涉猎历史、哲学、心理学、文学等。1909 年，他本科毕业，后又读 2 年研究生。李普曼离开学校后，曾在《新共和》杂志任编辑，1917 年当过美国陆军部长助理，1931—1967 年为《纽约先驱论坛报》一周两次的《今日与明日》专栏的特约撰稿人。他的文章一出便有 200～300 家报刊转载，成为美国最出名的专栏作家，对美国舆论的形成和把握可谓无人媲美，甚至总统都认真拜读他的文章、研究参考他的观点。

要了解李普曼的成就，就要了解美国社会发展的背景。第二次世界大战之后，美国从一个科学进步、生产力庞大而思想文化十分幼稚的新兴国家，一跃而成为西方世界的主人，这种突如其来的领袖地位，使美国人有些迷惑和茫然。李普曼就是在这样的时候，站出来指导美国人应当如何思想、如何决策，作为一个充满生命力的初生之犊应该如何成长进步。他不只是对眼下事态就事论事地进行评述，而是在更广阔的历史背景上来分析事态的发生、演变和趋势，启发读者来思考问题、认识问题。同时他不人云亦云,而是愿意在专栏文章中向读者直陈自己的见解和分析,因而能在读者心中唤起一种新鲜而亲切的感觉。他用其特有的方式指导美国读者走向"今天与明天",走过一年又一年,影响着美国几代人。他思想有条不紊,文风从容潇洒,始终走在事件和时代前面。在美国人心目中,李普曼不仅是一个新闻记者,而且是一个用新闻政论方式指导美国人民如何思想的哲学家。"诚如李普曼对自己描述那样,他是一个过着双重生活的人,一是著书立说,一是从事报业,两者相得益彰。"①

李普曼 1974 年 12 月 14 日去世时,美国国务卿基辛格和参议院外交委员会主席等出席了在华盛顿国立大教堂为他举行的葬礼。他的代表作有《美国外交政策》《冷战》《孤立与联盟》和《共产主义世界和我们的世界》等。

(四)约翰·里德(1887—1920)

约翰·里德是美国杰出的无产阶级政论家、著名的新闻记者、国际共产主义活动家、美共创始人之一、诗人和政治家。约翰·里德出身于俄勒冈州波特兰城的一个富裕家庭,1910 年哈佛大学毕业,1911 年开始新闻工作。1917 年 9 月,他作为美联社记者来到俄国,赶上"十月革命"爆发,他通过大量的实地采访和资料收集写下了其代表作《震撼世界的十天》,热烈祝贺"十月革命"的伟大胜利,列宁为其撰写了俄文版序言。他主编《共产主义者同盟》,着手创办美国社会主义工党(美国共产党前身)。1919 年,他作为美共代表去苏联参加第三国际工作,风华正茂时不幸染上伤寒病,于 1920 年 10 月 19 日在莫斯科去世,骨灰安放在红场红墙里。

约翰·里德擅长诗文,老同学李普曼曾说过"报告文学始于里德"。他被美国新闻界公认为"现代新闻写作之父"。

第三节　英国现代报业

一、英国独立报刊:从"政党喉舌"到"第四等级"

(一)独立报刊与"第四等级"说的由来

"第四等级"说是近代向现代转变的历史进程中,资产阶级关于报业功能和角

---

① ［美］罗纳德·斯蒂尔著,于滨、陈小平、谈锋译:《李普曼传》(新华出版社 1982 年版),第 4 页。

色认定的一个核心理论,对西方新闻理论影响深远。18世纪初的英国率先于欧洲完成了政治上的革命,后又在工业革命上一马当先,国力迅速发展,成为世界帝国。与此同时,新兴的工业资产阶级同土地贵族、金融贵族的矛盾日益尖锐,工业资产阶级尽力吸引工人和广大群众共同反对土地贵族和金融贵族的统治。1771年,英国报业取得了报道国会辩论的资格。1774年,英国保守派政治家埃德蒙·伯克(1729—1797)在英国国会下议院演讲时说:"议会中有三个等级,但是,在记者席那边还坐着比他们全体更为重要的第四等级。"这句话往往被认为是将报刊作为第四等级的最早表述。这关于报业在经济上不依赖政党或政府、言论上相对独立的思想并非艾德蒙·伯克一时兴起,深受英国传统下的功利主义政治学影响。

18世纪末19世纪初,英国的功利主义政治学也为此提供了充分的理论依据。如约翰·洛克认为,世间有三种法律:神法、民法以及"舆论或名誉的法则",而"舆论法是德行或坏行的尺度"。洛克还认为公民政府行使权力的基础是"大多数人的同意"。功利主义之父边沁的"公众舆论审判机制"的描述则揭示了公共舆论和报业与政府之间应当实现的关系架构;在代议制民主中,参与讨论的公众必须是不受任何条件限制;他认为只有自由的报刊业才能做到这一点。自由的报刊能够调查并公布政府行为,促进以报刊为中介的公共讨论的形成。作为"第四等级"和"第四权力"的报刊强调与突出的是新闻媒体对于政治权力的舆论监督功能,它是一整套有关政府、公民身份、公众舆论与报刊自由相互关系的理论,在英国近代功利主义政治哲学那里得到了最为系统和彻底的论述。

上述背景为资产阶级夺取舆论主导权提供法理、政治上的充分准备。办报的特权不再掌握在贵族手中,大量为工商业资产阶级代言的号称"独立"的报刊纷纷出现。

(二)独立报刊的代表《泰晤士报》(The Times)

林肯接受《泰晤士报》采访时曾说:"伦敦《泰晤士报》是世界上影响最大的一张报纸,事实上,除了密西西比河,世界上没有什么比它更有力量的东西了。"《泰晤士报》发刊于1785年元旦,原名《每日环球纪录报》,创办人为印刷商约翰·沃尔特,3年后报名改为《每日环球纪录报或泰晤士报》,1788年3月正式定名为《泰晤士报》。该报创刊时并不显眼,但它致力于详尽而迅速地报道国内外新闻,整版刊登国会辩论实况,及时报道法国大革命的进程,几年后便跻身伦敦第一流报纸的行列。沃尔特家族时期(1785—1908)是《泰晤士报》打响名气的时代。1803年,小沃尔特从父亲手中接手报纸后,报刊进入"黄金时期"。该报善于招揽人才:19世纪早期,《泰晤士报》历经3位总编辑约翰·斯托达特、托马斯·巴恩斯(主持笔政25年)和约翰·德莱恩(主持笔政35年)的励精图治,其影响力再次得到增强,尤其是在英国政治和伦敦事务领域。该报重视社论、读者来信,建立国外通讯员与记者网,首创总编辑负责制。总编辑德莱恩宣称,报人的责任是对全体英国人民负责,对我们认为有害于公众利益的决定,我们保留意见;发表适当而正确的消息。在精心经营下,报纸发行量很快从 1815 年的 5000 份激增到 1850 年的 5 万份。

《泰晤士报》能在工业革命后的形势下成为影响英国政局的重要力量,主要表现在它的言论和批评往往直接影响议会的辩论和决议。克里米亚战争期间,《泰晤士报》的特派记者威廉·霍华德·拉塞尔(1821—1907)深入前线,发现远征军指挥官无能而且腐败,不仅指挥失误造成了重大伤亡,而且后勤供应极差,寒冬腊月,士兵们缺吃少穿、缺医少药,处境极为困苦。拉塞尔就此发回的长篇报道使得英国朝野震动。在舆论的强烈指责下,远征军司令遭到撤职,随后政府内阁也被迫辞职,该报因而获得了"大雷神"的谑称。这个时代人们对于战争报道还没有"现场直播"的观念。拉赛尔亲赴前线,发回报道都以"真正的现场报道"为题,描述战争场面的真实和残酷,激发了舆论的巨大反响。一名伦敦的女护士南丁格尔自发组织了由 38 名护士组成的战争护理团队,赶往前线救助伤员,成为护理行业的创始人。独立报刊的销量巨大,第一次作为政治报纸发挥出巨大的舆论影响力和政治动员力。

1861 年,英国的报业处于政党报刊时期转向商业报刊时期的拐点上,这时,《泰晤士报》的报业规模也发展到巅峰。同时,1853—1861 年,英国的各项知识税,如广告税、印花税、纸张税等被逐项废除,大大减轻了报纸的经济负担,地方的大众化报刊蓬勃发展。1864 年,地方报纸的发行量已经达到伦敦报纸的 2 倍。廉价大众报纸的竞争使《泰晤士报》第一次面临严重的生存危机,发行量受到巨大影响,独家报纸垄断的局面受到挑战。

在英国还没有完全走出政党报刊时期的时候,作为商业报纸的《泰晤士报》不可能完全独立地发展,它需要不断观察与预测政治形

战地记者拉塞尔

势,不断调整与当权政党和政府的关系,以保持自己在英国舆论中的霸主地位。19 世纪 30 年代初,英国工业资产阶级与土地贵族、金融贵族的权力斗争比较激烈,曾经在初创时期拒绝英国政府资助并因独立编辑方针而促使阿伯丁政府垮台、远征军总司令被撤职以及国际十字会创建的《泰晤士报》,最终选择了支持代表工业资

产阶级利益的辉格党。为宣传该党的观点,它曾以 4 个版的篇幅刊登 1831 年 10 月 8 日上议院改革法案辩论的全部内容,引起国内民众的广泛关注。1832 年,英国议会通过改革法案,大获全胜的辉格党较长时间持续执政,而为此提供过舆论帮助的《泰晤士报》,也得到了当权政府的各种政策优待。

1855—1865 年帕麦斯顿连续担任首相期间,英国的政治权力一度实现集中化,在国家对外政策方面,垄断权从上议院转给了少数贵族参与的内阁会议(马克思称之为"寡头会议"),最终转为帕麦斯顿的独裁,他逐步"篡夺了管理不列颠帝国国家资源和决定其对外政策方针的绝对权力"。与此同时,《泰晤士报》也在报业集中化过程中登上了国家报纸的地位,取得了报界垄断权,成为英国舆论的代表。为了拉拢和控制"这家篡夺了以英国人民名义广泛议论他的秘密勾当的权利的唯一报纸",帕麦斯顿想方设法"把《泰晤士报》的某些有影响的人物拉到内阁中来担任次要的职位,并且把另一些人接纳到自己的社交圈子里"。从这个时候起,《泰晤士报》在不列颠对外政策方面的活动,完全是为了制造符合于帕麦斯顿勋爵的舆论,到了 60 年代,在对外政策方面该报已经"完完全全变成了他的奴隶"。马克思在 1861 年 5 月写的《伦敦〈泰晤士报〉与帕麦斯顿勋爵》一文深刻揭露了号称"独立报刊"的《泰晤士报》与英国政治当权者之间的复杂关系。他辛辣地讽刺《泰晤士报》:"在自己字典里从来没有'美德'一词的《泰晤士报》,则必须表现出超乎斯巴达刻苦精神的美德,才不致与实际独掌帝国国家资源的统治者结为一伙。"[①]

一战前,英国的北岩勋爵(又译诺思克利夫,1865—1922)1908 年从沃尔特家族购入《泰晤士报》大部分股份。北岩是英国现代资产阶级报业的创始人。他在 1896 年创刊的《每日邮报》是英国现代资本主义报纸的开端。伦敦和外地报纸群起仿效。它被认为是英国的大众化报纸的典型,该报的出版使英国报业进入一个划分大众化报纸与高级报纸的新时代。19 世纪末,英国报业在便士报的刺激下,空前发展,在此过程中开始出现报业垄断组织。英国第一个报团是北岩创建的,《每日邮报》是该报团的起点。以此为雄厚的

链接:
王韬与
《泰晤士报》

资本,他又创办《每日镜报》(1903)、收购《观察家报》(1905),北岩报团成为当时英国最大的报业垄断组织,北岩本人亦被称为"舰队街的拿破仑"。

---

① 马克思:《伦敦〈泰晤士报〉与帕麦斯顿勋爵》,《纽约每日论坛报》,1861 年 10 月 21 日第 6411 号。

二、取消知识税后英国的廉价报刊

获得权力的资产阶级在舆论上的集中表现就是要求取消"知识税",自由出版报纸[①]。1849 年,又有一个"废除广告税伦敦委员会"成立。它在广告税废除后改组为"争取废除纸张税报业联合会"。上述 2 个组织广泛开展宣传活动——出版小册子,组织代表团向议会提出要求,并组织请愿运动,递交请愿书。国会最后于1853 年取消广告税,1855 年取消印花税,1861 年取消纸张税。1855 年印花税一取消,英国报业就卸下沉重的经济负担,从此开始了报纸"降价时期",造就了大量廉价报纸。

1855 年印花税取消后,许多廉价报纸纷纷创刊,到 1857 年出版的报纸有107 种。其中第一家成功的廉价报纸是《每日电讯报》(Daily Telegraph)。它是1855 年 6 月 29 日(印花税废止的前一天)由《星期日泰晤士报》业主约瑟夫·摩西·莱维作为承印者,买下了《每日电讯邮报》重组后,降价 1 便士销售;同时提高社论、新闻质量,几个月后销量达到《泰晤士报》的一半。其子爱德华·莱维·劳森于创刊号社论宣称办报宗旨:我们的目的是在君主立宪的制度下,办成一张报价低廉而质量优良的报纸,提高道德和促进民主的福利,主张办成一份社会各阶级都买得起的高尚报纸。国家的巩固主要是依靠启迪民智,而不是依靠武装力量。

《每日电讯报》由于不惜花费采写第一手的新闻,刊登特约的专栏文章质高价廉,迅速打开销路,4 个月内销量就达到 27 万份。它成功的一个重要原因是劳森主编悉心招揽人才,使该报拥有许多著名的记者和作家,以绘声绘色的社会新闻(如伦敦卖淫区)、国内外独家报道(如中非通讯)吸引读者,19 世纪末一直是英国发行量最大的日报。《每日电讯报》是英国廉价报纸的先驱,劳森被尊称为英国"报业之父"并封为勋爵。

利维家族一直控制该报到 1928 年,后来威廉·贝里成为它的新主人。1937年该报与《晨邮报》合并,公开声称保持"独立保守"的政治观点,以"提供充分、明了和易于理解的新闻"为宗旨,实际上主要反映保守党右翼观点。

二战前,坚决反对绥靖政策,使它声誉日隆。1940 年德军入侵法国,巴黎陷落的消息就是它最早向世界播发的。二战后,它成为销量突破百万份的"高级日报"。

该报比较重视国际报道,除头版是国内外要闻外,还有 3 版的国际新闻。1976年,该报驻北京记者第一个向世界报道中国粉碎"四人帮"的消息。其编辑方针是严肃性新闻和人情味新闻相结合。为满足读者的多种需求,辟有金融、科学、医药、

[①] 张隆栋、傅显明:《外国新闻事业史简编》(中国人民大学出版社 1988 年版),第 83 页。

房地产、汽车、农业、旅游、时装、戏剧、音乐、广播、电视、艺术、体育等许多专栏。读者以中产阶级为主。1993 年该报日均发行量达到 101 万份。

1836 年,英国议会将报纸的印花税减为 1 便士,这就在相当程度上为方兴未艾的廉价报纸扫除了障碍。《大英百科全书》写道:"廉价的刊登犯罪新闻的小报、种种煽情主义的星期日报就像潮水一般涌现了。"其中最为突出的是 1843 年创刊的《世界新闻报》(*News of the World*),报价每份 3 便士,1845 年年底发行量达到 3 万份(1841 年《泰晤士报》发行 2.8 万份)。

三、二战后英国的现代报纸

英国现代报纸可分为高级报纸和大众报纸两大类。

高级报纸(Quality Papers)即"高质量报纸"或"质报",以刊登国内外政治、经济、外交、军事等硬新闻与评论为主,内容严肃,格调高雅,篇幅较多,报价较高,版面严谨,一般不刊登黄色新闻和黄色广告。读者对象主要是社会上层人士和知识界,如政府官员、高级知识分子、社会名流等。

高级报纸致力于成为新闻界的领袖地位,实际上影响国内国际的一系列政策的制定与调整,并以其公正、全面的报道赢得那些严肃的受过教育和有关公民的尊重。它们代表着一个国家的严肃的思考,对于本国政府和其他国家的政府的基本政策有着不可估量的影响。高级报纸是世界报业的一个方面或一个组成部分,一般认为尽管数量不占优势,但是只有一个国家高级报纸才能真正体现该国报刊正常的和一般程度的发展状况和水准。

大众报纸(Popular Papers)主要是以刊登社会新闻、文化娱乐、知识介绍为主要内容,编排上采用大字标题,版面夸张、泼辣,形式为四开小报,销售方式以街头零售为主。相比于高级报纸,大众报纸篇幅较少,报价较低。这类报纸往往充斥着凶杀、抢劫、色情等耸人听闻的内容,过分的报纸甚至有"阴沟报纸"的恶称。大众报纸以社会下层民众为主要读者对象,对于大众文化和普遍兴趣有着独到的影响,成为各国及世界报刊的大多数。

高级报纸和大众报纸的两极分化在二战后越发严重,英国作为一个报业饱和、竞争激烈的岛国,这种分化现象愈加突出。美国新闻学者约翰·蒂贝尔曾评价:英国出版了一些世界上最好的报纸和最坏的报纸。近年来由于电视的冲击,大众报纸销路大减(高级报纸以国际国内新闻报道、解释、评论的权威性取胜,还能基本维持销路),因此竞争更加激烈,"狗仔队"现象成为一大报业景观。

(一)《泰晤士报》(*The Times*)

《泰晤士报》是英国最有影响的全国性报纸,1785 年 1 月 1 日创刊,原名《世鉴日报》,1788 年改为现名,现在由泰晤士报业公司在伦敦出版。目前该报的发行量约 40 万份,每天出版约 40 个版。创办人沃尔特标榜"一个报纸应当成为时代的纪录和种种消息的忠实纪录者",出版人是"公众良心的独立信托者"。《泰晤士报》是英国历史悠久、消息灵通、最有权威的报纸。该报的风格与英国人崇尚的绅士风度有内在的一致性,评论较严肃,自称"独立""客观地报道事实",实际上在国内外重大问题上常常反映英国官方的意图。

(二)《卫报》(The Guardian)

《卫报》原名《曼彻斯特卫报》,创办于 1821 年,是一家地方报纸,后来逐步发展成为全国性报纸。1959 年改为现名;1961 年在曼彻斯特和伦敦两地印行;1964 年编辑部迁往伦敦。

该报创办以来一直充当自由党的代言人,二战前,反对绥靖政策,1956 年苏伊士运河危机中反对政府的殖民主义态度。读者多为中产阶级和知识分子。近年来报纸销量稳定在 41 万份上下。

(三)《金融时报》(The Financial Times)

《金融时报》创办于 1888 年,主要报道金融、财政、工商业消息和与经济有关的国内外政治动向,是一张全国性经济金融报纸,政治上倾向保守,是伦敦金融界的喉舌。该报还报道世界上一些银行和公司企业的业务状况,常常"通过企业家的活动情况来研究世界形势";注重国际新闻报道,评论风格严肃;经常附加特刊,专门介绍世界各国政治情况和经济发展的统计材料,在国内外金融经济界具有一定权威。据说,《金融时报》在订户方面是"重质不重量"。它主要追求订户的"权威性",而不太注重发行量。其销量虽不算多,但几乎全世界大企业都订这家报纸,发行量约 20 万份,具有全球影响,其读者分布在 120 多个国家,与美国的《华尔街日报》一样在国内外金融界、经济界拥有广泛的读者。除在伦敦出版外,该报还在世界其他地方有多个卫星传真版,发行 29 万份。它采用黄粉红色新闻纸印刷,独具特色。该报已经上网,还有一个子公司,名为金融时报商业情报公司,专门收集和报道世界各地经济信息,并出版一套期刊,分门别类报道各种产业信息,影响很广。

(四)《经济学家》(The Economist)

《经济学家》是英国最有影响、最富权威的大型综合周刊,1843 年创办于伦敦,最初以商人为主要读者对象,报道一周国际商情、金融、科学和工艺情况。后来该刊组织了一个庞大的作家队伍,约请各国部长、金融界、工商界知名人士和著名经济学家撰稿。它现已成为内容广泛的国际性刊物,主要刊登有关国内外政治、经济的评论和报道,反映垄断资本集团的意愿,同英国金融界保持密切联系。

该刊的主要栏目有：评论，政界时事政治，英国、美国调查报告；欧洲本周商情；世界商情、金融；科学与技术；书评和读者来信等；有时还增设专题调查和专集，多报道世界上引人注目的事件。稿件编辑严谨，图文并茂，特别是经济方面的图表让人一目了然，对世界经济形势的分析注重事实、引用数字可靠，较有参考价值。

该刊使用的语言较为深奥。它公开宣称，发行对象是讲英语或将英语当作第二语言的生意人，它不想迁就中等水平的读者，更不想把刊物办得通俗易懂，甚至趣味化。该刊读者主要是各国政界、经济界人士，20 世纪 90 年代初发行 50 多万份，美国占了销量的一半。

经济学家报业公司附设经济学家情报公司，这是世界上最大的专门收集、分析并提供经济信息的国际经济情报机构。每年出版 4 册《经济季评》，共 80 多种（一个国家或相邻的几个国家为一种），内容包括国家政治、人口、工农业生产、外贸、预算、就业等方面详尽资料和数据。

（五）《太阳报》（ The Sun ）

《太阳报》为英国当代流行的大众报纸的典型，目前发行量约 400 万份，是英国销量最大的日报。该报 1969 年由默多克买下的《每日先驱报》改版而成。它面向下层社会读者，以刺激性、揭丑性新闻为卖点，利用特大醒目标题制造视觉冲击效果，并最先每天在第三版推出单幅裸体女模特彩色照片，推动销数直线上升。

四、英国的现代报业垄断组织

（一）新闻国际公司(News International PLC)

公司老板基思·鲁珀特·默多克(Keith Rupert Murdoch)1931 年生于澳大利亚墨尔本报业世家，在英国牛津大学毕业后曾在报业大王比维布鲁克勋爵的《每日快报》和《新闻纪事报》工作。1952 年其父去世，他回国继承了一家规模不大的地方小报——《阿德莱德新闻报》。数年后他开始扩展业务，1956 年收购了《珀斯星期日周刊》，1960 年买下《悉尼每日镜报》和《悉尼日报》。1964 年，他从地方走向全国，创办全国性大报《澳大利亚人报》。20 世纪 60 年代其"新闻有限公司"成为澳大利亚著名的报团。

1969 年，默多克打入英国报业市场；同年 12 月购得畅销世界的星期日报《世界新闻》；几个月后，又买下《太阳报》，他把这张枯燥的政治报纸变成了迎合低级趣味的出版物。有人说他的成功之道是以软性色情新闻与体育新闻代替硬性新闻。1981 年，他以 1200 万镑买下汤姆森报团的《泰晤士报》《星期日泰晤士报》等，一跃成为英国最大的报团。如今他在英国控制的媒介有《泰晤士报》《星期日泰晤士报》

《今日报》《太阳报》《世界新闻》等全国性报纸及地方性报纸 30 余家,占英国全国报纸发行量的 1/3。此外,他还拥有英国天空广播公司(40%的股份)和路透社的部分股权。

20 世纪 70 年代默多克进入美国市场,1973 年买下《圣安东尼快报》《圣安东尼新闻报》及《明星周刊》;1976 年又购入《纽约邮报》,把它改造成一份以骇人听闻、凶杀新闻打开销路的报纸;此后,出版著名杂志《纽约杂志》《乡村之声》《新西方》等周刊的纽约杂志公司和《芝加哥太阳时报》也被收归门下。1985 年 9 月默多克入了美国籍。路透社透露,默多克这样做是为了遵守美国控制电视的法律。之后,他购买了 6 座电视台。1986 年下半年,他又以 3.25 亿美元买下著名的 20 世纪福克斯影片公司;1994 年,以 16 亿美元购得全美橄榄球联盟(National Football League,NEL)的独家转播权,震惊了整个美国电视界;同时进入有线电视领域,开办 FX 娱乐电视网。

在亚洲,默多克拥有香港最大的英文日报《南华早报》的股份,同时收买了《远东经济新闻》的部分股权。默多克利用手中的卫星广播电视和有线新闻网插手新闻、商业、体育、文化等多方面的社会活动。他的多媒体帝国已经伸向全世界的每个角落。

(二)镜报报业公司(Mirror Group Newspapers)

镜报报业公司战后多次易主。1951 年,北岩的外甥赛西尔·金继任《每日镜报》董事长,并拥有公司最多的股份。1952 年金购买混合报业公司;1961 年以 3850 万英镑吞并奥丹斯报团,实力大增;同年,金建立国际出版公司,控制着 200 多家杂志。1964 年,该公司所属的《每日先驱报》改组为《太阳报》,逐步变成黄色报纸。此后几年,公司由于管理不善,连年亏损。1968 年该公司董事会做出决定,强迫赛西尔·金退休。

1970 年,里德家族收买该公司大部分股票,改称里德国际公司。1980 年,英籍捷克人、财阀罗伯特·马克斯维尔以 11340 万英镑的巨款购得镜报集团公司的全部报纸,控有《每日镜报》《星期日镜报》《星期日人民报》等日报和星期报以及苏格兰地区的《每日纪录报》《星期邮报》等地方报,还有一家体育日报《体育生活报》。

(三)快报报业公司(Daily Express Newspapers)

快报报业公司前身为英国老牌报团"比维布鲁克报团",1977 年出售给特拉法加投资公司。其拥有 2 家全国性日报《每日快报》《每日明星报》、1 家全国星期日报《星期日快报》、1 家伦敦晚报《标准晚报》,还有几家广播电视台的股权。

(四)联合报业公司(Associated Newspaper Ltd)

联合报业公司前身是罗瑟米尔报团,现为每日邮报和通用信托集团的子公司。

其拥有全国性的《每日邮报》《星期日邮报》和十多家地方报纸、几十家周刊。

（五）汤姆森集团公司(Thomson Organization Ltd)

该报团主人罗伊·汤姆森(1894—1976)生于加拿大，1963 年加入英国国籍，1965 年受封为爵士。他早年在加拿大经商，以后又经营数家广播电台与报纸；20 世纪 50 年代进入英国报业市场；1953 年收购苏格兰人出版公司（Scotsman Publication Ltd)，包括《苏格兰人报》和《爱丁堡晚报》。汤姆森在此基础上逐渐扩大实力，一度成为英国战后最大的报团。晚年经营石油，获巨额利润。他去世后，其子汤姆森爵士二世主持工作，1981 年把《伦敦泰晤士报》《星期日泰晤士报》出售给新闻国际公司，地位有所下降。现在公司仍拥有 50 多家地方性日报、50 多家杂志。其在美国、加拿大、南非、澳大利亚等国拥有大量报刊和广播电台，同时还经营石油、旅游、航空、房地产等多种产业。

（六）皮尔逊-朗曼公司(Pearson-Longman Ltd)

该公司包括金融时报报团、西敏斯特报团、朗曼图书印刷公司 3 个主要分支，拥有《金融时报》《金融周报》《金融新闻》和 40 多家地方报纸以及大批其他出版物，还握有《经济学家》的一半股权和香港《远东经济评论》等海外刊物的股份。

（七）电讯报业公司(Telegraph Newspaper Ltd)

该公司拥有《每日电讯报》《星期日电讯报》，现属于加拿大企业家布莱克的电讯公司所有。

（八）卫报和曼彻斯特新闻晚报公司(The Guardian and Manchester Evening News)

该公司拥有《卫报》《曼彻斯特新闻晚报》和《观察家报》等，属于斯科特家族。

（九）报业出版公司(Newspaper Publishing)

该公司拥有全国性大报《独立报》和《星期日独立报》。

第四节 法国现代报业

一、法国的廉价报纸

法国报业在资本主义工商业发展、教育普及、印刷技术革新、铁路交通发达、电报传递新闻等新形势下,出现了廉价报纸的发展趋势。法国最成功的廉价报纸是1836 年创刊的《新闻报》与《世纪报》。

(一)吉拉丹的《新闻报》

吉拉丹是法国著名报业家,他 22 岁开始办报。他于 1836 年 7 月 1 日创刊《新闻报》。他的办报思想是:廉价报纸是使中下层人们获得消息、提高文化、增长知识与受到教育的必要工具;主张报纸应体现超党派的独立性,是不偏不倚的独立报纸;旨在为民造福,把社会问题置于政治问题之上,致力于解决问题,让尽可能多的人得到尽可能多的幸福。《新闻报》一年订费 40 法郎,低于当时报纸报价一半,报纸立即受到读者欢迎,销量不断上涨:1838 年为 13680 份,1845 年至 1846 年为 2.2 万份。报纸的利润也日增,1844 年为 183600 法郎。

《新闻报》的特点有:①减少政治新闻和言论,大量刊登社会新闻和法院案件。②有关卫生、健康、食品、服装、家庭等方面的知识性、实用性文章占据近 1/4 的篇幅。③连载巴尔扎克的《老姑娘》,开法国报纸刊登长篇小说的先河。雨果、大仲马等大文豪都在该报发表过连载的文学作品,提高了《新闻报》的声誉,使之在知识界和上层社会中受到重视,同时也构成了法国报纸所具有的文艺性气质。④重视广告经营,在法国首创靠增加广告收入降低报价的先例。

(二)杜塔克的《世纪报》

杜塔克曾与吉拉丹合作办过杂志。他于 1836 年 7 月 1 日在吉拉丹创办《新闻报》的同一天,创办廉价报纸《世纪报》。它是独立经营的,在政治上是共和党坚定的支持者。该报政治立场鲜明,主张通过合法途径、按照公众意见进行国家政治体制改革。

《世纪报》报道广泛,在对社会新闻、法院案件、犯罪案件的报道上,比《新闻报》有过之而无不及。《世纪报》首先刊登短篇小说,《新闻报》受到启发后首先连载文学家的长篇小说,《世纪报》也立即先后刊登巴尔扎克的《保尔船长》和大仲马的《三剑客》等名著。

《世纪报》在编辑内容上注重社会新闻,文字通俗,也采用著名小说的连载形式,因而拥有广大读者。报纸低价发行,扩大了销数,同时依靠广告收入,采取企业的经营方式。该报广告收入逐步增加,1836—1842 年,广告收入从 4.5 万法郎增至 18.7 万法郎。该报于 1845 年成立"广告总公司",经办几家大报的广告业务。

杜塔克在办《世纪报》成功后,又购买或参与了四五家报纸。其中最著名的是《费加罗报》和《权力报》。

二、现代法国报业

法国的新闻媒体是西方各国中历史最悠久也是最年轻的媒体。说它悠久,因为法国是现代新闻媒介和新闻自由思想的发源地之一。法国作为资产阶级革命最典型、最彻底的国家,从 16 世纪以后的 300 余年间,经历了复辟与反复辟、独裁与共和的斗争,而在历次斗争中,法国的报刊都鲜明地站在斗争最前线,发挥过巨大的作用。法国的《人权宣言》(1789)所确立的新闻自由原则开启了现代文明之门。说它年轻,因为现在的所有报刊、电台、电视台绝大多数在第二次世界大战以后才创办。因为在 1940 年德军攻占巴黎以后,当时法国的报刊要么投降,要么跟随维希傀儡政权。1944 年夏,法国解放以后,临时政府规定,凡在敌占区出版 15 天以上的报纸永远不准再出版。原先的报纸几乎全部关闭。

(一)主要报团

20 世纪初法国一些廉价报纸的报业主们也着手兼并报刊,扩充集团势力,加速了法国报业的垄断进程。《小日报》《小巴黎人报》《晨报》和《新闻报》四大日报总发行量超过 400 万份,占巴黎报纸总发行量的 75%,占全国报纸的 40%以上,已经显示出集中化的趋势。法国报团出现于第一次世界大战之后,远远迟于美、英、德,并且其报团规模也不如上述国家,原因在于:一方面法国报业商业化进程慢,商业报纸与政党报纸长期并存,难以形成大型的报业垄断组织;另一方面外省报纸实力雄厚、质量高、独立性强,致使巴黎大报向外扩张困难,不易形成报团。这一时期法国出现的早期报团都是工商企业收购报纸而成,报团依附于企业,控股的报纸也不多。主要报团有埃尔桑报团、阿歇特报团等。

1. 埃尔桑报团(Groupe Herasant)

它是二战后发展起来的法国新兴报团。创始人罗贝尔·埃尔桑(1920—1996)在二战时期曾投靠贝当政府。法国解放后,他以叛国罪被处过徒刑,获释出狱后,于 1950 年从办地方报纸起家,先后创办《汽车报》《瓦兹省晨报》和《中部新闻报》;20 世纪 60 年代,已拥有 20 多家地方报纸;70 年代开始收购全国大报,先后取得《巴黎-诺曼底报》(1972)、《费加罗报》(1975)、《法兰西晚报》(1976)、《震旦报》(1978),从而成为法国最大的报团;80 年代又买入《自由多菲纳报》《进步报》等,到80 年代后期已有报纸 40 余家,占地方日报发行量的 26.4%、《巴黎日报》发行量的38%。埃尔桑自诩为右派领袖,其报纸亦是为财团和右翼政治势力服务的工具。

该报团还拥有新闻通讯社(报业新闻总社)、广告公司、印刷厂等企业,并向电视业进军。埃尔桑在新闻界的兼并活动招来了社会各界的关注和非议。1984 年 9月,议会通过反报业托拉斯法,规定兼营巴黎和地方报纸的报团,其全国报纸和地方报纸的发行量均不得超过同类报纸总发行量的 10%。这条主要针对埃尔桑报团的法令被称为"反埃尔桑法",但并未对该报团产生实质性威胁。

2. 阿歇特报团(Groupe Hachette)

阿歇特报团前身可追溯到 1826 年的阿歇特书店,现已发展成为法国最大的图书出版和报刊发行集团。该报团直接或间接控制的报纸达 20 多种,如《法兰西星期报》《星期日报》《她》《时装园地》《每周电视》等,此外还经营出版、广播、电视、电影公司,拥有 2 家印刷厂。

3. 阿莫里报团(Groupe Amaury)

阿莫里报团又称"解放了的巴黎人"报团。创始人艾米利安·阿莫里是法国广告业巨头,曾任哈瓦斯通讯社社长。1944 年 8 月创刊《解放了的巴黎人报》。该报团政治上支持戴高乐,具有较强的资产阶级民族主义色彩,与英、美矛盾时有反映;内容以社会、犯罪新闻为主,因而有"凶杀案大全"之称。该报团以此为核心,陆续拥有了《西部信使报》《体育日报》《观点》等报刊。

4. 世界出版集团(Edition Mondiales)

原为西诺·德尔·杜卡报团。创办人杜卡去世后,几度易主,现由科拉超级市场集团控制。世界出版集团拥有数种畅销杂志如《我俩》《亲密朋友》《电视杂志》《巴黎时装》等,该报团还有 3 家印刷厂和 1 家新闻通讯社。

5. 巴亚德报团(Bayard Presse)

巴亚德报团是法国最重要的天主教报团,政治上代表右翼资产阶级。主要报刊有历史悠久的《十字架报》(1883 年创办)、《朝圣报》(1873 年创办)、《天主教参考》和《圣经世界》等宗教出版物。

6. 菲力巴奇报团(Filipacchi Medias)

菲力巴奇报团成立于 1955 年。主要经营娱乐性杂志和画刊。菲力巴奇和泰诺分别掌握 60%和 40%的股份。该报团拥有的刊物有《致敬》《OK》《花花公子》《图片》《爵士画刊》《他》等。

7. 共产党报业集团(Groupe Communiste)

著名的《人道报》是该集团的旗帜。二战前该集团曾在各地建立"保卫人道报委员会",战后改为"人道报推销委员会",用来筹集资金、推广发行。20 世纪 70 年代后销量下降,陷入财政窘境;80 年代发行量为 10 多万份。该报团还有《人道报星期刊》和里尔的《自由报》、利摩日的《中部回声报》《马赛曲报》3 家地方日报,刊物有《共产主义手册》《革命》等。

(二)主要报纸

20 世纪 90 年代初(1992 年统计),法国日报种数为 85 种,总销量为 992.1 万份,平均每千人读日报 198 份。此外,全国发行 10 万份以上的期刊有 50 种,发行量平均每千人占有 1300 册。

1.《世界报》(Le Monde)

《世界报》是法国最有影响的报纸,创刊于 1944 年 12 月 18 日。当时巴黎刚解放,著名记者于贝尔·伯夫梅里受戴高乐委托,联合 30 名青年记者,接受原《时报》设备,办起这份"为国家新闻事业服务"的报纸,使之成为"民族自信的工具"。《世界报》创刊后,他逐渐成为该报的主要负责人。1944 年 12 月 18 日该报的第一篇社论写道:"本报的第一个宏愿就是保证读者得到明确、真实和尽可能迅速、完整的新闻。但是我们的时代不是人们可以满足于观察和描述的时代了。"它从一开始就宣布,报纸有权评判和提出建议。

20 世纪 50 年代初,该报观点和政府的对外政策发生冲突,编辑部内部分成支持和反对政府的两派,伯夫梅里主张的法国民族主义和脱离英美两大国的独立政策遭到另一派的猛烈攻击。在各方面的重压下,伯夫梅里曾被迫离开《世界报》。但由于伯夫梅里的主张表达了法国人民要求民族独立的愿望,广大读者和报纸内部的其他成员展开了一场挽留伯夫梅里的运动。通过谈判,伯夫梅里终于留任。从此,《世界报》彻底摆脱了政府的直接控制。

整个 20 世纪 60 年代,《世界报》每年的利润增长 10% 以上,1969 年达到 1500 万法郎。还有 12% 的报纸销往国外。70 年代,新闻纸价格上涨、经济低迷导致广告业停滞,《世界报》的利润从 1970 年跌落到 8% 以下;1976 年以后再次下滑,不足 3%;进入 80 年代后,更加重视广告经营,广告占了版面的 45%,广告收入则占到总收入的 70% 以上。广告的增加带来了内容的调整,但它竭力保持报界"高洁人士"的面貌。它鄙视报纸以图像、谜语、纵横字谜和细小琐事等吸引读者的做法。

《世界报》是法国的"同人报纸",40% 的股份掌握在编辑记者等专业人员手里,10% 由总编辑控制。其不依附于任何政党和财团,也不属于任何媒介集团,保持着经营和编辑的独立性。该报是自由资产阶级的报纸,对发展中国家态度友好。《世界报》内容规整,严肃清洁,版面紧凑,文字考究,注重背景和资料的介绍,时评水平很高。读者一半以上受过高等教育。现在每天约 40 版,1997 年销量为 37 万份,是法国最有名的"质报"(又称高级报纸,即重视对政治、经济、社会问题等"严肃性新闻"的报道,以文章、资料和评论的"质量"赢得读者)。

2.《法兰西晚报》(France Soir)

《法兰西晚报》由菲利普·维阿纳创刊于 1944 年 8 月 22 日,前身是 1941 年创办的地下刊物《保卫法兰西》。巴黎解放后,维阿纳及其同伴们要创办一张和战前的《巴黎晚报》相媲美的大众化报纸,故特意把报名改为《法兰西晚报》。创刊之初,其大量刊登照片、图片和娱乐性新闻,以趣味性吸引读者,还专门聘请了原《巴黎晚报》主编拉扎雷夫担任主笔。

20世纪40年代末,因缺乏资金而风雨飘摇的《法兰西晚报》并入阿歇特报团,维阿纳退出,拉扎雷夫出任总编。阿歇特报团控制该报后,一跃成为法国最大的报业集团。《法兰西晚报》的发行量也于50年代突破百万大关,成为法国最大的报纸,报头旁曾写有"法国发行量到达100万份的独家报纸"字样。60年代,该报单凭娱乐、趣味性节目已难于和新兴的电视抗衡,销售再度陷入困境。70年代,阿歇特报团将该报转让给埃尔桑报团。

与《世界报》相对,该报是法国"量报"的代表(又称大众报纸,侧重娱乐性新闻,以趣味取胜)。但在80年代,它逐步改变编辑方针,增加政治、经济等严肃性新闻的报道和评论,以求抵抗电子媒体的冲击。读者大多是巴黎中下层公众。

3.《费加罗报》(Le Figaro)

《费加罗报》是法国历史最悠久的报纸,创刊于1853年,1866年改为日报。其报名源于法国大作家加隆·德·博马舍(1732—1799)的剧本。二战期间,报社迁往里昂。该报主编皮埃尔·布里松1940年11月24日曾给贝当写信,反对新闻检查和愚民政策。1942年11月10日该报被维希政府勒令停刊。二战后在皮埃尔·布里松的领导下复刊,并获得空前发展,发行量剧增。布里松逝世后,1965年,持有该报50%股份的普鲁沃斯特报团趁机接管了全部股份,但在编辑部成员的坚持下,报纸有权决定总编辑人选。

70年代后,该报二度经营不善,1975年转入埃尔桑报团。1978年10月,每周六出版图画增刊《费加罗画报》,后又增出月刊《费加罗妇女》,取得很大的成功。结果,《世界报》《晨报》《法兰西晚报》纷纷效仿它的做法,出版各自的星期六增刊。

该报观点保守,重视社论,也是法国有名的"质报"。与《世界报》不同的是,其读者以文化水平较高的商界人士和高级职员为主。现在每天大约出版100版,附加一份粉红色的经济专页和一份黄色的体育专页,并有一幅时事政治漫画。内容丰富,综合性强,包罗万象,版面合理,被认为是最能体现法兰西"贵族风格"的报纸。该报3/4的收入来自广告,销量多年来保持稳定。

4.《国际先驱论坛报》(International Herald Tribune)

其是美国企业在巴黎出版的国际性英文日报,前身是美国人贝内特1887年10月开始出版的《纽约先驱报》(后改为《纽约先驱论坛报》)欧洲版,二战期间曾停刊,1944年复刊,1967年5月22日启用现名。股份分属"惠特尼电台和电视台"公司、《纽约时报》、《华盛顿邮报》。该报着重报道国际政治、经济、文化等方面的新闻。除巴黎以外,其还通过卫星传送版面在伦敦、马赛、苏黎世、海牙、罗马、迈阿密等地印刷发行,行销160多个国家和地区,发行量15万份左右。

5.《法兰西西部报》(*Ouest France*)

《法兰西西部报》是法国最大的地方报。其前身是 1898 年创办的《西部闪电报》,1944 年后改用现名,总部设在莱纳,发行范围包括以布列塔尼省为中心、法国西部 3 个经济大区的 12 个省。它有 40 个地方版。该报最大特点是刊登大量地方新闻,辟有农业、海运等地方经济的专栏、专版。

第五节 德国现代报业

在近代新闻史上,德国有其独特的贡献。1450 年,德国人谷登堡发明活版印刷。此后的 100 年间,活版印刷术遍及全欧洲。1615 年,艾莫尔创办《法兰克福新闻》周刊,被世人公认为世界上第一份真正的报纸。正因为上述两项成就,世界新闻界把德国看作近代报纸的摇篮。但德国经历长期的封建统治,又是两次世界大战策源地,新闻媒体备受封建专制主义和法西斯统治的摧残,发展一直很缓慢。直到 20 世纪 60 年代,随着德国经济的全面复苏和起飞,新闻媒体才步入发展的快车道。90 年代德国出版报纸达 440 多种,总发行量约 3240 万份,人均报纸拥有量仅次于日本、英国和瑞士,居世界第四位。

第二次世界大战结束后,德国呈分治状态即"联邦德国"(西德)和"民主德国"(东德),各自的社会制度、意识形态等差异很大,前者实行资本主义,后者实行社会主义,两国在报业及新闻传播领域的运作方式截然不同。1990 年两德实现统一,实际上是联邦德国对民主德国的全面改造,将资本主义的政治经济体制取代社会主义的政治经济体制,报业及新闻传播业都实行了市场化、私营化。主要报团有施普林格报团、布洛斯特-芬格报团、斯图加特报团、杜蒙报团、南德意志报团、慕尼黑报团、法兰克福报团等。主要报刊有以下几种:

一、《世界报》(*Die Welt*)

《世界报》与《法兰克福汇报》《南德意志报》一起,并称原联邦德国三大报。《世界报》1946 年 6 月由英军占领当局在汉堡创办,1976 年迁至波恩继续出版。1952 年招标出售,施普林格买下 75% 的股权。20 世纪 90 年代初发行量为 20 多万份。读者多为国家机关和经济界的上层人士。

《世界报》平日 20 个版左右,分 4 个部分:重要新闻和评论、综合新闻、文体新闻和特稿,此外还有一系列专版,广告约占一半篇幅。该报信息广泛、文字精练、版面活泼。它拥有较大范围的记者网,报道具有一定的权威性,对国际新闻也相当重视。该报对记者、编辑的挑选较严,要求他们具有大学毕业条件外,还要求有专业知识,如从事经济内容的编采人员必须懂得广告业务和具有生产方面的知识。

二、《法兰克福汇报》(*Frankfurter Allgemeine Zeitung*)

1949 年 11 月 1 日《法兰克福汇报》创办于莱茵河畔的法兰克福市。该报重视经济新闻和国际新闻,读者对象主要是政府部门和企业界上层人士以及独立职业者。20 世纪 90 年代初发行近 40 万份。该报是一家超区域性日报,在世界上有一定声望。该报平日出 24 至 30 版,内容分政治、经济、文艺三大部分,此外每天分别有科技、书籍、旅游等专版。

该报最大的优势是拥有一个遍布世界的记者网。这使它能够在很大程度上不依赖通讯社而发布来自世界各地的消息,并使它在经济报道方面独领风骚。该报每日还出版 1 张供订阅的附加版《经济一瞥》。

三、《南德意志报》(*Sueddeutsche Zeitung*)

《南德意志报》1945 年 10 月创办于慕尼黑,初为周二刊,1949 年改为日报。该报创办时持社会民主党执照,以后变为私人报纸,但仍倾向于社会民主党。读者对象主要是自由派知识分子,20 世纪 90 年代初发行 40 多万份。

该报篇幅比较大,平日 40 至 50 版,周末更多。平日版分 3 个部分,政治新闻与评论、地区新闻和文艺影剧消息、经济新闻。此外还有一些定期和不定期的副刊和专页。该报新闻版的特点是报道面广,而它对所在的巴伐利亚州的报道同样内容广泛。许多人对该报新闻文体的特色(其头版有杂文栏《曝光台》)以及它对所有危害社会的现象予以抨击的做法颇为赞赏。

四、《图片报》(*Bild Zeitung*)

《图片报》1952 年由施普林格在汉堡创办,它是联邦德国最早的一份通俗画报,四开小张,几乎全靠街头零售。20 世纪 90 年代初日发行量高达 500 多万份,占联邦德国日报发行量的 1/4,居西欧各报之首。在《图片报》上占主要篇幅的不是文字报道,而是图片、大字标题、彩色线条和花边。读者可以通过这份报纸了解身边发生的一切新闻。该报每天通过卫星传真在各大城市同时出版。

五、《明镜周刊》(*Der Spiegel*)

《明镜周刊》1947 年创办于汉堡,是德国最有影响的新闻周刊,用德文和英文出版,20 世纪 90 年代初发行量超过 100 万份。该刊以"展示社会的阴暗面"为己任,注重调查性报道,敢于揭露政界内幕和社会弊端。70 年代该报对国防部长施特劳斯受贿渎职的揭露、1983 年对钢铁大王弗利克公司贿赂政界要人的揭露、1987 年对石荷州州长巴舍尔在竞选中采用不正当手段的揭露,都曾引起强烈的社会反响。

第六节　日本现代报业

日本资本主义经济的兴起,比西欧晚两个世纪,其现代报纸的出现也相应地比欧洲国家晚得多。但是 20 世纪以来,特别是二战后日本报业发展迅速,随着日本军国主义制度的垮台和美军占领状态的结束,加上日本经济的恢复与迅猛发展,日本报业获得很大的发展,并且走上了西方资产阶级“新闻自由”与报业垄断的发展道路,平均每户有报纸 1～3 份,每 5 个人就有报纸 2 份,普及程度名列世界前茅,目前已成为世界上报业最发达的国家之一。

一、历史简况

(一)古代报纸——瓦版

瓦版是在黏土上刻出文字和图画再烧制成版的印刷出版物。最早出现于 17 世纪初日本当时最大的商业城市大阪。现今日本所保存的最早的瓦版原始史料,是一份记载 1516 年的“大阪安部合战之图”,形式上是图文并用以图为主,略有文字,内容是幕府时代的一次战斗。从出版性质来看,瓦版是不定期发行的单页印刷品,貌似传单,内容主要是介绍社会上正发生的各种事件,如地震、火灾、情死、仇杀、怪胎、神童等奇闻。

瓦版以街头叫卖的方式发行,所以有人称它为“读卖瓦版”,现《读卖新闻》的名称就源出于此种发行方式。瓦版是出自民间的非法出版物,它的制作者和发行人都是隐姓埋名,这就给后人研究造成不便,大致推测可能是一些香火道人、游方术士之类的走江湖的人。瓦版在日本流行 300 多年,到 19 世纪末,明治维新之后,由于现代报纸开始问世,才逐渐自行绝迹。瓦版是日本土生土长的,在日本新闻史上有一定的特色和价值。

(二)官办新闻书与早期日报

明治维新前,幕府统治制度奉行闭关锁国政策,又不能不适当关注海外动向,开始要求设在长崎的荷兰商馆每年向幕府提供一份关于外国情况的"报告书",并由官办翻译机构"洋书调所"翻译荷兰在印尼出版的《爪哇新闻》供统治集团内部传阅,即《官版巴达维亚新闻》,于1862年出版,采用书本形式装订,不定期编辑。它严格意义上讲不是报纸而是新闻书,但是公开发行,对于世代闭塞的日本社会毕竟产生了重大的影响。

1868年,日本人所办的最早的自主性报纸《中外新闻》在江户出版。创办人柳河春三在"开成所"(学洋文的机构)任教授,是日本最早研究西洋的学者,懂英、法及荷兰语,研究枪炮、医学,是向日本国民介绍西洋文化的先驱之一。日本学者视该报为日本近代报纸开端。

1868年意义非同寻常,与明治维新年代正为相合,说明日本近代报业与政治、经济及社会发展关系紧密。明治维新促进日本资本主义发展的进程,也孕育近代报纸。维新政府提倡文明开化,允许民间办报,组织读报会,制定邮政优惠政策,支持报业的发展。

日本最早的日报《横滨每日新闻》出版于1871年,由日本著名的近代报人子安峻创办。子安峻又是个翻译家,1870年先创办一个印刷所"日就社",1874年创办了《读卖新闻》,并任社长达15年。《横滨每日新闻》为铅字活字排版,单面印刷,每期八开两张,新闻与广告各占一半。

(三)政论与政党报刊

19世纪七八十年代,日本民间接受西方民主思想的知识分子,同反对派阵营中的开明人士结合起来组成各种社团,通过报纸宣传民主自由,要求开设国会,制定宪法,出现了"民权派"与"官权派"的斗争。围绕制度和政治体制问题有自由党"主权在民"、改进党"君民同治"和帝政党"主权在君"的不同政治派别,由于统治阶层内部政见分歧表面化,报纸也就成为不同派别政论交锋的舞台,进入了政党报纸时期。政府担心争论导致难以收拾的社会命运,一方面修改报纸条例,一方面分化离间反对党,1883年各政党四分五裂,政党报刊结束。

(四)商业报纸的发展

19世纪后期,日本资本主义经济体系逐步形成,工业革命开始,通俗小报奉行"企业本位"方针实行商业化经营。日本现代三大报纸先后在商业中心大阪和首都东京创刊,它们是1872年的《每日新闻》(在大阪)、1879年的《朝日新闻》(在大阪)、1874年的《读卖新闻》(在东京)。它们偏重一般新闻和经济信息,都是"独立和商业报纸",与欧美的廉价报纸相似,面向社会中下层读者,价格低,发行量大。

(五)现代报业的开端

1894年中日战争和1905年日俄战争以后,日本资本主义大发展,报纸也大发展。日本新闻学者小野秀雄认为,大正时代(1912—1926)是日本报界最好的时代,其原因是日本在欧洲大战之际成为联合军物资之供给国,工商业兴旺,反映在报界广告多,报纸向企业化方向发展。明治时代的报纸是个人经营或合资经营,但到大正时代中期主要报纸却变成株式会社形式(股份制与集团化方式经营),资金急剧增多。

20世纪初日本资本主义已经进入垄断阶段,日本报业也迅速向垄断报业方向发展。《每日新闻》和《朝日新闻》分别在1918年和1919年改组成股份有限公司,成为日本报坛的两雄。其他报纸在竞争中节节败退,《读卖新闻》奋起形成日本报业"三足鼎立"的局面。这些报纸财力雄厚,销量巨大,在报业居垄断地位。

(六)军国主义的报业

1931年"九一八"事变后,日本报业被置于军国主义控制之下,成为其煽动侵略战争的新闻工具。1936年至1945年,随着日本进入完全法西斯军国主义时期,报纸被牢牢绑在战车上,为对内压迫人民、对外疯狂侵略服务。

(七)战后报业的发展

日本战后报业发展大致经历了占领阶段(1945—1952)、复兴阶段(1952—1960)、高速发展阶段(1960—1973)和稳定阶段(现代化、全面发展)等时期。

二、日本报业基本现状

日本近代报业开始于明治维新时期。目前日本不但是经济大国,而且是报业大国,现有日报360多家,数量不及美国,每千人日报拥有量约600份,普及率超过美国和西欧,居世界前列。日本报纸分两大类:全国性报纸和地方性报纸。"五大全国性报纸"《读卖新闻》《朝日新闻》《每日新闻》《日本经济新闻》和《产经新闻》,实际上就是5个报系,这5家报纸占总发行量的60%。

(一)《读卖新闻》

《读卖新闻》1874年创办于东京,起初为通俗小报,世纪之交趋于衰落,20世纪20年代改组后复苏,逐步置身于三大报行列;1942年合并《报知新闻》,改称《读卖报知新闻》,1946年恢复原名。该报在东京、大阪、九州设本社,北海道、北陆设支社,5地同时出版;又在名古屋单独出版《中部读卖新闻》。早刊发行数约890万份,晚刊约480万份。

《读卖新闻》除了国内外新闻外,注重社会新闻、体育新闻,版面活泼,文字通俗。该报社还出版英文版《读卖新闻》(日报)、《周刊读卖》、《读卖新闻摄影》、《读卖年鉴》等多种报刊图书,经营日本电视广播网,还经营棒球队、足球俱乐部、交响乐团、旅游、房地产等。

(二)《朝日新闻》

《朝日新闻》1879年创刊于大阪,现在总部在东京,分设东京、大阪、西部、中部4个本社及北海道支社。4个分社均独立编辑出版早晚刊以及向偏远地发行"统合版"(早晚刊合一),各人事、财政也相对独立。北海道支社则接收东京本社编排的传真版面,就地印刷并增补地方新闻。该报早刊发行数约为810万份、晚刊约460万份。

《朝日新闻》广泛刊登国际国内新闻,既注重快速报,又致力于详细报道和解说。该报一贯重视采用先进传播技术,电报传入不久,就用电报全文传送明治天皇的"开设国会诏敕"(1881年)、"帝国宪法"(1889年)。19世纪末,《朝日新闻》首先引进法国的轮转印刷机;1959年首先使用整版传真技术传送报纸版面;1980年实现编排出版全面自动化;1986年起在伦敦和纽约出国际版;1990年10月起在新加坡出亚洲版。

《朝日新闻》除了出日报外,还出版各种期刊、年鉴、图书,如《周刊朝日》《朝日评论》《朝日画报》《朝日摄影》《科学朝日》《朝日年鉴》《朝日晚报(英文版)》等。它还拥有全国朝日广播公司,经营广告代理、旅游、房地产等多种行业。

(三)《每日新闻》

《每日新闻》前身是1876年创办的《大阪日报》,1888年改称《大阪每日新闻》;1906年购买东京一家小报,1911年又兼并《东京日日新闻》,并以此报名在东京长期出报,1943年起两地统一使用《每日新闻》的名称。现在《每日新闻》的创刊年份定于1872年,这是《东京日日新闻》的创办之年。

《每日新闻》在战前和战时曾是日本第一大报,20世纪50年代中期销量下降,60年代降为第二位,70年代又降为第三位。现有东京、大阪、名古屋、西部4个本社,北海道设支社,这5处分别出早晚刊,东京、大阪、西部3处还出版供应边远地区的"统合版"。早刊发行数约410万份,晚刊约220万份。

该报社还出版英文版《每日新闻》以及《经济学人》《周刊每日》《每日画报》《每日年鉴》等多种报刊和图书,拥有东京广播公司,还经营印刷、广告、服务业和电影社等。

(四)《日本经济新闻》

《日本经济新闻》的前身是1876年创办于东京的《中外物价新报》,1889年改名为《中外商业新报》;1942年与《日刊工业新闻》等11家报纸合并,改称《日本产业经济》;1946年定名为《日本经济新闻》。作为一份有全国影响的综合性经济报纸,它是财团、工商企业、银行界中上层人士必读之物。

《日本经济新闻》现有2个本社(东京、大阪)、2个支社(福冈、名古屋),分别出版早、晚刊,2个本社还出版"统合版"。早刊发行数约220万份,晚刊约130万份。该报除一般新闻外,注重准确、快速的经济新闻报道和经济动向分析,报社设有一系列调查研究机构,如日本经济研究中心、日本经济数据开发中心、日经产业研究所等,从事有关研究,并向国内外提供各种经济信息服务。1978年,《日本经济新闻》率先实现电脑控制的编排印刷全自动化。

该报社还出版《日经产业新闻》(日报)、《日经流通新闻》(周二报)、英文《日本经济新闻》(周报)以及《日经会社情报》等杂志和图书,此外,还经营广告、建筑、电影、电视摄制等行业。"东京十二台"是该报系的电视台。

(五)《产经新闻》

《产经新闻》的前身是1933年创办于大阪的《日本工业新闻》,1942年合并了33家产业和经济小报,改为《产业经济新闻》,仍在大阪出版。20世纪50年代初由经济报纸转变为综合性报纸,同时在东京出版《产经时事》,1958年两地统一用现名。现在在东京和大阪设本社,分别编辑出版,早刊发行数约200万份,晚刊约100万份。

《产经新闻》和政界、财界、企业界右翼势力关系密切,政治态度偏右。它本身是"富士·产经集团"的核心,这一集团包括富士电视公司、文化放送、日本放送、大阪放送、关西电视等广播电视台以及《产经·体育》《富士晚报》《大阪新闻》《周刊产经》等报刊,还兼营出版、广告和服务性行业。

二战以后,日本报业实行企业化经营的一个重要特点,就是新的报业垄断格局的形成。目前,在5家全国性大报的基础上,已经形成5个全国性的垄断集团。其垄断性具体体现在它们都在东京、大阪以及其他主要城市设立总分社,分别出报;每个总分社又出版各种地方版兼营多种行业。上述5家全国性的报系,如今已居于日本报业的垄断地位。

三、日本报业的主要特点

日本是一个岛国,资源缺乏,其经济发展的生命线主要依靠对外贸易,在外界交往过程中对信息有强烈的客观需要和自觉意识。而经济增长、技术进步以及工商业繁荣和大量广告刺激给新闻事业的发展提供了坚实的物质基础。教育事业的发展,尤其是高等教育普及率,为新闻的传播提供了文化基础。日本新闻业自身很善于经营管理。新闻工作被认为是文化建设的重要力量。这些因素综合作用形成日本报业以下特点:

(一)报纸普及率名列世界前茅

在日本每千人日报拥有量近600份,普及率超过美国和西欧,居世界前列。日本人90%都要看报,在东京平均每人每天看电视达3小时以上,可是尽管这样每天看报仍达41分钟,50%的人认为报纸是他们的消息的可靠来源。

(二)垄断形成晚,但程度高

5大报的发行量在全国具有压倒性优势,报业集团资产雄厚、竞争实力强大。例如《朝日新闻》除了出版报刊外,还经营广告和其他文化产业,拥有几十家旅游、交通、娱乐、房地产、保险业等方面的公司,此外还拥有多架中型飞机、直升机。

(三)报业广泛参与其他非新闻事务

报业集团成为跨行业的联合企业,如《读卖新闻》除出版多种报刊图书外,还经营日本电视广播网,兼营棒球队、足球俱乐部、交响乐团、旅游、房地产等。其交响乐团达100多人,每年演130多场;其"巨人"棒球队在日本有广泛的影响;等等。通过从事这些事务,打《读卖新闻》的牌子,使这些企事业的经营与新闻业的经营相互补充,形成整合效益。

(四)报业勇于揭露社会黑暗弊端,发挥社会舆论工具的监督作用

二战结束后,在日本的联合国军最高司令部发表《关于言论及新闻自由的备忘录》,废除所有传播方面的法令,指示必须彻底恢复言论自由,协助建立工会,通过扶植新的民主势力与日本旧有的官僚财阀、军阀相对抗。最高司令部的着眼点是全面破坏日本的旧体制,实现日本非武装这个目标。[1] 作为占领当局,美国的目的是建立所谓民主自由制度,采取强制措施限制军国主义萌芽,进行经济改革促使市场形成,防止军国主义冒险,利用日本舆论工具来监督日本政府。这一系列举措使日本新闻业走上西方式的发展道路。20世纪七八十年代,由于新闻监督有关洛克希德事件、利库路特股票案的受贿丑闻,日本多位首相辞职下台。

(五)记者俱乐部的普遍设立

在日本大到国会政府各部门,小到各地方民间团体,几乎都设有自己的记者俱乐部组织。它们是获取情报的机构。这些单位通过记者俱乐部发布有关消息,而记者就根据这些材料来编写新闻,有关当局人士还定期或不定期地在记者俱乐部举行所谓"吹风会",借以诱导舆论方向。俱乐部具有排他性,是其成员才能参加其组织的活动。

---

① ［日］山本文雄、山田实、时野谷浩编,刘明华、郑超然等译:《日本大众传播工具史》(青海人民出版社1984年版),第205页。

思考与练习 ≫≫

1. 工业革命对于新闻传播业产生了哪些直接或间接的影响？

2. 近代西方廉价报刊出现的条件是什么？

3. 美国三大廉价报刊的名称分别是什么？它们具有什么共同特点？它们出现的历史意义是什么？

4. 如何评价普利策的历史地位？

5. 简述黄色新闻的由来。

苏联—俄罗斯与东欧地区
新闻事业的发展与演变

本 章 学 习 要 点

　　本章在前章工人运动四大阶段的基础上介绍社会主义报刊阶段。介绍解体前后的苏联和东欧地区新闻业发展、演变与挫折。从演变的过程看社会主义现代报业有其体制内部的原因,也有西方冷战过程中"和平演变"战略的影响。俄罗斯和东欧的新闻事业在转型中艰难前进。

第一节　社会主义现代报业概说

　　在反法西斯战争胜利的基础上,欧洲的波兰、罗马尼亚、匈牙利、捷克斯洛伐克、南斯拉夫、保加利亚、德国、阿尔巴尼亚,亚洲的朝鲜、越南、中国等,相继推翻原有的政权,建立起社会主义制度。这些新生的社会主义国家和先此出现的苏联、蒙古一起,组成了与资本主义世界相对立的另一阵营。为了巩固社会主义的政治制度,发展国民经济,同时作为冷战的有力武器,各社会主义国家纷纷仿效苏联的做法,在公有制的基础上,建立了各自独立的新闻事业体系。随着各国经济的恢复和发展,其新闻传播事业也实现了不同程度的扩张。

一、两种新闻事业的区别

如同社会主义与资本主义根本性质的对立,社会主义新闻事业与资本主义新闻事业也表现出了根本的差别。这些差别主要体现在新闻媒介的社会政治地位、经济地位、新闻传播的理论基础等方面。

(一)新闻媒介的社会地位

资本主义社会是在否定封建主义政治结构的基础上建立起来的。封建社会的根本特征就是秘密政治,闭塞人民的耳目,阻滞人民的思想,最终消除人民的反抗。因此历代封建君主都非常重视封锁消息,控制舆论工具。当报刊媒介出现后,他们想出了各种办法,诸如新闻检查制、保证金制、许可证制等,加强对报刊的掌握,使之成为统治者得心应手的工具。资本主义社会完全打碎了封建的政治体系,废除了控制言论的诸多樊篱,追求自由主义的理想。根据自由主义理论,新闻自由(或言论自由)被视为第一自由,是人类全部自由的中心。要确保言论自由,就必须确保新闻媒介的独立地位。因此,资本主义的政治伦理,不允许政府、权力机关干预言论界和报道界的正常活动。美国宪法修正案第一条更是明确规定:"国会不得制定法律……剥夺人民之言论出版自由。"在宪法保障的前提下,新闻媒介拥有三项绝对的不可剥夺的权利:其一是出版权利,其二是报道权利,其三是批评权利。由于有了这三大权利,新闻媒介由封建政府的统治工具变成了政治上独立的社会舆论工具。

但是,资本主义社会新闻媒介的独立地位并不是绝对的。自由主义报业理论所谓的"第四等级""第四权力",在与政府的关系上,具有一定程度的真实性。但是自由主义的传播媒介在摆脱政府控制后,又遇上了垄断资本这个难缠的对手。报纸的私人所有性质,似乎意味着每个人均可自由创办、经营,但是大工业生产,使得创办报业需要庞大的资金实力。其结果是,只有报业垄断资本才能决定新闻媒介的言论方针,享有出版报纸的权利。此外,作为广告主的垄断资本和作为报纸消费者的广大受众,对于新闻媒介也有不可忽视的制约力。

在社会主义社会,新闻传播媒介的地位根本不同于资本主义社会。它既不是独立的"第四等级""第四权力",也不是独立的社会舆论工具。新闻媒介的国有性质,使它成为直属于执政党、政府的宣传工具。新闻媒介的宣传方针、报道业务、言论倾向、组织人事、经营管理等,均由执政党或政府决定。为了确保宣传目的的实现,在许多社会主义国家,执政党或政府都制定了一系列法令、文件,形成了政党新闻事业的运行机制,使新闻媒介在思想上、政治上、组织上同党和政府保持一致。至于广大新闻受众和广告客户,则由于新闻媒介追求的直接目的不是发行收入、广告收入和高收视率,对新闻媒介的制约能力极为有限,难以影响新闻媒介的报道方针和言论政策。

(二)新闻事业的经营形态

在资本主义社会,新闻媒介是独立经营、自负盈亏的私人企业。企业的兴衰存亡,一切取决于自身的努力,取决于自己的经营政策能否迎合大众的口味,取决于在争取大众的角逐中能否战胜同业对手。所以,资本主义社会的新闻事业,如同经济领域自由竞争的无政府状态,表现出了优胜劣汰的自然规律。为了战胜对手,各新闻媒介无所不用其极,或突出报道内容的新奇性、刺激性,或提高新闻报道的时效性,或降低报纸售价,或增强新闻媒介的服务功能。除了新闻业务的竞争外,为了扩大生存空间、增强经济实力、巩固经济基础,新闻企业还走出单一经营的圈子去拓展经营范围。有的新闻垄断集团兼营报纸、广播、电视,实现了各新闻媒介产业的一体化;有的新闻集团在坚持发展新闻业务的前提下,不仅开发房地产业、插手旅游观光业、涉足金融保险业、投资第一第二产业,还创办信息咨询服务实体,发展慈善公益事业等,实行全方位的多种经营。随着资本主义垄断化趋势的增强,新闻事业的竞争还会日益激烈下去。

与资本主义社会新闻事业决然不同,社会主义国家的新闻媒介不是以营利为目的的商业企业,而是服务于政府、执政党的社会公益事业。一方面,作为执政党、政府的宣传工具,新闻媒介包括报纸、广播、电视,用不着为收入、开支及生存犯愁。新闻媒介的经费来源由国家财政统筹安排。新闻事业的发展,被纳入了社会发展的整体规划,作为整个社会发展的一部分。因此,社会主义新闻事业,正像社会主义的经济,也是有计划按比例地发展的。另一方面,由于政府保证了经费来源,新闻媒介衣食无忧,无须哗众取宠争取读者、观众、听众进而争取广告客户。新闻媒介能安心地尽其作为宣传工具的职责;加上各新闻媒介基本目的的一致性,这就在根本上消除了新闻领域的同业竞争,从而与资本主义社会新闻领域自由竞争的无政府状态形成了鲜明的对比。

(三)新闻传播的理论基础

社会主义国家与资本主义国家新闻事业的区别,除了政治体制、经济基础方面的原因外,还有一个不可忽视的因素,这就是新闻传播的理论基础。在资本主义国家,新闻传播的理论基础是自由主义报业理论、社会责任理论;而社会主义新闻事业的理论基础,则是马克思主义新闻理论。

根据自由主义报业理论,人是理智的动物,面对充满矛盾的事实,他们能够分辨好坏,认清对错。人们愿意而且能够追求真理,而报刊等新闻媒介正是人们寻求真理道路上的伙伴。自由主义者认为,在资本主义社会,利用新闻媒介应是天赋所有人的不可剥夺的权利之一,而不应该为某个特定阶级所垄断。新闻传播活动在国家利益和法律范围内,应有绝对的自由。对于新闻工作者享有的出版权利、报道权利和批评权利,政府不应该加以干预和约束。因为根据自由主义的政治道德,最好的政府应该是无为而治的政府、不干预报纸的政府。社会责任理论则有所不同。它虽然也主张自由地利用新闻媒介是公民的一项基本权利,但它又认为,这种权利、自由不是绝对的。自由必须以负责任为前提。作为政府,固然有义务允许新闻自由,保障新闻工作者的合法权益,但是一旦新闻媒介滥用自由时,政府就有必要进行适当的干预了。尽管社会责任理论有别于自由主义理论,但是总的来说还是大同小异。实际上,社会责任理论是在自由主义理论的基础上提出并发展起来的,在这个意义上,它可以说是传统的自由主义理论在垄断资本主义时期的新发展。

马克思主义新闻学则认为,在阶级社会里,新闻媒介不可能是超阶级的、全民的舆论工具,也不可能享有绝对的、无条件的自由。在社会主义国家,新闻媒介只能是无产阶级的舆论工具,是执政党和政府的耳目喉舌。作为党和政府的宣传机关,新闻媒介不可能游离于党的领导机关之外,摆脱党的领导,享受西方式的民主自由。新闻传播活动必须置于党和政府的直接领导之下,新闻工作者必须无条件地服从党和政府的路线、方针、政策。根据马克思主义的新闻理论,党的领导与新闻自由并不矛盾。只有坚持党的领导,坚持社会主义方向,坚持党性原则,新闻工作者才能充分地享受社会主义的新闻自由。自然,这种自由也不是所有人都能享有的普遍权利。被推翻的剥削阶级,政治上的反对派,是被排斥在人民这个范畴之外的,因而被剥夺了言论自由。只有无产阶级及其政党,才是言论自由、新闻自由权利的主体。这种理论上的差别,给现实社会的新闻事业打上了深刻的烙印①。

第二节　苏联社会主义报业的建立和成长

在苏维埃政权建立的 74 年中,苏联共产党和苏维埃政府都非常重视社会主义报业的创建和发展。二战以后,经过苏联政府几十年的努力,苏联成为世界上仅次

---

① 张昆:《简明世界新闻通史》(武汉大学出版社 1994 年版),第 340－344 页。

于美国的报业大国,也对其他社会主义国家的新闻事业产生广泛的影响。

一、社会主义报业体系的全面形成(1917.11—1941.6)

从苏维埃政权建立到卫国战争爆发,是苏联社会主义报业创建和发展的第一阶段。苏维埃政权为了保卫革命的胜利成果,也为了提高劳动人民文化水平,从改造旧报业入手迅速开始创建以党报为主体的社会主义报业体系,在马克思主义新闻理论和列宁党报思想的基础上形成了社会主义建设时期的办报原则,以社会主义报刊作为强大的思想武器,动员、组织人民群众积极参加社会主义建设。

(一)剥夺资产阶级的出版自由

十月革命胜利后,苏维埃政权立即采取有力措施,从根本上剥夺资产阶级的出版自由,禁止反革命报刊的宣传活动,为创建和发展社会主义报业扫清道路。

对于资产阶级反革命报刊,新政权通过立法查禁、监督其一切反人民的活动。1917 年 11 月 10 日,列宁签署的《关于出版问题的法令》正式颁布。其规定:资产阶级报纸是资产阶级强有力的宣传武器,新的工农政权绝不能把这个武器留在敌人手中,为此查封一切公开煽动对抗或不服从工农政府、恶意诽谤与歪曲事实以扰乱治安、煽动犯罪行为的报纸。这一法令打击了资产阶级、孟什维克和社会革命党人企图利用报刊反对苏维埃政权的险恶用心。

对于苏维埃报刊,新政权通过经济手段保障、扶持其发展。对反革命舆论宣传的镇压,有效地巩固了新生的无产阶级政权,促进了无产阶级的报业发展,也切实保障了劳动人民真正的出版自由。1918 年全俄第一部社会主义宪法规定:"为保障劳动者享有真正表达自己意见的自由,俄罗斯社会主义联邦苏维埃共和国消除出版事业对资本的从属关系,技术与物质手段一律交归工人阶级与农民掌握,并保障此等印刷品在全国自由地传播。"

(二)建立以党报为主体的社会主义报业体系

从 1919 年到 1924 年,俄共(布)在第八、九、十、十一、十二和十三次党代表大会上,通过了一系列关于党的报刊工作的决议。这些决议确认"报刊是进行宣传、鼓动和组织工作的强大工具,是影响广大人民群众的最佳手段",提出党必须加强报刊工作,创办针对不同读者群的专业报刊。根据这些决议,党克服了国内战争和经济恢复时期的重重困难,在 20 世纪 20 年代初步建成了以中央报刊为主、以地方报刊为补充,以党和政府机关报为主、以面对各阶层群众的专门报刊为补充的新型报刊体系。1918 年全苏出版 1197 种报纸,发行 940 万份。一个从中央到地方、门类齐全的社会主义报刊网络逐渐形成。

(三)确立社会主义的办报方针

无产阶级夺取政权后,社会主义经济建设成为无产阶级执政党的首要任务。列宁在《苏维埃政权的当前任务》一文中,详细阐述了建设社会主义国家的各种问题,指出从"夺取俄国"到"管理俄国"的首要任务是创造优于资本主义的社会经济体制。为适应党的工作中心的转变,列宁认为,在新的历史条件下,报刊应当成为对群众进行经济教育的工具。而教育和吸引人民群众主动参加管理和解决与他们有切身关系的问题的有效方法,就是在报刊上研究实际生活的现象。

链接:
列宁在复杂政治局势中的重要政论

为此,列宁在《论我们报纸的性质》中提出了"少谈些政治""多谈些经济"的新的宣传方针①。他具体指示《消息报》《真理报》等报纸,减少政治方面的篇幅,扩大生产宣传。列宁关于社会主义建设时期报刊工作方针的论述,是他在新的历史时期运用马克思主义创造性地解决报刊宣传新课题的成果,列宁的论述为苏联报刊成为建设社会主义的强大思想武器提供了理论方针和具体原则。

(四)宣传报道社会主义建设

1925年,苏维埃恢复国民经济的任务胜利完成。12月,联共(布)十四大提出社会主义工业化的总路线。1927年12月,联共(布)十五大又通过农业集体化的决议,并于第二年起连续实施3个五年计划,基本上实现了国家工业化、农业集体化。在这场社会主义改造和国民经济建设运动中,苏联报刊充分发挥宣传鼓动作用,动员和组织人民参加社会主义建设事业,广泛组织社会主义劳动竞赛,向人民进行共产主义教育,与资产阶级思想残余做斗争,从经济上和思想上帮助党建设社会主义,进一步巩固和发展了社会主义。

其一,积极宣传和解释党的决议和政策。作为党的喉舌,苏联报刊积极宣传党的社会主义建设总路线,及时报道工业化和农业集体化的实施情况,通过催人奋进的报道唤起劳动群众的建设热情,把运动推向高潮。

其二,号召全体工农群众起来参加反对官僚主义的斗争,提出要不顾情面地进行自我批评。通过批评和自我批评,加强报刊和群众、党和群众之间的联系,促进党和国家机关工作作风的改进。《真理报》首先会同监察委员会和工农检察院创办了工农检查周刊《在群众的监督下》,经常刊登根据监察委员会和工农检察院的文

---

① 《列宁全集》第35卷(人民出版社1985年版),第91、92页。

件、调查报告编写的批评性材料和工农通讯员来信。这一经验被迅速推广,工农通讯员组织恢复了列宁时代的活力,成为重要的政治力量。

20世纪30年代以后,苏联国内肃反运动日益扩大,思想意识领域也出现了愈演愈烈的批判运动。这场运动的锋芒所向,涉及整个思想文化界和自然科学界,批判方式粗暴。苏联报刊在这一运动中起了推波助澜作用,在很大程度上背离了列宁倡导的实事求是原则。

1940年全苏报刊增加到8806种,发行3840万份。从中央到地方层层办报的金字塔形结构业已形成,苏联特有的报业体制也已逐步定型。其特点是:

① 全部报刊均属国家所有,是党和国家机构的重要组成部分,其基本职能是集体的宣传员、集体的鼓动员和集体的组织者。报刊的信息功能被置于次要地位,其他功能更少体现。

② 各级报刊必须绝对服从各级党委的领导。由各级党委根据党中央不同历史时期的方针、路线和政策,制定报刊的宣传方针和任务,并以文件形式下发给各新闻单位,使其遵照执行。此外,各级党委还有责任帮助监督各编辑部,保证其组织上、业务上与党中央保持一致。

③ 新闻来源单一,言论高度集中。国内重大新闻均由国家通讯社统一提供,重要言论由苏共中央宣传部门审定才能发表,地方各级报刊的宣传口径都要同党中央机关报《真理报》保持一致。苏共中央通过各级机关报,在全社会范围内实现了舆论一律。

④ 报刊重视发挥批评与监督作用,组织劳动人民参加社会主义建设竞赛。

二、卫国战争时期报刊结构的调整(1941.6—1945.5)

1941年6月22日,法西斯德国突然发动侵苏战争,苏联人民奋起抵抗,至1945年5月取得了卫国战争的全面胜利。为使苏联报刊适应战争的需要,联共(布)中央迅速调整了报刊结构。这是苏联社会主义报业发展的第二个阶段。

(一)迅速转入战时报刊体制

卫国战争刚刚爆发,在斯大林和联共(布)中央领导下,社会主义建设时期的报刊体系开始大幅度地调整,从为社会主义建设服务转到保卫祖国的全民事业上来,大力发展军事报刊,减少民用报刊。从战争开始到胜利,所有报刊坚持宣传党中央的战斗纲领,解释卫国战争的崇高任务,揭露法西斯的暴行,报道前线指战员的英勇战绩和后方人民支前的忘我劳动。报刊的一切活动服从动员人民进行卫国战争的需要,"一切为了前线,一切为了胜利"的口号成为全苏军民发自肺腑的期望和全力以赴的目标。为了加强战时宣传,联共(布)中央决定,停办、合并一些专业报刊和理论性报刊,限制、减少一些报刊的出版期数、发行量和篇幅。这两种方式为大力发展军事报刊提供组织上和物质上的保障,原来从事民用报刊的一批新闻工作者转到军事报刊去工作,原来用于民用报刊的新闻用纸和其他物质材料也用于发展军事报刊。

（二）自觉地为战时宣传而奋斗

战争开始后,苏联各类报刊发扬无产阶级党报的优良传统,自觉地为战时宣传而奋斗。就记者队伍而言,联共(布)中央组织了许多党报记者转到军报工作,苏联作家协会也委派1000多名(占全体作协会员的1/3)作协会员以军事记者身份深入前线。1942年,联共(布)中央宣传鼓动部和红军政治部颁发《关于前线军事记者工作》,保证军事记者的战争采访报道能顺利进行,要求他们报道富有战斗谋略、精通战术技巧的指战员,提出通讯要描写苏联人民的英雄主义、战斗经验和奋不顾身的精神。广大军事记者认真履行了自己的光荣职责,他们不畏艰难、出生入死,甚至献出了宝贵的生命,及时采了大批优秀的通讯、报道、特写,给广大苏联人民提供了进行爱国主义教育的好教材。其中关于斯大林格勒保卫战的报道,关于马特洛索夫、卓娅的特写,关于克拉斯诺顿矿区青年近卫军等英雄人物的报道,激励了苏联乃至世界反法西斯阵线人民的抗敌斗志。

女英雄卓娅的报道

卫国战争期间,可以说哪里有战争,哪里就有苏联报刊,这些报刊为卫国战争取得胜利做出了巨大贡献,也为苏联报刊史写下了光辉的一页。

三、战后报刊的发展(1945.5—1985.3)

从卫国战争结束至戈尔巴乔夫上台是苏联成长为一个超级大国的时期,也是苏联报业恢复战前水平并迅速发展时期。这一阶段中,苏联一方面国力日益强盛,另一方面高度集中的体制也日益暴露出严重缺陷和弊端。斯大林以后的几届领导者都致力于体制改革,但是均未成功。

(一)斯大林时期苏联报刊(1945—1953)

卫国战争结束后,苏联党和政府面临最迫切的任务是迅速医治战争创伤,最大限度地满足人民物质文化需要。1946年2月,以斯大林为代表的党中央提出执行第4个五年计划,苏联人民响应党中央的号召,一个争取提前完成五年计划的社会主义竞赛在全苏境内蓬勃展开。苏联报刊在斯大林的领导下迅速恢复发展到战前水平,并为五年计划的实施进行积极的宣传鼓动,把社会主义竞赛引向深入。20世纪50年代初第4个五年计划完成时,苏联已建成一批大型报纸杂志印刷厂和造纸厂,已有8000多种报刊,期发4500万份,发行量远远超过战前1940年的水平。

战后,党为了充分发挥报纸的宣传作用,决定通过各级党组织进一步加强对报刊的领导。1948年以后,党开始推广由主编负责下的编委会领导报刊工作制度。中央级和州级报刊主编由中央委员会任命,编委会成员由同级党的常委会批准。州一级以下报纸主编由上一级党委任命,编委会成员由同级党的常委会批准。编委会根据同级党委的指示对报刊的政治方向和组织问题负责。建立这种以主编为首的编委会制度,既使苏联报刊言论高度集中,又为报刊坚持党性原则提供了可靠的保证。

(二)赫鲁晓夫时期苏联报刊(1953—1964)

1953年3月5日斯大林逝世后,赫鲁晓夫继任苏共中央总书记。他极力反对斯大林的个人迷信,并借此对苏联的内政外交进行系列改革。为了使报刊为其政治路线服务,赫鲁晓夫采取了有限度地开放新闻自由的方针。于是在1956年苏共二十大后,苏联报界出现了一个比较活跃的时期,发表了一些揭露、批评共产党腐败和社会贫穷的文章,讨论斯大林时代劳改营内幕情况,刊登不同政见甚至对党的政策提出责问等。西方资产阶级学者称赫鲁晓夫开创了苏联历史的"解冻时代"。在报刊触及过去属于"禁区"的问题时,自由派知识分子以揭露斯大林为名,攻击党和社会主义,这引起了苏联党内领导层的不安。1961年,苏共二十二大通过新党纲,决定同资产阶级意识形态——反共产主义思潮做斗争。苏联新闻界反社会主义的自由化现象受到控制。

赫鲁晓夫时期的苏联报刊在对外宣传和国际事务的报道中,坚持赫鲁晓夫提出的社会主义与资本主义国家间"和平共处、和平竞赛、和平过渡"的"三和"论点，众口一词地为苏联政府在"缓和"口实下进行的对外扩张辩护，同时开始出现关于东西方接触的报道。

1964 年 10 月，赫鲁晓夫因内政外交的改革陷入困境，他把统一的党分成管工业和管农业的两个平行党的主张，给经济管理工作和苏联新闻事业带来极大的混乱，导致高层领导集团争权斗争加剧，最终赫鲁晓夫被迫辞职，勃列日涅夫继任苏共中央总书记。

1961 年 4 月 12 日《真理报》报道苏联宇航员尤里·加加林首次进入太空

（三）勃列日涅夫时期苏联报刊（1964—1985）

勃列日涅夫上台后，再度提出社会主义改革，调整修正赫鲁晓夫时期的各项政策，开始执行国民经济第 8 个五年计划。1971 年苏共二十四大召开时，苏联国力显著增长，成为一个与美国在全球范围内争霸的超级大国。苏联报刊积极自觉地服务于党的路线、方针、政策，为经济建设大造舆论，从中央到地方，各报刊口径一致，日渐远离人民。20 世纪 70 年代以后，经济发展趋于停滞，政治体制呈僵化之势，苏联报刊掩盖问题，粉饰太平，一味歌功颂德。1982 年 11 月勃列日涅夫逝世，安德罗波夫（1982—1984）和契尔年科（1984—1985）先后接任苏共中央总书记。这两位总书记相继病逝，他们完全继承勃列日涅夫时期的政策，报业状况大体不变。

20 世纪 80 年代前期，苏联已成为世界上报业最发达国家之一。1980 年全苏每千人拥有报纸 660 份,在世界各国报纸普及率中名列前茅。全苏的报纸总数达 8000 多种,发行 1.85 亿份。其中日报 713 种,期发 1 亿份,居世界第 2 位。各级综合报纸有:中央级 31 种,加盟共和国 159 种,边疆区、州、自治共和国级 422 种,城市报 704 种,地区级报 3590 种,工矿、企业、学校的基层报 3182 种。各类专业报纸有:共青团报 132 种,少先队报 28 种,交通运输报 48 种,工业和建设报 7 种,农业报 6 种,文学艺术报 17 种,教师报 16 种,体育报 15 种。

四、走向解体的苏联报刊(1985.4—1991.12)

1985 年 3 月 10 日契尔年科逝世,戈尔巴乔夫继任苏共中央总书记。他提出"全面改革",企图以"加速发展战略"即通过加速发展社会经济来解决一切社会问题。1986 年苏共二十七大确定了对传统体制全面改革的方针。在此后 7 年中,苏联的社会政治形势发生了重大改变,苏联报刊的性质、体制也随之发生了根本性的变化。

(一)以"公开性"原则为指导的报刊(1985.4—1991.12)

苏共二十七大结束后,戈尔巴乔夫立即接见报界负责人,为报刊的"加速发展"提出行动纲领——扩大社会生活中的公开性。为此,他提出"历史无空白""批评无禁区"的口号,强调"实行公开性即是把国家和社会所做的一切都置于人民的监督和注视之下",舆论工具应该是"实行公开性的最有代表性和群众性的讲坛","报纸应当支持公开性原则","应当将更多的事公之于众"。在他的倡导下,苏联报刊开始成为不同政治观点的讲坛。

从 1985 年底到 1986 年初,苏联各报刊从形式到内容都进行了大幅度的调整。报刊的信息量增加了,报道面拓宽了,批评监督多了,言论禁区少了,报刊语言、版面也活泼多样了,整个报界呈现出欣欣向荣的景象。但是,由于控制不力和指导思想上的问题,随着公开性的过分深入,各种社会思潮纷纷涌现,整个舆论界失去主导方向,各报大量暴露社会生活的阴暗面,公开报道苏共党内的争论与分歧,公开反映社会各类分子的"民声""民愿"。报刊变过去单一的声音为各种不同的声音,其中良莠不齐、鱼龙混杂,苏联报刊告别传统的模式和体制,走上一条完全不同的道路。

(二)新闻法颁布后的苏联报刊(1990.6—1991.8)

实行"公开化"以后,苏联新闻界一些人为扩大报刊自主权,曾提出制定新闻法以取消苏共对舆论的控制。苏共中央也认为有必要将大量涌现的、没有登记而不受法律约束的报刊纳入法制轨道进行管理。经过长时间的讨论和酝酿,1990 年 6 月最高苏维埃通过了苏联历史上第一部新闻出版法,8 月正式生效。

新闻法的颁布标志着苏联新闻体制和性质发生根本性变化。新闻法最核心的内容是取消了新闻审查制度,并且使不同党派团体以及私人办报合法化。新闻法第一章第二条规定:"根据苏联宪法保障公民言论自由和新闻自由,这意味着公民享有以任何形式,包括通过报刊和其他舆论工具发表意见和见解以及寻找、选择、获得和传播信息的权利。舆论不受检查。"新闻法第二章第七条规定:"创办舆论工具的权利属于人民代表苏维埃和其他国家机构、政党、社会组织、群众运动、创作协会,属于依法创建的合作社、宗教团体和其他团体,属于劳动集体以及满18岁的苏联公民。不允许垄断任何一种舆论工具。"上述法令使一些反共、反社会主义的出版物获得合法地位。一些反对派政党的报刊以新闻法为挡箭牌,鼓动工人进行政治罢工,频繁举行反示威集会,攻击马列主义和社会主义制度,逼迫共产党下台,交出政权。事实上新闻法的颁布不但没有改变新闻界的混乱状况,反而加剧了这种混乱。新闻法颁布2个月后,就有13个党派的700多家报刊进行登记,其中1/7宣称不属于任何党派。

(三)由苏联报刊转向独联体报刊(1991.8—1991.12)

1991年8月19日,由苏联副总统亚纳耶夫等8人组成的"国家紧急状态委员会"发动"八一九事件",试图"使国家和社会尽快摆脱危机"。但政变不到3天便告失败,俄罗斯联邦总统叶利钦很快控制了局势。此后,戈尔巴乔夫和叶利钦分别以苏联总统和俄罗斯总统的名义签署多道命令,停止苏共活动,解散苏共中央,在全国范围内实行"非党化",同时抓紧对舆论工具的控制。

8月23日,叶利钦再次发布俄罗斯总统令,以"积极支持紧急状态委员会的非法活动"、进行"新闻误导"的罪名罢免塔斯社社长斯皮里多诺夫和新闻社社长弗拉索夫的职务,勒令《真理报》《苏维埃俄罗斯报》《工人论坛报》《列宁旗帜报》等报纸暂停出版,宣布把俄罗斯领土上的数百家共产党的印刷厂、出版社和新闻社收归国有。

8月31日被勒令停刊的《真理报》等恢复出版,但性质已根本改变,不再是苏共中央机关报,而是报社集体经营的一般性政治报纸,影响力渐弱,发行量锐减。以党报为核心的苏联报业体系随着苏共被停止活动迅速瓦解。

"八一九事件"后,所有的报纸都被要求重新登记,在报刊性质发生改变之际,西方媒介也开始打入苏联市场,与苏联报刊展开竞争。社会动荡,民族矛盾加剧,国家政治、经济方面难以解决的矛盾使新闻媒介困难重重、举步维艰。

1991年12月21日,苏联11个加盟共和国的领袖聚首阿拉木图,签署了关于建立独立国家联合体的协定,发表《阿拉木图宣言》,正式宣布苏联解体。之后各加盟共和国纷纷独立,历经69年风雨的苏维埃社会主义共和国走完了它的最后一步。

1917年俄国十月社会主义革命的胜利,开辟了人类社会主义革命的新纪元。从此无产阶级有了自己的专政国家,世界无产阶级报业也由此发展到一个全新的阶段。第一个社会主义国家苏联,率先创办了社会主义报业,社会主义报业以宣传党的纲领路线和方针政策为目的,充当党、政府和人民的喉舌,代表无产阶级和全体劳动人民的利益,代表近代无产阶级报业的发展。二战后,随着世界反法西斯战争的胜利,一系列脱离资本主义体系、走上社会主义道路的民族独立国家,以苏联社会主义报业为榜样,先后创建了由共产党或工人党领导的社会主义报业。各国的社会主义报业在历时近半个世纪的时间里形成了以党报为主的报业体系,成为世界报业中一支强大力量。

1989年以后,苏联和东欧各国政治风云突变,波兰、匈牙利、德国、保加利亚、捷克斯洛伐克、罗马尼亚、阿尔巴尼亚、南斯拉夫等社会主义国家先后发生政权更迭,脱离社会主义轨道。1991年"八一九事件"后,苏联解体,各加盟共和国纷纷独立,组成"独立国家联合体",苏联共产党失去执政地位,世界政治格局由此发生了自第二次世界大战结束以来最深刻的变化。随着冷战的结束,表面的意识形态分歧日渐消泯,独联体国家和东欧各国的报业与新闻事业脱离社会主义报业的方向后,也处于一种混乱状态中。

社会主义国家半个多世纪的报业实践证明,层次过于单一的报业结构不仅有碍报业繁荣,而且在某种程度上限制了新闻、言论自由。苏联和东欧各国在新闻改革中着力拓宽报业结构的初衷是正确的,但是由于改革过于急躁,与本国政治、经济体制的变革脱节,导致了失败命运,这是社会主义国家新闻改革的惨痛教训。

第三节　俄罗斯新闻业的转型

20世纪80年代以来公开性和透明度政策为社会主义新闻事业带来沉重打击。俄罗斯和东欧各国的新闻事业以多元化开始的新闻改革,伴随着政治的混乱和管理缺失的后果,各国新闻事业进入艰难转型时期。

1991—2001年的10年,被称为俄罗斯"社会转型期""民主制时期"或"后社会主义时期"。其新闻业的变化主要表现在以下方面:

一、私有化导致地方化

苏联的新闻业代表无产阶级政党和广大劳动人民利益,是列宁和布尔什维克党建立的事业。苏联新闻业大众传媒的运作情况良好,经济来源之一是媒介运作中产生的商业利润。报刊发行量很大,如全国性报刊《消息报》《真理报》《农村生活报》《文学报》等一般有 1000 万左右的订户。苏联解体后,俄罗斯政府推行面向市场的经济改革,大规模实施资产私有化和非国有化的改制。俄罗斯的新闻体制改革也以实现大众传媒私有化和非国有化为目标,到了 1996 年,苏联时期遗留下的具有全俄性质的大众传媒大部分实现了非国有化[①]。

由于所有制性质的转变,统一的中央政府—加盟共和国—边疆区州自治共和国的管理模式消失,地方政府对于地方报刊的影响不断加大。加以邮政系统效率低下,首都莫斯科出版的全国性报纸在地方上已经很少见到了,地方报纸则急剧增加[②]。电子传媒方面,截至 1990 年 8 月,苏联第一部新闻法生效,全俄 1100 家电视广播公司中仍属于国有的不到几百家。绝大多数联邦主体都有了非国营的地方电视台,地方台在保证自己节目正常播出的前提下,适当安排时间播出中央台的节目。

苏联国家电视台台标

二、商业化导致媒介分化

苏联解体后,新闻媒体被抛入市场化的洪流中,在试图进行国家补贴无效后,媒体开始商业化过程。商业化导致俄罗斯转型期的媒体形成 3 种所有制形式:

一是国家所有。联邦政府通过联邦预算给予这些媒体拨款,或者占有股份。如联邦政府直接控制的俄通社—塔斯社、俄罗斯新闻社、俄罗斯公共电视台(OPT)、俄罗斯国家电视台(PTP),以及《俄罗斯新闻》和《俄罗斯报》等。但是这类媒体不再作为新闻宣传工具发挥职能,仅限于传达政府政令、发布公告。

二是寡头、政党所有。俄罗斯转型过程中形成了数额巨大的私有资本,他们在攫取利益发展自身的过程中,为了创造有利于自身的舆论环境,往往以投资融资等

---

① 聂长云:《俄罗斯新闻业在过渡时期痛苦求索》,《现代传播》,2000 年第 6 期。
② 程曼丽:《转型期俄罗斯新闻业透视》,《国际新闻界》,2002 年第 1 期。

形式短期内控制大量的媒体。主要代表人物是鲍里斯·别列佐夫斯基和弗拉基米尔·古辛斯基。别列佐夫斯基掌握《独立报》《新消息报》《生意人报》《新报》以及电视6频道(BT6)等；古辛斯基掌握《今日报》《综述》和独立电视台(HTB)。普京上台前，两人掌握俄罗斯70%的媒体市场；普京执政期间，坚决打击媒体寡头，在政策上转向国家媒介，又利用经济手段，迫使寡头从新闻领域退位。这些举措使得寡头影响力减弱。

三是自主经营者所有。俄罗斯由计划经济转入市场经济后，国家取消了对纸张和印刷费的补贴，发行保障消失，此时从数量上看，自主经营者的报刊已经成为俄罗斯报刊的主体。他们为了在市场竞争中存活，采用西方小报的做法，以耸人听闻的消息、低级庸俗的娱乐材料、大量揭丑来吸引读者。

三、报刊发行量萎缩，电子媒介成为主流媒体

转型期造成了普遍的政治冷漠的社会心理。经济承受力本身下降等因素，使得私有化后电视取代报刊成为拥有受众最多的媒体，人们从其中可以获取信息和娱乐。这是因为电视是一种廉价的媒体，除了购买电视接收器外几乎不需要支出，广播的普及率也高于报纸。上网人数达到了1000万，受众市场由印刷媒体分流至电子媒体，又分流至新媒体，形成了不同层次、分布广泛的受众市场。

四、意识形态西方化

苏联解体前，苏联新闻界以马克思列宁主义新闻理论为主导理论。大众宣传和新闻工具的职能是列宁归纳的"集体的宣传页、集体的鼓动者和集体的组织者"。苏联解体后，早在1986年，苏共二十七大就改成大众新闻和宣传工具为大众新闻工具。同时俄罗斯新闻界对西方早期自由主义报刊理论十分推崇，尤其是"第四权力"和"公共领域"等观点。1990年苏联的第一部新闻法便是这一观点的实践。

转型期的俄罗斯媒体逐渐从体制、结构和运行方式等方面发生深刻变化。但是"经济的无效性、媒体巨头的无责任心以及新闻记者对低级趣味的迎合"，都使俄罗斯媒体发展呈现出曲折多变的特点。

第四节　战后东欧各国报业的转型

东欧国家传统上是资本主义国家，第一次世界大战后，巴黎和约的结果使得大多数欧洲国家形成以民族为基础的国家。第二次世界大战后，苏联出于冷战需要，

加强了对东欧国家的控制,迫使各国服从其对外战略,实行相同的政治经济模式。而东欧国家的历史传统差异,往往对其自主性、发展道路和政治经济制度等产生不同影响。罗马尼亚和阿尔巴尼亚坚持社会主义道路,保加利亚与苏联直到 1989 年剧变前一直维持着良好关系。匈牙利从 20 世纪 50 年代起从本国实际出发,逐步推行政治、经济改革。南斯拉夫战后初期就与苏联分裂,走上了独立自主的道路。因此苏东社会主义新闻事业的发展模式总结起来有两个典型代表,即苏联式的高度集权新闻事业发展模式和南斯拉夫的自治新闻事业发展模式。

一、南斯拉夫社会主义自治新闻体制的形成

南斯拉夫社会主义联邦共和国(原名南斯拉夫联邦人民共和国,1945—1992)位于巴尔干地区,是东欧 8 个社会主义国家之一,由塞尔维亚等 6 个加盟共和国和科索沃等 2 个自治省共 8 个部分组成。南斯拉夫曾在建国初以苏联为样本,实行斯大林模式。1947 年开始,南斯拉夫开始实行不同于苏联的一些政策,两国领导人交恶,苏南关系恶化,随后欧洲共产党和工人党情报局宣布将南斯拉夫开除,苏联撕毁与南斯拉夫的一系列协议,双方中断了一切往来。南斯拉夫在此背景下一反苏联模式高度集中的特点,实行权力下放,进行了南斯拉夫工人自治运动的实验。南斯拉夫的社会主义自治新闻模式便在上述铁托时代的工人自治理论下展开,同样经历了工人自治、社会自治、联合劳动自治三个阶段的发展,后随着后铁托时代逐渐衰落,并随着南斯拉夫联邦的解体而告终。

(一)工人自治阶段(1950—1963)

南斯拉夫的新闻事业体制与社会主义自治体制的发展相适应。这一阶段南斯拉夫通过新宪法将国家所有制转变为社会所有制,在企业内部实行工人自治,将工厂矿山等生产资料的管理权下放至全体劳动者手中。但企业自治的同时,企业收益分配制度等项目仍需要听从国家的统一规定。因此,在这一体制背景下,新闻事业也采取工人自治制度。具体包括以下几点:

一是建立起新闻生产资料的社会公共所有制,即新闻传播生产资料不属于国家,也不属于集体或集团,而是由社会大众通过选举新闻机构的出版委员会加以支配。这一改革后,除了南共联盟中央党报及党刊等媒体属于南共联盟中央管理外,其余党报大多改为南斯拉夫劳动人民社会主义联盟的机关报。"南斯拉夫共盟不再通过党的下属部门,运用指令性行政命令来对报刊实施决定一切的垄断作用。"[1]

二是党报采取独立自治、自主经营、自负盈亏的经营模式。各媒体机构为了竞

---

① 李磊:《外国新闻史》(中国人民大学出版社 2013 年版),第 320 页。

争中求发展,必须求助市场,提高发行率或收视率,因此十分重视节目的质量和效益。

三是各新闻机构往往自己进行日常决策,报社设置出版委员会、广播电台和电视台的"节目委员会"等业务监督管理机构。这类机构中有政治组织和劳动者代表(占总人数的 2/3),也有专业新闻工作者(占总人数的 1/3),群众可以通过定期获取"出版委员会"和"节目委员会"通报的编辑方针、宣传计划、工作目标等信息进行社会化管理。

四是南联邦议会于 1960 年通过了全国统一的《南斯拉夫社会主义联邦共和国新闻法》,这部新闻法共七章一百四十条,规定新闻单位一律独立自主,由本单位职工进行自治管理。它从法律上否定了一切除事关国家机密、战争和全国动员以外的任何形式的新闻检查,强调了南斯拉夫公民享有新闻自由的各项基本权利,强调报道的基本原则。这一阶段社会主义新闻自治制度得以初步建立。

(二)社会自治阶段(1963—1971)

这一阶段工人自治理论落实到了社会领域中,从工矿和交通企业扩大到国家机关和社会事业单位。1963 年新宪法规定将企业自主权限扩大,教育、文化、卫生、社会等领域中实行自治。由此社会行政权力交给更多的社会自治机构,这些权力包括资源分配、价格限制、收入分配等,均由企业自主安排。1963 年新宪法还规定了新闻自治的原则。

除了前述的制度安排外,1963 年以后,南斯拉夫执政党(简称共盟)与新闻传媒关系发生转变,表现在不再直接干预新闻单位的业务活动。在人事任用方面,在南斯拉夫新闻单位招收新人员时不再由党和政府的人事部门选派,而是采取公开招聘的方式,报社领导人员也由公开招聘产生,但听取出版委员会等自治组织的意见,并经过社盟组织的批准予以委任。只有共盟机关报主要负责人是由共盟中央委员会任命。新闻机构在新闻内容的选择上不受宣传部门的管理。

这种转变基于社会主义自治理论,即自治条件下,新闻单位是依据自治原则独立进行活动的主体,这一主体在履行其社会职能时,应当享有充分独立的权利。因此,共盟公开申明,南共盟在社会生活各个领域中,不能依靠政治和思想上的垄断及执掌国家机器来获得指导社会思想政治的垄断地位,而只能依靠自治中的创造性力量,依靠在群众中的政治影响和模范作用。因此,社会自治的新闻事业必然是自由的而不是少数人垄断的。"报刊、广播和电视在反映社会主义自治发展中的进步要求时所享有的自由;除了新闻事业对于这项发展所负有的责任和义务外,任何人都不能加以限制。在新闻活动和新闻系统中所有的工作人员的独立性和责任性,从整体看,是我们社会主义自治社会发展民主和深化自由的新的保证。"①南斯拉夫宪法规定:报刊、电台、电视台和其他公共宣传通信手段有义务真实地和客观地向公众作报道,以及发表机关、组织和公民的为公众所关心的意见和消息。

(三)联合劳动自治阶段(1971—1980)

南斯拉夫社会主义自治理论认为自治的最高级阶段是联合劳动自治。1971年,南联邦议会通过决议,要求经济部门按照联合劳动的原则进行改组。劳动者管理社会资料、生产过程和支配剩余劳动,实现经济和社会的更广泛发展。全国企业普遍建立联合劳动的组织并成立各种类型的自治利益共同体。

在这一阶段,南斯拉夫自治新闻模式确立南共盟对新闻事业的作用不再起领导作用,而是以引导为主。南斯拉夫试图采取执政党对新闻媒体相对宽松的管制方式,防止本国媒体的新闻宣传偏离社会主义道路,危害联邦统一和国家安全。

这种模式很快遭遇挑战。1971—1972年,南斯拉夫的克罗地亚共和国和塞尔维亚共和国先后发生了两起严重的民族分裂运动,两个共和国中的少数民族分裂分子和无政府主义者在暴乱中利用新闻媒体对自治制度进行批评和攻击。他们以民众代言人自居,在报刊上大肆煽动恶化南斯拉夫各共和国之间和克罗地亚、塞尔维亚共和国同联邦政府之间的关系。南共盟的引导作用在这两起事件中带来了一定的消极后果。

此后铁托领导的共盟采取了一些措施以保证执政党可以对新闻事业的政治方向施加决定性影响,包括:①共盟通过各种组织和思想渠道把党的方针政策及时传达给新闻工作者,在重大问题上统一认识,具体工作由新闻工作者依据法律规定独立自主进行;②重要新闻组织的主要负责人必须通过以共盟为核心的社盟的领导机关的任命手续,其编辑方针也要由社盟等机构研究讨论;③联邦及各共和国、自治省分别设立新闻委员会,共盟中央、社盟中央及各级组织也设置有关的新闻工作的机构,直接领导和影响新闻媒体与团体;④在新闻单位的社会管理机构即新闻管理委员会中,共盟、社盟和社会自治组织的代表占2/3,重要单位的出版委员会主席由各级组织的主要负责人兼任。

通过上述措施,共盟避免直接干涉新闻工作,同时保证在方针政策上进行把关,对新闻事业的政治方向和原则问题加以决定性影响,保证新闻工作在社会主义自治原则下进行。

(四)后铁托时代的南斯拉夫新闻体制(1980—1992)

1980年5月4日,南斯拉夫最高领导人铁托去世,南斯拉夫进入后铁托时代。

---

① 李磊:《外国新闻史》(中国人民大学出版社2013年版),第318页。

铁托去世后,南斯拉夫取消了总统职位,改由各共和国自治省推举产生的代表组成的联邦主席团集体领导。由于领导人更换频繁,加之戈尔巴乔夫"新思维"运动的影响,铁托在世时被掩盖的民族矛盾愈演愈烈,各种反共、反社会主义的思潮逐渐表现。

在这一国际国内形势的变化背景中,1985 年南联盟重新修订通过了《关于南斯拉夫社会主义联邦共和国新闻制度基本原则法》。这是一部全国性的新闻法,从南斯拉夫国情出发规定了新闻制度的意义、大众媒介的范围、常见的新闻形式等问题。该法律还规定,在保障公民享有的新闻自由权利的同时,确保新闻事业的社会主义方向,使社会主义自治走上法治化轨道。1990年,南斯拉夫实行多党制,南共盟因内部分歧宣告解散,党的机关刊物《共产主义者》和《社会主义》随即停刊。劳动人民社会主义联盟随之解散,其各级社盟机关报纷纷改变刊物性质,自谋生路。各共和国的新闻机构与新闻媒体各说各话,失去了权威性。1992 年,随着南斯拉夫的解体,全联邦统一的新闻体系四分五裂,原有的全国统一的新闻组织变成了以共和国为单位的民族职业新闻组织,各共和国电台和电视台共同体瓦解,联合广播节目取消。南斯拉夫的自治新闻事业宣告终结[1]。

链接:
铁托与社会主义自治制度

二、其他东欧及独联体国家的新闻业

(一)波兰新闻业

波兰是苏联解体、东欧剧变后进行新闻改革较早的国家。1956 年波匈事件后,波兰国内政治多元化态势加剧。1981 年召开的波兰执政党第九次代表大会,早于戈尔巴乔夫 5 年便提及了涉及"公开性"的新闻传播改革[2]。"报刊电台和电视台的任务是,为实现社会主义民主化创造条件——贯彻言论自由、公共生活公开性,以及社会对执政机构的监督,激发公众参加社会生活的积极性等宪法原则……为了能够真实地通报舆论,应从法律上确保记者能够得到他们所需的材料,保证记者有充分的权利和条件来介绍批评的和有争议的材料——不管被批评者的职位和

① 许昊:《二战后苏东社会主义新闻事业发展模式研究》,天津师范大学硕士研究生论文,2015。
② 张昆:《外国新闻传播史》(高等教育出版社 2016 年版),第 376 页。

观点上的分歧如何。"①在新闻改革背景下,1988 年波兰通过了《记者协会章程》《波兰记者行为法》。1984 年 7 月 1 日,正式公布《新闻法》和《书报检查法》,以法律界定记者的权利和义务。苏共二十大后,美国以波兰为重点开展"和平演变"战略。在自由欧洲电台等西方媒体的狂轰滥炸下,波兰一些持不同政见者组织各类团体颠覆政权。以瓦文萨为首的团结工会得到西方国家的支持,以瓦文萨出版公司为新闻宣传中心,不断掀起罢工运动。1989 年,在政治多元化的浪潮中,团结工会获得胜利,宣告波兰政治经济发生剧变。

1989 年实行私有化后,中央、地方和军队的 100 多种党的报刊停刊。出版报刊数量减少一半。波兰统一工人党机关报《人民论坛报》停刊,较有影响的大型报刊纷纷抹去党的出版物的标志性口号——"全世界无产者,联合起来!",重新以独立报刊的姿态出版。

至 2001 年年底,全国出版发行报刊共 5837 种,其中发行量最大的日报是《选举报》(团结工会的报纸),主要报刊有《共和国报》《论坛报》以及《政治》周刊、《直言》周刊、《新闻周刊》等。国家通讯社为波兰通讯社、波兰国际新闻社。国家主要电台和电视台是波兰广播电台和波兰电视台。1990 年后允许开办私营电台和电视台,至 2000 年,有近 180 家私营广播电台和 26 家私营电视台。

(二)匈牙利新闻业

1988 年,匈牙利社会政治生活发生巨大变革,也波及大众传播媒介,使得匈牙利的新闻报刊相应发生了一系列的变化。匈牙利社会主义工人党对新闻出版物的影响从此仅局限在自己的中央机关报《人民自由报》、党的出版物及地方党报上。政府在承担了对广播电视领导权的同时,承认了广播电视的全民性,并对其实行全方位开放。匈牙利通讯社及政府机关报《匈牙利新闻报》也统归政府领导。而《人民之声报》、祖国人民阵线的机关报《匈牙利民族报》及其他工会刊物则统归工会领导。匈牙利党中央撤销了新闻局以及管辖大众传播媒介的宣传部,由政府保留批准出版物注册和发行的职能以及分配新闻纸张的权力,涌现出数量众多的新出版物以致改变了新闻业结构,出现了由各党派团体创办的定期出版物,公开表明反对党的立场。

1986 年匈牙利颁布的新闻法,宣布任何组织或团体均有出版其机关报刊的权利。同年即有 3 种出版物问世,第二年则增至 10 种,到 1988 年下半年已达 85 种。至 1990 年匈牙利社会影响较大的报纸包括《人民自由报》(原匈牙利社会主义工人党的机关报,1990 年后改为独立报纸)、《人民之声报》(工会机关报)。2000 年发行

---

①　张昆:《中外新闻传播史》(高等教育出版社 2008 年版),第 339 页。

量较大的全国性报纸有 7 种,其他刊物有 87 种。主要日报有《地铁报》《今日一瞥》《民族体育报》《匈牙利新闻报》等。匈牙利通讯社是 1880 年成立的国营通讯社。主要广播电台是科苏特广播电台和裴多菲广播电台,此外还有鲍尔多克广播电台和道努比乌斯广播电台。主要电视台是 1958 年成立的国营匈牙利电视台、私营的多瑙河电视台。

(三)罗马尼亚新闻业

1996 年,罗马尼亚报刊数量达到 1855 种。主要报刊有《自由罗马尼亚报》《晨报》《今日报》《全国信使报》《自由青年报》《每日事件报》等。国家通讯社是罗马尼亚新闻社,1949 年建立。国家广播电台是罗马尼亚广播公司,对外用罗马尼亚语和 12 种语言广播。国家电视台是罗马尼亚电视公司,1958 年组建,1994 年组建为公司。1990 年后,私人电视台发展起来,密保卡普罗电视台、天线一号电视台等具有一定的收视率。

(四)保加利亚新闻业

保加利亚的变化始于 1989 年 11 月 10 日召开的保共全会上,政治局集体辞职,日夫科夫被解除党的总书记职务。随后,党内出现各种思潮,导致保加利亚共产党易名为保加利亚社会党。政局的一系列变故,人事的频繁更迭,导致新闻事业发生根本变化。

1990 年 4 月 4 日,前保共中央机关报《工人事业报》停刊,此后政治多元化和新政党、团体的不断建立,使得保加利亚涌现出一大批代表不同社会政治力量和倾向的新闻出版物,仅 1989 年一年就出现 35 种新报纸和 8 种定期刊物。1990 年年初,登记注册报纸 664 种,杂志 729 种,报刊零售量达到 2 万多份。这些出版物大致可以划分为 3 类:一类是在组织关系或意识形态上与社会党相关,另一类是人民议会的反对派报纸,再一类是议会外的各联盟和团体出版的报刊[①]。至 1998 年,保加利亚发行报纸 620 种,杂志 590 种。主要报刊有《民主报》(民主力量联盟机关报,1990 年创刊)、《言论报》(社会党机关报,前身为《工人事业报》,1927 年创刊,1990 年改名)、《农业旗帜报》(农民联盟机关报,1923 年创刊)、《劳动报》(1946 年创刊)、《24 小时报》(1991 年创刊),均为保加利亚文。主要通讯社是 1898 年创立的保加利亚通讯社,是国家通讯社。另有负责对外宣传和报道的索菲亚通讯社。保加利亚国家电台为全国性国家广播电台,成立于 1929 年,1958 年后开始全天对外广播。保加利亚从 1993 年起允许建立私人电台。保加利亚国家电视台于 1958 年建

---

①　张丹:《东欧五国新闻业现状》,《新闻研究资料》,1992 年第 2 期。

成,次年正式开播①。

三、苏东新闻事业的教训与启示

1990 年前后,在苏联和东欧各国发生的新闻业转型是冷战环境下西方媒体针对苏联东欧地区进行"和平演变"和意识形态渗透的产物。东欧剧变对社会主义事业造成挫折,对社会主义新闻事业造成损失,其中不乏历史教训。

(一)放弃党的领导会造成丧失舆论阵地的后果

苏东各国在"新思维"的口号下,从政党高层到新闻从业者受到西方自由主义意识形态影响,片面追求"公开性",放弃了原有的新闻管理手段,导致党对新闻媒体逐渐失控,原本应该保有强大战斗力和社会责任感的党报党刊在"公开性"的道路上越走越远。在苏联,本来属于苏联党政机关的媒体纷纷脱离出去,不少媒体甚至反戈一击,从党和政府的喉舌摇身一变,成为呼吁改变社会制度、取消党的领导的急先锋;更有甚者,对坚持社会主义原则的党员进行打压,称他们是"反对改革的纲领和教条",各国不同程度出现了政府"自己花钱骂自己"的反常现象。放松党的领导、抛弃党的领导最终导致新闻媒体无原则、无核心,在舆论宣传方面处处受制,最终导致将舆论宣传阵地拱手让人的恶果。

(二)新闻传媒业不可过度强调社会自治和权力下放

国家如果缺乏强有力的新闻宣传体系,在危急时刻就无法发出统一并且强有力的声音。一旦出现了紧急事态乃至事关国家生死存亡的危急时刻,就没有一个可供使用的有效的新闻传播体系。因此,作为引导社会舆论的重要力量,社会主义国家的新闻媒体在危急情况下更应该起到传播党的声音、团结社会大众、维护社会稳定的重要作用。甚至可以说,谁掌握了媒体,谁就把握了掌控社会局势的主动权。因此,确保大众传媒在党的领导下有序发展,坚持共产党在新闻传媒领域的领导地位十分必要,不能把新闻自由的原则绝对化,更不能把共产党的地位降低到社会一般政治团体的水平。

(三)警惕西方媒介的渗透与"和平演变"战略

"和平演变"战略是以美西方为首的帝国主义国家针对社会主义国家进行的长期基本战略。目标是使社会主义国家实行经济私有化、政治多元化、思想文化和价值观念西方化,最终使社会主义国家演变成为资本主义国家,实现美国主导的单极化世界秩序。

冷战时期对苏联和东欧国家进行孜孜不倦的广播宣传是西方国家的惯用外宣

---

① 支庭荣、邱一江:《外国新闻传播史》(暨南大学出版社 2004 年版),第 252 页。

伎俩。1946 年,BBC 最早对苏联进行俄语广播。1947 年,美国之音开办了俄语广播。1953 年,德国之声和自由广播电台相继开办俄语广播。其中自由广播电台以"填补苏联国内新闻真空"为己任,以颠覆苏联共产党和苏维埃政府为目的,传播未经审查的新闻,进行"取代性的广播",对于苏联解体起到了推波助澜的作用。

思考与练习

1. 社会主义新闻事业对于新闻自由的看法是什么?
2. 评述苏联的公开性政策。
3. 试述列宁在社会主义建设时期的党报理论。
4. 如何看待苏联解体、东欧剧变后各国的新闻事业的变化?
5. 冷战期间,西方实施"和平演变"战略的手段有哪些?
6. 转型期的俄罗斯新闻事业有哪些特点?

发展中国家新闻传播业的发展

本 章 学 习 要 点

　　发展中国家是指经济、技术、文化和人民生活水平等程度较低的国家的总称,与发达国家相对。在人类大家庭中,大多数国家是发展中国家,目前广泛地分布于亚洲、非洲和拉丁美洲等地。一般而言,这些地区都形成了较为漫长、自足且辉煌的古代文明。15世纪末开始伴随着大航海时代的来临,早期西方资本主义国家向海外拓殖的开始,这些国家和地区逐渐褪去神秘的文明光环,先后沦为西方发达国家的殖民地。为配合殖民统治的开展,西方列强为这些国家和地区带来了最早的传播技术和零星的西方传播观念,于是这些国家和地区形成了早期的新闻传播事业。

　　众所周知,17至19世纪,这些国家萌芽发展出早期的新闻传播事业,无论规模还是社会反响都极其有限,而且长期处于发展不平衡状态。第二次世界大战结束后,在民族自决的原则下,亚洲、非洲、拉丁美洲受压迫的各民族纷纷摆脱殖民统治而获得独立。这些新兴民族国家,并没有因为政治上的独立而完全摆脱对西方经济上的依附。在国际政治体系重要的一环——世界新闻传播秩序方面,上述发展中国家仍然受到来自西方发达国家的制约和影响,两者之间产生严重的不均衡、不合理和不公平的现象。自20世纪60年代末至70年代,发展中国家在争取建立国际经济新秩序的同时,也提出了建立世界新闻传播新秩序的要求。由此至今,建立世界新闻传播新秩序的斗争,一直是世界新闻事业发展和国际传播的重要议题。

有鉴于此,本章瞩目于亚洲、非洲和拉丁美洲三大洲的新闻传播事业发展历程,亚洲选取了南亚的印度和东南亚的印度尼西亚,拉丁美洲选取了墨西哥和南美洲的巴西,非洲选取了北非的埃及。本章遴选出五个代表性的发展中国家,通过描述其新闻传播的历史沿革、当代媒介实践诸问题,以呈现发展中国家在世界新闻传播体系中的不同面向,并试图从中探寻发展中国家新闻传播发展的一般规律和基本走向,进而为发展中国家新闻传播的发展注入全新的动力。

第一节　亚洲发展中国家新闻传播业

一、概述

亚洲是世界上面积最大、人口最多的洲,是世界文明发祥地之一,拥有悠久的历史和璀璨的文化。从 16 世纪开始,在西方资本主义经济发展和对外殖民扩张过程中,除日本外亚洲大部分国家相继沦为殖民地和半殖民地。亚洲人民为捍卫领土完整和民族独立,争取民族解放,进行了艰苦卓绝的斗争。

亚洲报业发展的历史比较悠久,最初的报纸大多是殖民者为配合当时殖民统治的需要,采用外国文字出版。1615 年,荷兰人在巴达维亚(即今天印度尼西亚雅加达)出版《新闻纪要》。19 世纪中期伴随着各国民族主义思想渐次传播,一些国家的知识分子相继创办民族报业,用以鼓动舆论,宣传革命思想,争取民族独立。早期各国民族报刊伴随着革命运动的深入开展而发展壮大,并且最终成长为这些国家的主流。

二战后,中国、朝鲜、越南、蒙古等国相继走上社会主义道路,建立了以共产党为核心的社会主义报业体系。以印度和日本为代表的多数国家走资本主义道路,积极发展资本主义报业。不过报业发展总体上呈现出不平衡的状态。

亚洲的通讯社较为普及,有的国家甚至拥有两个或三个通讯社。亚洲的通讯社大多由国家控制,或者由国家创办,也有少数属于私营。亚洲还出现了地区性通讯社和国际性通讯社,前者如 1961 年建立的亚洲-太平洋新闻通讯社,后者如中国新华社,为弥合世界新闻传播的不平衡状态做出了贡献。

同报纸发展一样,亚洲国家广播电视业的发展也呈现出不平衡的态势。日本拥有世界上技术装备最精良、技术程度最高和最普及的广播电视网,新加坡、韩国、马来西亚及西亚产油国的广播电视事业也较为发达。此外其他一些国家的广播电视业则欠发达。

本节以印度和印度尼西亚为例,分别从报业、通讯社和广播电视等三个方面来介绍以其新闻传播史。纵观两国的新闻传播史,既有亚洲新闻传播发展的总体风格,同时也形成了各具特色的新闻传播业。

二、印度新闻传播业

印度位于南亚,是南亚次大陆最大的国家。东北部与孟加拉国、尼泊尔、不丹和中国接壤,东部与缅甸为邻,东南与斯里兰卡隔海相望,西北与巴基斯坦交界,东临孟加拉湾,西濒阿拉伯海,南濒印度洋,面积约 298 万平方千米,世界人口第一大国,首都新德里,通用语言是印地语和英语。

印度是世界四大文明发祥地之一,拥有 4000 年的古老文明。有实物可考证的印度文明史可追溯到公元前 2500 年的哈拉帕文化(位于今天印度和巴基斯坦交界的旁遮普地区),除了较高的生产水平外,出土的 2000 多枚印章上的文字,成为印度较早的文字。公元前 5 世纪起,逐渐形成的印度民间口头创作的史诗《摩诃婆罗多》和《罗摩衍那》开始流传。自此,以宗教内容、诗歌和文学的形式为主的信息传播,成为印度社会信息传播的主要形式。

印度本身的历史发展较为复杂,从公元前 4 世纪到公元 7 世纪先后经历了孔雀帝国、笈多王朝和曷利沙帝国;公元 7 世纪到 11 世纪,印度长期处于分裂状态,没有形成较为统一的王朝;11 世纪起,异族从西部和北部侵入印度,先后建立德里苏丹国(1206—1526)和莫卧儿帝国(1526—1858),伊斯兰教传入印度,阿拉伯语和波斯语先后成为宫廷语言。随着数千年几十个不同种族、不同宗教的较大王朝在印度的统治,造成印度繁多的语言文字和宗教体系,不同民族之间的沟通极端困难,这是印度产生现代新闻传播事业最为直接的障碍。17 世纪,英国开始在印度建立殖民地,1849 年英军占领印度全境(包括现在的印度、巴基斯坦、孟加拉国、克什米尔地区、缅甸西部、斯里兰卡)。经过长期的斗争,印度人民于 1947 年 8 月 15 日取得独立的自治领地位,1950 年 1 月 26 日宣布为独立的共和国。

(一)报业

1. 历史沿革

早在 16 世纪,葡萄牙商人就曾将欧式印刷机带到印度半岛西海岸,当时并没有应用于出版报刊。随着荷兰、法国和英国等西方列强纷纷来到印度,经过他们之间的争夺,英国在印度取得了几乎独占的利益。印度最后一个古代王朝莫卧儿帝国,受到西方现代传播的影响,宫廷和贵族间开始流行手抄新闻信。17世纪后半叶到18世纪初,印度出现了类似中国邸报的手抄新闻,主要用于记述皇室活动,供各阶层官吏阅读。

① 早期英文报刊。印度的近代报业诞生于殖民地时期,1766年英国人威廉·博尔茨在孟买创办了一份没有报名的报纸,其中包含一些抨击殖民统治的内容。该报存在的时间不长,拉开了近代新闻传播业的序曲。1780年1月29日印度第一家真正的报纸诞生于加尔各答,由加尔各答东印度公司的印刷工人、英国人詹姆斯·奥古斯塔斯·希基创办,名为《希基氏孟加拉公报或加尔各答大众广知者报》(1780—1782),是一份英文周报,每期2页,主要报道政治和商业新闻。该报宣布:"这张关于政治和经济的周报向所有党派敞开,不受任何党派的影响。"随后希基还出版供英国本土人阅读的《孟加拉公报·大陆新闻摘要双月刊》。

嗣后,一批英文报刊纷纷在印度创办,其中包括1784年创刊的《加尔各答公报》(该报系英国政府在印度的官方机关报)、1785年创办的《孟加拉新闻》和《马德拉斯信使报》、1786年创办的《加尔各答纪事报》、1789年创办的《孟买先驱报》、1790年创办的《孟买信使报》和1791年创办的《孟买公报》等。另外,1785年加尔各答出版的《东方杂志》,是印度第一家杂志。

英国殖民当局对印度的多年统治,逐渐产生了印度本地的新型知识分子。他们中最早创办报纸的是巴塔查斯,他于1816年创办了英文周报《孟加拉公报》,只出版了约1年。

② 早期印地语报刊。第一份以印度当地文字出版的报纸,出自英国传教士之手。19世纪初,印度开始出现以本地文字出版的报纸。1818年英国传教士瓦德、凯里和马希曼三人在加尔各答创办了印地文报纸《新闻之镜》。几乎同时,第一家孟加拉语的报纸《达尔巴新闻》在加尔各答创刊。

1822年,第二份印地文报纸《孟买新闻》创刊,创办者为法多杰·马兹班,至今仍在出版,是印度现存历史最悠久的报纸。同年马兹班还在孟买创办同名的第一家古吉拉特文报纸。

在与殖民者斗争的过程中,出现了一批主张出版自由、批评殖民政策的报纸。其中不乏英国人创办的报纸,最著名的当属1818年詹姆斯·白金汉创办的《加尔各答报》,主张给印度人民新闻自由,为此其招致了殖民当局的迫害,1823年被驱逐出境。

印度本地最初的资产阶级改良运动在19世纪初开始利用报纸作为斗争工具。兰姆·莫罕·罗易是印度著名的宗教改革家、现代社会活动家和哲学家,同时也是报业的先驱，精通梵文、巴利文、阿拉伯文、波斯文、英文和希腊文，是最早在报刊上从事政治和社会宣传的印度名人，主张天赋人权、公民的各种政治权利，反对异教宽容，反对种姓制度等。他创办了印度第一个现代类型的社会组织"梵社"和第一所现代类型的学校"印度学院"。1821 年他在加尔各答创办孟加拉文的《明月报》，同年又创办孟加拉文的《孟加拉使者》周报，1822 年创办波斯文的《镜报》和《波斯文周刊》，此后还创办了数种英语和孟加拉文对照的刊物，主张社会改革，反对种姓制度以及寡妇殉葬、一夫多妻和童婚习俗，提倡普及教育，要求保护出版自由。其观点在所办报刊上均有所反映。另外一位印度作家伊绍钱德拉·古普塔 1831 年创办的《仁爱报》，以及随后出版的《仁爱杂志》，口碑较好。至 1833 年，印度已有大约 20 种使用本地文字出版的报刊。

1780 年后英属印度较集中出现现代报刊，主要原因在于英印商业贸易对于信息的需求，其次才是实行政治统治的需要。19 世纪 20 年代起，印度沿海孟买、马德拉斯和加尔各答等城市原来传统的印度商人办的商馆，受到世界贸易的刺激，学习现代管理和银行业技术，逐渐发展成为现代商业公司。对于英国各商业公司和印度本地的商馆来说，政治、经济的各种信息是一种必要的资源。除了经常出现和消失的政治性报刊外，当时的商业报刊业悄然地发展起来，例如 1818 年创刊的《加尔各答行情报》和 1838 年由爱尔兰人布伦南创办的《孟买时报》。

印度早期的报刊呈现出以下特征：以英国人办报为主，以印度本地人办报为辅；以英文报刊为主，以印度本地文字报刊为辅；英文报刊的主要功能是为商业利益而沟通信息，其次是发布殖民当局的政令。一些英国自由派人士创办的报刊，对殖民当局实行监督和争取新闻自由的斗争，形成另外一种报刊特色。以印度本地文字出版的报刊的主要功能，首先服务于商业信息的沟通，其次从事现代启蒙教育和社会动员，无暇顾及与殖民当局进行斗争的任务。

③ 废除检查制度后的报刊。作为殖民者来到印度的英国人，为了满足自身利益诉求攫取印度的各种物质资源，但他们无意中带来现代西方的文明与科技，也给予印度人与殖民者进行斗争、走向现代化的武器，其中包括现代新闻传播媒介——报刊、通讯社和广播。1835 年，印度代理总督麦特卡尔夫宣布废除书报检查制度，实行出版自由。这给印度自由报刊和商业报刊的诞生创造了有利条件。加之电报技术和铁路的出现也为新闻传播业的发展带来了方便，近代大报相继问世。

正是这些文明因素激发了印度人民民族解放的意识，随着英国人对印度全境的占领，英印之间的民族矛盾也日益凸显并深化，不断发生局部冲突，到 19 世纪 50 年代中期，逐渐酿成了全国性的反英大起义。各种起义失败后，民族矛盾上升为社会主要矛盾，因而 19 世纪下半叶的印度报刊界，以使用的文字划界，出现了一种奇特的现象：以英文出版的报刊不论是自由派还是保守派，基本上倾向于维护英国的统治(当然其中不乏一些报刊支持印度民族解放运动);而各种以本地文字出版的报刊,不论有多少内部分歧,基本上倾向于反英(也有少数商业报刊从商人利益的角度出发不同意反英)。此后近百年的印度新闻史,商业性报刊与政治性报刊同时发展,但不同报刊间的民族、党派性斗争是印度报刊发展的主线。

印度民族解放运动的报刊首先出现在印度的行政中心加尔各答,1861 年原自由派报纸《孟买时报》和另外两家合并成商业性报纸《印度时报》,1868 年的《甘露市场报》、1875 年的《政治家报》和《凤凰》在加尔各答创刊。

在西海岸的孟买附近,这一时期出现了马拉提文《马哈拉施特拉之友报》《德干明星报》等主张民族独立的报纸,著名的印度民族运动领袖提拉克从 19 世纪 70 年代开始在这一带创办学校,并于 1881 年在浦那创办马拉提文《猛狮周报》和英文《月光报》。

19 世纪后半叶,印度民族解放运动风起云涌,政治性报纸发展迅速。1878 年苏布拉马尼亚等 6 名印度爱国知识分子在马德拉斯创办英文周报《印度教徒报》,虽然创刊号仅有 80 份,但该报编辑部成为后来当地民族主义组织"马德拉斯士绅会"的中心。

这一时期,印度知识分子为从事民族运动而创办报刊已经成为自觉行动,将创办民族报刊视为民族运动的一部分。

2.20 世纪的报刊发展

① 印度 20 世纪报刊发展情况如下:

1885 年 12 月,印度召开第一次国民大会(此后形成国大党)。1906 年,穆斯林教联盟和印度教大会党的成立,标志着印度的民族运动从地方性的活动转向全国规模的活动。此后的报刊民族主义宣传,尽管出版的是地方性的,但主要报刊的影响则是全国性的,因为有了全国性的团体。民族运动的领袖中,甘地和提拉克的报刊活动影响深远。

20 世纪初,印度民族解放运动如火如荼地进行。1904 年被印度人尊称为"圣雄"的莫罕达斯·甘地(1869—1948)在南非德班创办了《印度舆论》,并担任经营者和发行人达 10 年之久。该报分别用英、印地、泰米尔和古吉拉特 4 种文字出版,几乎每期刊物上都会刊登甘地的文章,积极宣传民族解放运动。他先后担任《青年印度》周刊和《新生活》月刊的主编,这 2 种刊物对印度 1918—1922 年的民族解放运动起到了极大的推动作用。与此同时,国大党另外一位领导人阿萨德也曾创办过乌尔都文的《新月杂志》(1912)、英文的《同志》杂志(1912)和《传达报》(1914)。

19 世纪 90 年代后,提拉克逐渐从民族运动温和派转向激进派,成为国大党的主要领导人之一,多次因反英斗争而被判罪,其主编的《猛狮周报》和《月光报》因其崇高的声望而非常畅销。国大党其他领袖,例如担任过国大党主席的阿萨德,

1912—1916 年创办多家英文和乌尔都文报刊,后均被查封,本人入狱 4 年。另一位领袖苏巴思·昌德拉·包斯于 1922 年创办《前进报》,2 年后也被查封,本人入狱。办报较为成功的是贾瓦哈拉尔·尼赫鲁,他于 1938 年在印度北部城市勒克瑙创办国大党机关报《国民先驱报》,此报与当时国际环境和国大党的力量相对强大有关。

这一时期著名的来自爱尔兰的女社会活动家安妮·白山特夫人,在马德拉斯开展了一系列自治宣传活动,1913 年她创办的《新印度报》是该活动的中心。此外,这一时期穆斯林报刊的发展也较为迅速,1910 年著名诗人卡恩创办乌尔都文《柴明达尔报》(柴明达尔是指在英殖民统治下的一种印度土地制度),影响较为深远。

20 世纪 30 年代经济危机笼罩下的印度掀起又一次民族解放高潮,绝大多数以印度本地文字出版的报刊都流露出要求国家独立的倾向。1933 年,甘地创办了《哈里真》周报。1936—1938 年印度共产党和国大党合作,在 1938 年创办了几家重要报纸,如共产党的《民族战线》和《革命》杂志、国大党的《国民先驱报》。

1947 年印度获得独立。1949 年宪法规定了公民言论出版自由的条款,摆脱了新闻检查束缚的报纸发展迅速,1952 年至 1981 年,报刊总数增长了 4 倍,由 4769 家增长为 19144 家,日报从 330 家增长为 1362 家。到 1993 年共有报刊 19937 种,日报 2281 种,每期发行 1700 万份。

② 印度报业结构的特点主要如下:

种类多,销量不大。它的日报数量已超过美国,居世界第一,但每期发行量只有美国的 1/4 强,每千人有报纸 21 份。没有一家日报销量能达到百万份,若究其背后原因,主要在于居民收入不高、文盲较多和读者群分散等。

语种繁多。印度报刊使用的文字有 93 种,主要文字有 16 种,如印地、英、阿萨姆、孟加拉和古吉拉特等语种。历史上英文报纸一直占据优势地位,1979 年印地语日报发行量首次超过英文日报,但真正能在全国通行的还是英文报纸。

出版地集中。尽管各邦都有报刊,但主要还是集中在 15 个重要城市,新德里、孟买、马德拉斯和加尔各答 4 个城市出版全国近 1/3 的报刊、半数以上的日报。

③ 主要报刊与报系如下:

《印度快报》,1940 年创刊于孟买,现在孟买、新德里和马德拉斯等 13 个城市同时出版,1990 年日发行量为 51 万份。该报属戈恩卡家族所有,对国大党持批评态度,以揭露政府内幕消息闻名。该报系有 15 种出版物,是印度最大的报团。

《印度时报》,1838 年创办于孟买,原名《孟买时报》,1861 年改为现名。属于达尔米亚-贾殷财团所有,现在在孟买、新德里、阿默达巴德等 6 个城市同时出版,日发行量近 60 万份。该报新闻详尽、文字严谨,政治上一般支持国大党,主要读者是社会中层知识分子和海外印侨。该报系有 14 种出版物,其中用印地文出版的《新印度时报》发行达 50 多万份。

《印度教徒报》,1878 年由 6 位爱国知识分子创办,具有反抗殖民主义的传统,二战期间坚决反对法西斯主义,支持民族独立运动。该报现为卡斯图里父子有限公司所有,总部设在马德拉斯市,在马德拉斯市等 4 个城市同时印刷;支持国大党,读者对象多为有知识的年轻人,常被比作英国《卫报》。该报系拥有 4 种出版物,其中英文的《印度教徒周刊》发行达 40 多万份。

印度报刊大多为私营的,其中主要报刊均控制在垄断资本家手中,形成几个报系,他们的政治态度由其出版人的政治态度所决定,是资产阶级不同派别的喉舌。印度的大报系有 8 个,即印度时报系、印度快报系、欢喜市场报系、印度教徒报系、印度斯坦报系、甘露市场报系、政治家报系和自由新闻报系。

3. 甘地的新闻思想

莫罕达斯·甘地,印度民族运动领袖,被尊称为"圣雄",出生于波尔班达的士邦大臣家庭,1888 年就读于英国伦敦大学,专攻法律;1891 年取得律师资格回国,次年担任孟买高级法院律师,1893 年应印度富商之聘,赴南非任一商行的法律顾问;旋即投身于反对南非当局种族歧视的斗争,以争取印度侨民平等权利,并首创"非暴力主义",1915 年返印。1924—1934 年、1940—1941 年,他任国大党主席,同时期发动多次反英不合作运动,反对教派仇杀,提倡手工纺织和穿用土布,抵制英国机制布,鼓吹精神力量的感化和阶级和平,反对暴力革命,主张用社会改良和道德复兴提高贱民阶层的地位。个人奉行禁欲和苦行,经常采用绝食的斗争方法,曾屡次被捕。他在领导印度 1947 年获得独立的斗争中起了重要作用。由于与反对派的纠纷,1948 年 1 月 30 日,他被印度教大会的狂热分子刺杀。著有《青年印度》和《甘地自传》。

甘地在他的斗争生涯中创办或主持了多家报刊,如《印度舆论》《青年印度》和《哈里真》等。他在新闻理论方面形成较多独特见解,大致可归纳如下:

关于报纸的功能。报纸的功能在于反映公众对社会问题的看法,唤起人民的值得向往的情绪,揭发缺点。

废除新闻检查制度。在报纸上面不应有审判官。他说:"谁应是审判官? 有用的,无用的,善的,恶的都继续共存。人们必须对它们做出选择。"

报纸是一支强大的力量,但也可能是破坏性力量。他说:"如果运用不好,它像一股洪水,淹没农村,毁坏庄稼。一支失控的笔只能造成破坏。"因此,他主张对报刊实行内部控制。

与持不同意见者进行公开论战是不明智的。他说:"我是乐观主义者,我不和反对者论战。我的刊物给反对者的篇幅和给改革者的篇幅一样多。""如果改革者有耐心，今天的反对者到明天将变成改革者。"

广告过多会影响报纸的独立性。因此他主张严格限制广告在报纸篇幅中占的比例。

（二）杂志和通讯社

1. 杂志

周报、周刊多是印度近代杂志业的一大特色，1981 年有 5624 家。和报纸一样，周刊周报的种类多，但销量小，至今还没有超过百万份的记录。其中较为有名的月刊有英文《印度国情》《东方经济学家》和印地文《新文学》等；周刊有泰米尔文《库木达姆》和英文《星期日标准》等。

1785 年创办的《东方杂志》是印度第一家杂志。

《今日印度》创办于 1974 年，是一份政治性的双周刊，在上层和中上层英语读者中十分流行。

1922 年印度共产党领袖丹吉创办《社会主义者》周刊，1926 年旁遮普省工农党出版旁遮普文《工人》杂志，1927 年孟买工农党出版马拉提文《革命》周刊。这几种刊物是印度最早出现的宣传共产主义的刊物。

1938 年国大党取消对共产党的禁令。共产党人在孟买创办了英文周刊《民族战线》和马拉提文《革命》杂志。

2. 通讯社

面对分布在 300 万平方千米的英属印度的众多报刊，加之语言种类的繁多，报刊新闻稿的批量供应提上了日程。一些印度本地报刊开始考虑建立通讯社。1908 年印度联合新闻社成立。但是由于印度语言、宗教过多而分散，通讯社经营困难，于 1919 年成为路透社的附属机构。英国通过路透社，也就控制了印度新闻流通的主导方向。印度独立前，路透社一直是印度各报刊的主要新闻来源。

印度的主要通讯社有 4 家，分别是印度报业托拉斯、印度联合新闻社、印度斯坦新闻通讯社和印度新闻社。这 4 家通讯社曾因国大党政府命令，在 1976 年 2 月合并为萨马查尔通讯社。1977 年人民党新政府组成后，根据新闻界的要求，解散了萨马查尔通讯社，并于 1978 年 4 月恢复 4 家通讯社的独立经营。

印度报业托拉斯（PTI），简称印报托，是印度最大的通讯社。前身是 1910 年建立的印度联合通讯社，1919 年被路透社收买，成为其附属机构。1947 年印度独立后，印报托接替了印度联合通讯社和路透社在印度的业务，于 1949 年 2 月正式发稿。该社是印度报业老板合股企业，凡采用它的消息的印度报刊、电台和电视台，均可购买该社的股票，但股东并不分红。印报托总部设在孟买，在国内拥有 50 多个分社，在巴林、北京、科伦坡、达卡、伊斯兰堡、加德满都、吉隆坡、伦敦、莫斯科和联合国等处派出记者,同时还订购路透社、法新社的新闻,与共同社、南通社和德新社交换新闻。

印度独立后,一些报人不满印报托的垄断和它的亲国大党的政治表态,准备建立与印报托竞争的另一通讯社,于是《印度时报》《印度斯坦时报》《政治家报》和《印度教徒报》等大报发起,1961年印度联合新闻社成立并开始发稿。1976年,印度联合新闻社被政府强行并入印报托,1978年4月又决定将其从中分离出来。该社是印度的第二大通讯社,国内新闻采用率高,但在国家新闻方面,该社还不能与印报托相抗衡。

(三)广播电视事业

1923年11月,加尔各答的一群无线电爱好者建立了一个广播俱乐部,他们开办的广播,开启了印度最早的广播事业。1924年在孟买和马德拉斯也出现了类似的广播俱乐部。这些俱乐部一般每天广播2.5小时,属于实验性质。1927年,获得英国殖民当局颁发的特许经营证书的印度广播公司,作为印度第一家私人经营的广播电台开始在加尔各答和孟买定时播音,其经费4/5来自收听费,其他为无线电材料的销售收入,以欧洲人社区的西方人和西化印度人为主要听众。

1930年,印度广播公司因经营困难而被殖民政府的劳工部接管,更名为印度国家广播服务处,又增设马德拉斯和德里2个广播电台。1936年,英国殖民当局仿照英国BBC的管理模式,对印度国家广播服务处进行改组,建立了全印广播电台,专为英国做宣传。1939年10月开设了对外的国家广播节目,当时主要服务于战争宣传。该公司此后又在中部的海德拉巴、北部的勒克瑙和南部的迈索尔等较大城市建立了广播电台。到印度独立时,全国仅有9家广播电台,面积覆盖率只有25%,持有收听证的听众为24.8万,影响不大。

印度第一家电视台于1959年试播,由当时的联邦德国援建。1972年,印度第二座电视台——孟买电视台开播。1973年斯利那加和阿姆利则电视台开播,1975年马德拉斯和加尔各答等主要电视台也相继开播。

1976年,印度电视台脱离全印广播电台直属新闻广播部领导,改称全印电视台;1978年改组为印度电视公司,下设20家电视台,新德里电视台为中央台,位于孟买、加尔各答和马德拉斯的3座电视成为主要区域性电视台。4家电视台都开办了2套全国性电视节目,一套为英语,一套为印地语。其余电视台属于首府电视台,也都开办用地方语言播出的节目。

20世纪80年代电视台加快了发展步伐,增加发射台和转播台,积极推行卫星广播计划,1990年转播台逾500座,覆盖人口达80%以上。国营广播电视的经费主要来自国家拨款、收听收看费和广告收入。

印度大力发展通信卫星,先后发射了 1A、1B、1C 和 1D 等通信卫星,完成了卫星电视对全国的覆盖;1995 年还开办了国家频道,通过亚洲一号卫星覆盖 36 个国家。

进入 20 世纪 90 年代以来,印度电视受到来自多方面的挑战。

首先,80 年代后期以来家庭用卫星接收装置越来越普及,外来电视的影响在扩大。一些外国电视台的节目,如美国有线电视新闻网(CNN)、中国香港卫视台、英国广播公司世界电视台、亚洲广播网和亚洲电视网等利用卫星直播手段进入印度,受众数量逐年增加。对此,印度政府制定了相关法律加以控制,1995 年的有线电视法案规定,任何加密频道的节目都必须经过印度有关当局审查,国外电视公司的播出受到严格制约。

其次,印度国内有线电视也对印度广播公司形成挑战,它们靠转播国外节目吸引观众,其最强劲对手是印度 Zee 多媒体公司。该公司是印度最大的有线—卫星电视企业,拥有 9 个有线电视频道和 1860 万户有线与卫星电视用户,Zee 电视网的观众超过了 10 万户家庭,而印度电视台只有 3.5 万户家庭。

印度电视台决定通过不同类型的节目吸引特定的观众群,以保证收视率,如 1993 年增设了 6 个新频道——大都市频道、新体育频道、商业频道、时事频道、精粹频道和音乐频道,通过卫星向孟买、加尔各答、新德里和马德拉斯播放,并向全国转播,旨在丰富节目内容,扭转被动局面;通过 PAS-4 卫星播放一套 24 小时的体育节目,免费播放重大国际赛事和印度国内的体育报道。

全印广播电台。截至 20 世纪 90 年代初,全印广播电台已有 205 座广播电台、147 个中波发射台、54 个短波发射台和 104 个调频发射台,使用 23 种语言和 146 种方言对国内广播,可覆盖 97.5% 的人口。该台使用印地语、英语、地方性语言播送区域性和地方性节目,另外还有 3 个地方调频广播电台和 4 个青年广播电台。

全印广播电台是全球最庞大的广播部门之一,设有国内部和对外部,国内部下设 34 个地区新闻组,每天用 19 种语言播送 78 次全国性新闻节目,新闻节目占全部内容的 24.8%;另外用 64 种部族方言播送 127 次地方性新闻,还同时为国内外广播提供新闻稿件。

全印广播电台可分为 4 类:一是区域性广播电台,是指位于新德里、加尔各答、马德拉斯和孟买的 4 座大型广播电台;二是首府广播电台,大部分只用中波播送一套节目,面临着众多方言的挑战;三是地区性广播电台,是指在各邦内以语言和文化为区别而开办的广播电台,是首府广播电台的补充;四是地方性广播电台,是为特殊方言地区开办的。

全印娱乐广播电台。1957 年,全印广播电台在孟买开办了全印娱乐广播电台,用印地语播出,85% 的节目内容是音乐,包括电影音乐、轻音乐、民间音乐以及宗教音乐,其余为新闻、幽默小品和专题节目。1967 年,该台开始播出广告,开创了印度广播电视播出广告的先河。政府规定,广告播出时间不得超过全部播出时间的 10%。

对外广播。1939 年 10 月,全印广播电台开办国家广播,采用印地语、英语、法语、俄语、斯瓦希里语、尼泊尔语、缅甸语和藏语等 26 种语言播音,还向非洲、大洋洲和东南亚等地的印度人播出印地语、泰米尔语、旁遮普语节目,覆盖 84 个国家和地区。主要内容包括新闻、报刊述评、时事评论和音乐节目。其中新闻节目的稿件由全印广播电台提供。

印度电视台。1959 年 9 月试播,1965 年正式播出,原为全印广播电台的一部分,1976 年成为独立机构,隶属新闻和广播部。印度电视台约有 523 座电视发射台,使用 16 种语言和 45 种方言对全国播出。在 6 个城市开通了卫星电视,使电视的覆盖率达到 86%以上的人口。近年来,印度电视台增设了娱乐、时事和影视等频道,以此来吸引观众。

三、印度尼西亚新闻传播业

印度尼西亚,位于东南亚,号称"千岛之国",与巴布亚新几内亚、东帝汶和马来西亚等国家相接,国土面积约 191 万平方千米,2023 年人口达到 2.77 亿,民族语言共有 200 多种,官方语言为印尼语。

印尼历史上遭遇了多国入侵,15 世纪起就先后遭逢葡萄牙、西班牙、英国和荷兰等国的侵略;1602 年荷兰在此建立东印度公司,开始了长达 300 年的统治。二战时期,日军占领印尼,1945 年印尼爆发八月革命,宣告独立。1950 年,印尼建成统一的资产阶级共和国,由民族党领袖苏加诺任总统。1965 年苏加诺被军人政权废黜,印尼进入了长达 30 年的苏哈托统治时期。由于民族、宗教和语言等各方面的隔阂,印尼的民族矛盾和宗教问题屡有发生。

(一)报业

1. 荷兰殖民统治时期(15 世纪初—1942)

印尼的新闻传播业是西方殖民统治的结果。1615 年,印尼出现了第一批报纸——荷兰文《新闻纪要》(也称《巴达维亚政治评论》),该报主要转载荷兰报刊的内容,另有少量本地新闻和广告,1744 年停刊。直到 19 世纪,印尼语报纸出版,如 1855 年在梭罗出版的《布罗马梯尼》和 1856 年在苏腊巴亚出版的《马来新闻》。1823 年,英国传教士瓦特·亨利·麦都思在巴达维亚(今雅加达)创办的《特选撮要每月统记传》,系最早的华文报纸,每月一期,宣扬基督教教义,刊登伦理和科学知识,1826 年停刊。

进入 20 世纪,报刊在印尼独立运动中发挥了巨大的推动作用。辛亥革命前后,印尼华人受中国民主革命思潮的感染,办起了多家报纸,其中,用马来文出版的有《泗水新闻》《商报》和《新报》,用华文出版的有《泗滨日报》《华锋报》和《苏门答腊民报》等。20 年代,华侨华文报刊在印尼的影响日趋扩大。著名华文报纸有 1921年的《新报》和《天声日报》。它们在推进华人事业、宣传抗日和支持当地人民的民族独立斗争方面,发挥了良好的作用。

2. 日军占领时期(1942—1945)

日军占领时期,印尼大部分报纸被查封,日军另外创办了宣传"大东亚共荣圈"的报刊。印尼人民在日军的严密控制下,采用巧妙的方法进行斗争,如用隐讳的语言在报纸上发表文章等。

3. 战后到 60 年代中期(1945—1965)

日本投降后,荷兰人想重温殖民旧梦,印尼爆发了反抗荷兰殖民主义者的战争,并于 1949 年取得了胜利。独立后的印尼,采用多党制政体,各政治力量纷纷办报,宣传各自的主张,最有影响的是共产党的机关报《人民日报》,成为发行量最大的报纸,1957 年达到 6 万份。华文报纸除《新报》《生活报》继续出版外,雅加达的《生活报》《自由报》、棉兰的《民族日报》和泗水的《大公商报》等 20 多家华文日报相继面世。

这一时期的媒介多由各政党控制,并成为其喉舌、宣传工具以及争权夺利的武器。

4. 当前的印尼报业(1965—)

1965 年"9·30"事件后,军人集团控制了政府,所有共产党报刊和进步报刊都被查封。1966 年,国会制定了相当严厉的新闻法,规定创办报刊必须获得经营许可证,政府的新闻主管部门有权颁发并随时吊销许可证。根据这一法律,政府陆续颁发了一批许可证,建立了在政府严格管理和指导下的报业秩序。政府一直要求报刊在建国五项基本原则上加强自律,要求它们服从管理,承担对社会的责任,促进社会的稳定和发展。1984 年,政府还成立了全国性的新闻委员会,专门就新闻媒介在这方面的执行情况进行检查监督。

目前印尼有报刊 117 家,日报 68 家,每千人拥有日报 24 份。主要报刊有:

印尼文《罗盘报》。该报 1965 年由一个天主教团体创办,后来逐渐摆脱了宗教倾向,现在已然成为印尼最受欢迎的报纸,也是印尼最重要的独立报纸。该报谨慎地平衡政府和读者之间的微妙关系,对一些政府活动和文件新闻进行低调处理,但有时也反映政府观点,通常刊登的新闻为读者所喜闻乐见,广告约占版面的 35%。每天出 16 版,发行 50 万份,居各报之首。

《战斗报》。该报是 1971 年创办的一份军队报纸,代表政府观点,政府消息所占比重较大。全国发行,发行量在 8 万份左右。

华文《印度尼西亚日报》。该报 1966 年创办于雅加达,是目前印尼唯一一份华文报纸,而且为华文和印尼文合刊。由官方陆军部主办,每天8版。其宣称创办宗旨是:向不大懂得印尼文和只懂华语的印尼居民提供有关政府措施、法令条例和事件的说明。

《雅加达邮报》和《印度尼西亚观察家报》。英文报纸的主要读者是在印尼投资做生意的外国人和懂英语的印尼人。随着印尼经济的起飞,这两张报纸的地位越来越重要。

(二)通讯社

安塔拉通讯社(Antara News Agency),成立于1973年,是印尼国家通讯社,由国家情报部管理,在国内外派有常驻记者,同世界20多个主要通讯社(美联社除外)签订了新闻交换协定,是亚洲—太平洋通讯社组织、国际伊斯兰通讯社和不结盟国家通讯社联盟的成员。

(三)广播电视事业

千岛之国的印尼,由于其特殊的地理条件,广播电视在其社会生活中更具有重要性。

印尼的广播事业诞生于20世纪20年代初期。第一座电台名为巴达维亚电台,是一家私人电台,后来成为著名的东印度公司电台。印尼开办无线电广播初期,政府对电台的功率和频道都有所限制,后印尼的电台合并为一家,总部设在巴达维亚。1942年,日军强制接管了广播电台,并要求所有的收音机都要登记,进行封存,防止收听国外短波节目。1945年8月,广播电台重新回归,9月11日,爪哇地区电台的代表在雅加达举行了一次会议,宣告印度尼西亚共和国电台成立。1946年4月,电台归属国家所有,由政府控制。

20世纪60年代中期,雅加达和其他地区出现了十几座业余电台,由于有反政府的宣传倾向,遭到了军队的搜捕。从此,业余电台逐渐淡出人们的视野。

值得一提的是,由于印尼特殊的地理环境,境内岛屿众多,其对内广播和对外广播(印度尼西亚之声)都使用短波。在雅加达只有一座中波电台,听众可以收到3套节目:一套是全国节目,一套是地方节目,一套是特别节目。雅加达用6个短波频率发送全国节目,用4个短波和1个中波频率播出地方节目,用2个短波频率播出特别节目。

印尼的商业电台除了播出商业信息和新闻外,主要还播放音乐,政府禁止它们播出除国家电台的新闻稿之外的政治新闻。

1962年,雅加达建立了第一座电视台,用来转播第四届亚运会;1963年正式开播,只有爪哇岛能收到。1976年,国内通信卫星"帕拉帕一号"启用,接收范围扩大,但偏远地区仍因缺少接收设备和电源收看困难。1977年11月印尼引进彩色电视。尽管印尼的电视起步较晚,但发展相当迅速。1989年后印尼政府放宽了对电视的限制,允许建立私营电视台。20 世纪 90 年代初共有四家私营电视台在运营,较为著名的有 RCTI 电视台和 SCTV 电视台。

由于印尼文盲率为 23%,因此广播电视的作用和功能凸显出来。电视问世之前,广播是人们获取信息的最主要途径,故印尼的电子媒介重视对农村节目的输出,政府也利用广播电视把各种信息诉诸听觉和视觉传达给广大受众。

印尼目前全国 10 个城市拥有电视台,另有 155 座转播台,经费依靠国家拨款。1995 年全国有收音机 2810 万台,平均每千人 149 台;电视机 1150 万台,平均每千人 61 台。

印度尼西亚广播电台成立于 1945 年 9 月,财政来源为国家拨款,收看收听费由地方政府决定。印尼全境几乎都能收听到该台的 3 套节目,即雅加达播出的全国性节目、地方中心台播出的大区性节目和面向本地的地方性节目。

印度尼西亚广播电台对国外广播使用"印度尼西亚之声"呼号,用阿拉伯语、汉语、英语、法语、德语、印度尼西亚语、日语、马来语、西班牙语和泰语等 10 种语言广播,每天播音总时数为 12 小时。

印度尼西亚公共电视台 1963 年正式开播,为国家电视台,由政府拨款。建台伊始,该台采用微波通信进行信号传输,因为微波传送距离有限,加上印尼岛屿众多和建设微波中转站多有不便,电视发展受到了制约,直到 1975 年全国只有 12 座电视台。于是政府决定优先发展卫星通信,以此推动电视业。1976 年印尼政府就通过国外公司发射了一颗通信卫星,成为世界上第六个拥有通信卫星的国家。自使用通信卫星后,印尼全国各个地方都可以接收到国家电视台播出的新闻和娱乐节目。目前印尼电视台有 80% 的节目是国内自制,另外 20% 的节目靠国外进口,内容多为戏剧、文化节目和各种娱乐节目,主要来自美国。

印度尼西亚公共电视台在全国各地有几百个台站,能提供境外的广播电视节目,每天观众多达一亿人左右。

第二节 拉丁美洲发展中国家新闻传播业

一、概述

拉丁美洲是指美国以南的美洲地区,包括中美洲、西印度群岛和南美洲,面积约 2070 万平方千米,人口 6.51 亿,现有 33 个独立国家及若干未独立地区。从 15

世纪末,该地区逐步沦为西班牙和葡萄牙等拉丁语国家的殖民地。19世纪初,拉丁美洲地区相继爆发起义,先后有18个国家获得独立。20世纪以来,又有15个国家先后独立。目前拉丁美洲地区仍有十几个地区处于西方殖民统治之下,是英国、美国、法国和荷兰在美洲的属地。独立后的拉美国家,经济发展迅速,教育得到一定程度的普及,新闻传播事业在此基础上发展起来。

拉丁美洲报业起步较早,至今已有近300年的历史。众所周知,如同亚洲和非洲等其他发展中国家的新闻传播事业,拉丁美洲的报刊最初也是由殖民当局引进创办的。拉美民族独立运动兴起后,民族报刊随之出现,并在民族解放运动中发挥重要的舆论动员作用。目前大多数国家或地区都拥有了属于自己的报业。经济增长较快的国家如墨西哥已经出现了企业化经营的商业报纸。有些国家如巴西已经出现了报业集团和媒介集团,报业趋向垄断,有些大报为富商或有权势的家族所控制。

在拉丁美洲,美联社、合众国际社和西班牙的埃菲社等拥有数以百计的新闻订户。这些通讯社每日向当地报纸输送大量含有政治和经济意义的新闻报道。为避免国外通讯社对本国信息与舆论的控制,拉美各国政府积极发展本国的通讯社事业,其中较为重要的有阿根廷的美洲通讯社和古巴的拉丁美洲通讯社,这些通讯社都是由政府经营的。

拉丁美洲的广播电视与亚洲和非洲相比起步较早。巴西、墨西哥和阿根廷等国早在20世纪20年代就拥有了广播,50年代就拥有了电视。目前该洲大多数国家形成较为完备的广播电视网。经营体制大多是公私并存但又以私营为主。各主要拉美国家都有类似的法律规定,在黄金时间(一般是1个小时),必须播放由政府提供的公共性质的新闻、娱乐和教育节目。由于公众受教育程度较低,广播电视受到人们的青睐,成为当地人们获取外界信息的重要来源。相对来说,报纸发展欠发达,大报的发行量也不过达到二三十万份。

本节以巴西和墨西哥为例,分别从报业、通讯社和广播电视等3个方面来介绍其新闻传播史。纵观两国的新闻传播史,既有拉丁美洲新闻传播发展的总体风格,也形成了各具特色的新闻传播业。

二、巴西新闻传播业

巴西是拉丁美洲国土最辽阔和人口最多的国家,国土面积855万平方千米,2023年人口2.13亿,使用葡萄牙语。巴西是欧洲人最早建立的殖民地之一。1503年,第一批葡萄牙人就在巴西沿海定居,第一个落脚点是伯南布哥和巴伊亚;1532年,在东南海岸建立了第一个永久性的殖民地,后来发展成为全国最大的城市圣保罗。

不同于拉丁美洲的墨西哥和秘鲁,巴西在欧洲殖民者到来之前并没有形成较高形态的印第安文明。巴西这块神秘而辽阔的土地上,散居着的印第安人部落当时处于较为原始状态,并没有进入文明发展阶段,遑论如墨西哥阿兹特克帝国那样有专职从事新闻传播的人选。直到 1500 年 3 月 9 日,葡萄牙探险家卡布拉尔率领着本打算前往印度的船队,无意中在 40 天后抵达了巴西东端的塞古鲁港,才发现了这块不为人知的古老大陆。他在岸边树立起刻有葡萄牙王室徽章的十字架,宣布该地区为葡王所有,并派人回国报信。随船的史官佩德罗·瓦斯·德·卡米尼亚发出一封信,详尽地描述了船队与印第安人的接触,报道了当地印第安人的生活。

后来葡萄牙人在海岸附近的热带森林中发现了可以用于提炼贵重红色染料的树木,并将它定名为"Pau-brasil",于是这个地方遂被称为"Brasil",即今天的巴西。虽然巴西隶属于葡萄牙,但此后整整 300 年间,巴西的土地上并没有孕育出报刊这种现代传播形态。

(一)报业

1. 历史沿革

1788—1792 年,在米纳斯吉拉斯省,有一批受到法国启蒙思想影响的牙医密谋建立共和国,他们提出了解放黑奴、兴建工厂和采用印刷机的要求,起义最后遭到残酷镇压,但留下了巴西最早对于印刷传播的向往和呼声。

1808 年,拿破仑军队占领葡萄牙,在英国舰队的护卫下,葡萄牙王室转移到巴西南部的沿海城市里约热内卢。这时巴西全国仅 300 万人,有色和混血人种占 3/5 以上,里约热内卢人口约 6 万。里约热内卢很快围绕着王室需求建设起一套文化设施,包括学校、博物馆、商业街;9 月 10 日,葡萄牙王室用随船带到巴西的第一部印刷机,印刷出版了巴西第一家报纸《里约热内卢报》,主要刊登政府公告和战争消息。同年巴西独立运动领导人何塞·马丁在伦敦创办了政治性的《巴西邮报》和文学性的《文学艺术报》,前者后来迁回国内出版,一直出版至今,使得该报荣膺巴西历史最悠久的报纸。

作为对英国人的酬答,葡萄牙人开放了巴西的口岸。这对巴西此后迅速融入世界经济发展和传播交往体系,推动后来巴西新闻传播业的发展,都功不可没。

1822 年巴西独立,成为君主立宪国家。到 1831 年巴西已有报纸 50 多家,在保皇派和共和派的斗争中,报纸的党派性愈发明显。1875 年,著名的《圣保罗州报》创刊,它因提倡废除奴隶制度赢得很高声誉。1888 年巴西废奴运动取得胜利,1889 年 11 月推翻帝制建立巴西合众国。1891 年,《巴西日报》在首都里约热内卢创刊,以内容丰富和评论符合民众口味而受到读者欢迎。

　　进入 20 世纪后,巴西报业的发展步伐明显提速,诞生了几家比较重要的报纸:创刊于 1901 年的《晨邮报》、创刊于 1906 年的《公报》、创刊于 1919 年的《日报》、创刊于 1921 年的《圣保罗报》、创刊于 1921 年的《晚间报》、创刊于 1925 年的《早晨报》、创刊于 1925 年的《环球报》、创刊于 1927 年的《商业日报》、创刊于 1929 年的《圣保罗日报》、创刊于 1930 年的《新自由报》和《新闻日报》等。

　　二战后,巴西出现了 30 多家无产阶级报纸,其中影响较大的有创刊于 1945 年的《今日报》,冷战开始后,影响式微。20 世纪 70 年代以后,商业性报纸已居于报坛主体地位。如创刊于 1974 年的《巴西利亚报》,因观点独立、内容严肃,在政界和知识界享有较高声誉。

　　2. 报业现状

　　巴西全国有报刊 3782 种,日报 288 种,每千人拥有日报约 55 份,首都巴西利亚、圣保罗以及里约热内卢构成三大报业中心。有影响的重要报纸均以葡萄牙语出版,其中较著名者为以下几种:

　　《圣保罗州报》。该报 1875 由资产阶级革命运动中的一个 17 人团体创办,当时报纸拟定的口号是“描写和公正”;1891 年被德梅斯基塔收购,至今仍为该家族所有。《圣保罗州报》每日出对开 28 至 48 版,星期日版超过 150 版,平时发行量为 25 万份,星期日达 32 万份。该报每天国家新闻的版面不少于 6 个版,派有驻外记者,随时报道世界要闻,内容广泛,专栏文章颇有分量。尽管发行量和读者人数居《环球报》之后,但从质量上看却是巴西第一大报,有着“拉丁美洲的《纽约时报》之称”。内阁部长、州长、市长、国会议员以及大企业家都关注该报的新闻和评论。该报还成立了自己的通讯社,向其他报纸供稿。

　　《巴西日报》。该报是 1891 年作家鲁道夫·丹塔斯等 4 人在里约热内卢创办的葡萄牙文报纸,政治性较强,版面严肃,国家新闻较多,调查性报道对社会黑暗面进行了尖锐的批评;特稿和评论很受欢迎,向大众介绍优秀的艺术和娱乐节目,影视评论颇具权威性。《巴西日报》日出对开 30 至 40 版,星期日 100 版以上,还仿照《纽约时报》星期日出图片新闻和色彩鲜艳的《巴西日报周刊》,发行量约为 17 万份,是仅次于《圣保罗州报》的巴西第二大报,首页刊登分类广告,在世界大报中较为独特。该报拥有通讯社,并经营广播电台。

　　《环球报》。1925 年创刊,是在里约热内卢出版的商业报纸。每日平均 48 版,星期日 90 版,周二还有反映城市生活的 20 版副刊;重视本国和本地区新闻,体育新闻丰富多彩,赛马报道尤其引人注目。日销量 30 万份,星期日达 33 万份,居巴西报纸销量之首。该报办有一份通俗连环画。1964 年,企业家罗伯特·马林霍取得控制权后,政治态度趋向保守。此外马林霍还拥有环球电视台、广播电台和环球新闻社,是巴西最大的商业电视网环球电视公司的老板,曾被美国杂志列为巴西三大亿万富翁之一。1980 年 2 月,该报派记者驻北京,成为巴西派记者驻中国的首家报纸。

《商业新闻报》。这是巴西的商业和贸易日报,出版于商贸中心圣保罗,自称"南美洲的《华尔街日报》"。

3. 杂志

拉丁美洲拥有大量读者的杂志是在巴西出版的,主要为以下几种:

《标题》。巴西最大的综合性周刊,1952 年在里约热内卢创刊。发行量约为 20 万份,每期 138 页左右,配有大量图片。每期都有八九篇有关巴西生活的特写,如影视明星逸事、体育赛事和工业情况等。国外报道经常刊登访问记。巴黎、米兰和东京等地均设有分社。

《请看》。1968 年创刊于圣保罗,每期 100 页以上,销量约为 30 万份,是巴西发行量最大的杂志。该刊仿效美国《时代》周刊,在纽约、巴黎等地派有常驻记者。书评栏无所不包,政治和经济述评质量较高。

《这就是》。1977 年由月刊改为周刊,增加了政治性内容,以吸引更多的读者。该刊与政府观点不同时,敢于发表自己不同的观点。

(二)通讯社和广播电视

1. 通讯社概况

南美洲通讯社(阿萨社)1942 年成立,1951 年停办。1945 年巴西政府成立了官方通讯社——巴西通讯社,1979 年改名为巴西新闻公司(EBN),是总统府的一个机构,总部设在首都,在各州首府设有分支机构。其责任是向报界免费散发有关政府的消息和材料,并出版一种综合各地重要报纸动态以供总统和政府领导了解当天新闻的内部刊物《概要》。此外还免费征用各地电台 1 小时,每晚 7 时至 8 时向全国广播由通讯社编辑的有关政府、法院和议会的重大消息,同时生产国内新闻纪录片。

巴西还有几十家小型通讯社,影响都不大。

2. 广播概况

1922 年,巴西政府建立了第一家广播电台,由公共交通设施部下属的邮电局主管。1930 年,瓦加斯任总统后,下令在各大城市建立广播电台。

巴西实行联邦、州政府以及其他非商业台和私营商业台并存的体制。现在巴西全国有电台 2695 座,绝大多数为商业台,非商业台由联邦政府、州政府和大学等各种机构经营,但也独立进行广播。1976 年,政府建立了全国性的公共广播网,后又和各地的教育台链接成全国性广播网"布拉斯广播网",从首都面向全国广播,用中波、短波和调频全天候播音。在商业广播电台中,规模最大的要数环球广播公司所属的"环球广播电台",其次是"当代广播电台""宇宙""首都"和"MEC"等广播电台。

巴西的国际广播由"布拉斯广播电台"承担,用葡萄牙语、英语、德语和西班牙语每天播出约7个小时。

"圣保罗教育广播中心"是用圣保罗州的基金,由安谢塔财团经营的教育广播机构。广播和电视节目从学前教育到大学教育,范围广泛。"文化广播电台"以教育和新闻节目为主,除播出教育节目外,还进行各种素养讲座。

3. 电视概况

巴西最早正式播出节目的电视台是1950年在圣保罗开办的"图庇电视台——第三频道",属私人企业。是年,在里约热内卢也开办了电视台。1960年4月,巴西首都迁至巴西利亚后成立了新的国家电视台。1972年,各电视台开始播放彩色电视节目。巴西是南美洲最早开办彩色电视节目的国家。巴西全国约有电视台247座,其中商业台227座,教育电视台20座。全国性电视网4个:环球电视网、骑士电视网、巴西电视网和标题电视网,加上地方电视台总共有一百多个电视网。国内电视节目还利用本国通信卫星进行传送。

在众多的电台和电视台当中,归政府直接管辖的很少,除一家电视台外,在巴西利亚和里约热内卢设有国家广播电台,主要用于文化教育,如巴西利亚的教育电台和里约热内卢的音乐电台。管理公营电台的机构是1976年成立的巴西广播宣传公司。巴西广播公司由交通部管理,每天用英语、法语和西班牙语3种语言播音。

环球电视网是巴西最大的电视网,1965年4月成立,总部设在里约热内卢,在全国各州都设有分台,创办人罗伯特·马林霍任台长。

环球电视网拥有9座直属台和68座附属台,是南美洲地区最大的电视企业之一。每天播出21小时,节目覆盖90%以上的国土面积。该台制作和播出的节目在巴西收视率最高,其中新闻、连续剧、文艺和妇女等节目颇具特色。每周二的《环球记者》节目采用生动的纪录片形式进行深度报道,引人注目。

环球电视系统还拥有巴西最大的"巴西有线电视网",主要播出新闻、体育、音乐和综艺节目。播出的外国电影中以美国电影居多,其中有相当部分是尚未公映的新影片。截至1997年9月,有线电视用户达170万户。

图庇电视台是巴西第二大电视台,1950年9月在圣保罗开播,是巴西最早问世的电视台,属南美报业大亨阿希思·沙托布里安所有。1980年7月政府以经营散漫为由吊销了图庇电视台的执照,该台仅剩2座直属台。电视台总部设在圣保罗和里约热内卢。

4. 教育广播

由于巴西文盲率较高,国民平均收看电视的时间远多于读报时间,因此政府很重视利用电视进行教育广播。

"梅克－PRA－2"广播电台在 20 世纪 30 年代创办时,就是专门广播教育节目的非商业台,1936 年起由教育文化部经营,现在是"布拉斯广播电台"的成员之一。

1957 年,设置了全国教育广播的综合协调机构。现在利用广播进行教育的工作已普及到各个州。所有广播电台都必须安排 6 小时的广播时间播出识字教育节目。在没有教育台的州,州政府购买商业台的广播时间播出教育节目。在教育台中,"文化广播电台"和"梅克广播电台"除播出教育节目外,还安排各种提高文化素养的节目。

早在 20 世纪 50 年代,巴西部分教育机关已通过商业电视台广播教育节目。1972 年,里约热内卢的"巴西中央教育电视中心"设立,播出教育节目,独立经营 2 套教育电视节目。

巴西全国有 10 座非营利性的教育电视台。其中 8 座建于 1979 年 12 月,以里约热内卢的教育电视台为中心,结成广阔的广播网,每天向其他电视台提供部分儿童节目和新闻节目等。

广播电视机构的全国性组织是"巴西广播联盟"和"报纸广播联盟"。前者成立于 1962 年,成员大部分是商业电台和电视台。

三、墨西哥新闻传播业

墨西哥是北美洲联邦共和制国家,北部同美国接壤,南侧和西侧濒临太平洋,东南濒临加勒比海,与伯利兹、危地马拉接壤,东部则为墨西哥湾,面积约 196 万平方千米,2023 年人口为 1.29 亿,是拉丁美洲第二人口大国,首都墨西哥城。1521年,墨西哥沦为西班牙的殖民地,至今通用语仍然是西班牙语,是拉丁美洲新闻传播业较为发达的国家之一。

(一)报业

1. 历史沿革

拉丁美洲西班牙语国家中,无论是古代还是现代,墨西哥新闻传播的历史都最为悠久,也是现当代新闻传播业最为发达的国家。在经历战争、革命风潮和政变等考验,以及和平时期民主与专制的斗争中,墨西哥的现代新闻传播业久经磨难,成为大多数拉丁美洲西班牙语国家新闻传播业发展的大体写照。

墨西哥历史悠久,是古代玛雅文化的中心。在西班牙人未曾到来之前,印第安人在美洲已经生活了大约 1.5 万年。大部分印第安人处于原始蒙昧时期,但已经形成了两个文明的核心地带,即墨西哥城的托尔蒂克-阿兹特克文明和玛雅文明、秘鲁一带的印加文明。在这两个文明板块中,墨西哥处于更高的发展阶段,古阿兹特克人和玛雅人使用图画和象形文字,一代代的祭司们在榕皮纸和兽皮上记载本部落的传说和发生的大事,数千本原始形态的"书"存在于铁诺支第特兰(现在的墨西哥城)巨大的图书馆内。目前保存下来的包括一些征税的记录和逐年的大事记。当然,这些珍贵的历史记载和新闻传播尚难以区分。

1519年西班牙人首次登陆墨西哥,1521年西班牙人攻陷了阿兹特克人的都城铁诺支第特兰,改名墨西哥城,标志着西班牙统治墨西哥的开始。墨西哥被征服的同时,大批传教士来到这里。1539年胡安·帕布罗斯将首台印刷机运到墨西哥,墨西哥出现了第一台欧式印刷机,比美国出现第一台印刷机要早100年。

1541年9月,诞生了美洲第一份印刷新闻纸,主要报道危地马拉地震的消息,共4页。此后,各种新闻纸在墨西哥大地上广泛流传开来,通常报道当地或美洲发生的新闻,如商情、船期、灾害报道、转抄欧洲报纸、发布殖民当局公告等。

带有新闻性的书籍,算是高级的新闻传播了。最早的是首次登陆的探险队最高指挥官埃尔南·科尔特斯写的《上查理五世书》,保留了对当时较早的记录。该探险队的士兵贝尔纳尔·迪亚斯一边参战一边写下《征服新西班牙信史》,描绘了科尔特斯率军征服墨西哥的过程,同时讲述了阿兹特克国王蒙特苏玛的英勇反抗。全书还披露了一些重大的史实:最初两次远征墨西哥的尝试,科尔特斯舰队的到达及焚烧舰船,进入铁诺支第特兰,最终该城陷落。整部书脉络清晰,详略得当,场面壮阔,极富现场感。这本新闻书流传数百年,影响较大。迪亚斯在描述宏大场面的同时,还不失时机地插入人物细节,如第一个被印第安人俘虏的西班牙人贡萨洛·盖雷洛的故事,此外还有印第安姑娘马丽娜的故事。这些故事娓娓道来,引人入胜。此外德奥维耶夫-巴尔德斯所写的《西印度通史与自然史》、萨阿贡神父所写的《新西班牙实事通载》,既是历史性的书,也带有一定的新闻性。

1679年,有些西班牙殖民当局的公告、训令等印刷新闻纸,开始使用"墨西哥公报"的标题。《墨西哥公报》在墨西哥城创刊,是墨西哥最早的定期刊物,由西班牙殖民当局创办。此间,墨西哥现代新闻业的先驱是17世纪兼文学家、历史学家和诗人于一身的西甘萨-冈戈拉,他率先将从海外收到的具有新闻价值的信件,在墨西哥以小册子的形式刊行,同时分送给友人。

1722年1月,在南部尤卡坦地区出现了第一家墨西哥地方报纸《墨西哥和新西班牙消息报》,创办人是当地一位西班牙神父。该报两易其名,存在了6个月。同年神父卡斯多莱纳在墨西哥城创办了《墨西哥公报》,每月出版6期,由总督批准出版,其宗旨是:"根据欧洲各国宫廷及主要首都的惯例,定期将发生的大事汇编成册,印行公布,俾世人得知天下大事。"该报在整个18世纪一直处于墨西哥报业的领导地位,模仿者不断,如《马德里学报》和《此地学报》等。

1805 年,历史学家布斯塔曼特创办了墨西哥第一张日报《墨西哥经济、思想日报》,其创刊目的是:"取代迄今为止 5 天出版一期的可怜的《公报》,俾公众对日常生活中发生的一切,从欧洲政治到市场价格,有更及时的了解。"该报是墨西哥近代报业的开端,每天 4 版,内容多为行政、社会、经济、科学和文艺消息与文章,初期发行量 400 份,后来增至 800 份,打破了官方公报一统天下的局面,从新闻传播技术而言,日报的出现也形成了墨西哥新闻传播业发展的一个转折点。此后,在墨西哥相继出现了具有此种新气象的报纸,《经济工作报》和《商业报》《爱国周报》纷纷诞生,19 世纪出现的这些报纸,无形中为墨西哥的独立奠定了舆论准备。

总的说来,19 世纪前的数百年中,因受殖民主义和封建、教会势力的阻挠,墨西哥的报业发展步履缓慢。

1810 年,墨西哥独立战争爆发,墨西哥独立战争领导人伊达尔戈创办了《美洲觉醒报》(或译为《美洲醒世钟报》),提出一系列具有社会改革性质的要求,在独立运动中发挥了较显著的舆论动员作用。尽管报纸只存在了 2 个月,但发挥了巨大的宣传鼓动作用,当时发行 2000 份,这个数字已经相当可观。这个报纸至今仍然是墨西哥乃至整个美洲国家新闻界的骄傲。

1813 年 11 月墨西哥独立。面临着未来国家道路的选择,各派政治力量展开了复杂的政治和军事斗争。1824 年,墨西哥确立联邦共和国,当年制定的墨西哥宪法,是拉丁美洲历史上第一部共和国宪法,宪法赋予了公民言论和出版等自由,废除异教裁判所,决定发展农业、工业和教育。因此,从这部宪法颁布起,墨西哥人民形式上获得了新闻自由。基于这部宪法,各政党的报刊得以自由出版,于是各政党都有了自己的机关报。建国初期,墨西哥从首都到各省,出现了约 40 家报刊,大多属于各个党派,因为人们热衷于谈论政治。

然而,由于 300 年来西班牙封闭式的殖民统治,缺乏实行民主制度的政治经验和市场化的经济基础,以及实行民主制必要的公众文化素养,国家在此后的近百年陷入长期的混乱中,加之历年异国的入侵屡次蹂躏这片土地,构成墨西哥独立后近百年的悲壮历史。此间政党报纸占据主导地位,自由派报纸有《十九世纪报》和《共和国箴言报》,保守报报纸有《墨西哥政府报》《秩序报》和《国民思想报》等。

在经历了一系列的自由派和保守派的斗争之后,1858 年自由派的老战士、印第安人贝托尼·胡亚雷斯担任总统。在他的主持下,1857 年国家制定了一部更为民主的宪法,这部宪法专门设立了一项"权利法案",以保障公民的言论和出版自由以及其他各项自由的权利。该宪法还有一个特别条文,申言如果这一文献遭到废弃,那么当其恢复之时,凡是犯有废弃宪法罪行的人,都将依照宪法条款予以审讯。在这部宪法下,言论性的期刊得到发展,其中有代表性的是墨西哥作家、新闻工作者阿尔塔米拉诺主办的《文艺复兴》《联邦党人》《论坛》和墨西哥作家、新闻工作者纳胡拉主办的《蔚蓝评论》,这几家期刊将篇幅开放给各种思想人士,包括自由派和保守派,力求将各种对抗派别融合为单一的墨西哥民族的主流思想。

1896 年,政府创办的《公正日报》引进了先进的印刷机和设备,销量达 7.5 万份。该报实行企业化管理,被认为是墨西哥现代报业的起点。1910 年,墨西哥爆发了资产阶级革命,《公正日报》停刊。取而代之的是一批革命报刊,如 1916 年创办并出版至今的《宇宙报》,是墨西哥最古老的报纸。1917 年 2 月颁布了新宪法,宣布出版自由,出现了一批模仿美国模式的报纸,如 1917 年创办的全国报纸《至上报》、1928 年创办的大众化报纸《新闻报》、1936 年创办的工商业报纸《消息报》等,推动了报业的商业化进程。其中《至上报》的发刊词表达了新时期墨西哥正直的报人理性:"既着眼于国家的振兴又关心人们的精神建设;换言之,它既起着推动国家物质发展的作用,又担当着重振民族精神、代表舆论、启迪思想、维护道德的作用。本报有志办成能起双重作用的报纸。为达此目的,本报需要清醒而又果断地介入社会生活,反映各种不同意见,正视种种社会问题,揭露时弊。对于批评,哪怕是来自敌对方面的,只要切中要害,都应听取。总之,要自觉地按照报纸所应肩负的使命去做。"

1929 年,执政党国民革命党创办了官方报纸《国民报》。以后经历了几十年的政党报纸与商业报纸并存发展的时期,20 世纪 60 年代前后,商业报纸逐渐占了主导地位,整个报业趋向垄断化。

2. 报纸发展基本情况

从经营性质和所有权分类来看,墨西哥报纸可分为三类:

第一类是私营报纸,占墨西哥报纸的 80% 以上。其最高决策机构是股东组成的董事会,报纸的方针,特别是言论立场完全由董事会决定,重要的私营报纸有《墨西哥先驱报》《宇宙报》《墨西哥太阳报》等。

第二类是合作报纸,是由合作者集资经营的报纸。表面上看,其由报社全体职工"共同经营",实际上也雇用工作人员。报纸负责人的政治立场、思想素质和个人品格,在相当大的程度上左右着报纸的路线和风格。但毕竟有别于私营报纸,标榜与政府、企业界保持独立立场,保持言论的客观和公正性。代表报纸有《至上报》《一加一报》等。

第三类是由政府资助的报纸或政党的机关报。如执政党"革命制度党"的机关报《国民报》。

20 世纪 90 年代初,墨西哥有日报 392 家,千人拥有日报 142 份,多数报纸归报团所有。最大的阿拉尔贡报团,控制了全国 1/3 的报纸,包括《墨西哥先驱报》《墨西哥太阳报》《消息报》等大报。该国主要报纸均用西班牙语出版,主要有:

《至上报》。1917 年 3 月由拉法埃尔·阿尔杜辛创办。原为私营报纸,20 世

30 年代改为合作报纸。具有强烈的民族主义色彩,对内呼吁民主改革,对外主张民族独立,从创办之初,就以积极干预社会生活为己任,国际稿件尽量登载不同来源的消息,力争公正和客观。评论文章笔锋犀利,切中时弊,是墨西哥的舆论先声。主要读者是进步知识分子、社会左翼力量和一般职员,政府官员也很关心该报的舆论动向。广告是其主要经济来源。

《墨西哥先驱报》。1965 年 11 月创办,是墨西哥最大的右翼私营报纸,大部分股份属阿拉尔贡家族。其创始人卡布列尔·阿拉尔贡是迪亚斯总统的同乡,因而与迪亚斯总统关系密切,被视为跨国集团和大资产阶级的传声筒。该报资金雄厚,设备先进,主要读者对象是金融界、企业界和知识界的右翼分子。

《一加一报》。它是由 1976 年被《至上报》清除出去的一些记者、编辑在 1977 年创办的合作性报纸。政治观点偏左,被认为是墨西哥唯一一家以轰动性报道为特点的优秀报纸。以报道、评论时事为主,具有鲜明的反帝和民族主义色彩,较多地报道拉丁美洲民族解放运动。对政府经常提出建设性的意见。主要读者是大学师生等知识界人士。经济来源主要是广告。

《日报》。其创办于 1962 年 6 月,是合作性报纸,以出色的国际新闻和评论而受到普遍赞誉,是墨西哥唯一一家每天将国际新闻放在头版头条的报纸。国内报道丰富多彩,各方面的专论较多。政治上对外坚持反帝立场,对内力图与政府保持一致。报纸版面严肃,业务水平高,日发行量 8 万份左右。

(二)杂志和通讯社

1. 杂志

《时代》是墨西哥出版的记载本国生活的一份杂志,1943 年 4 月由作家马丁·路易斯·库斯曼创办,现在由其儿子马丁·路易斯·库斯曼·韦斯特担任发行人,他继承了《时代》准确翔实的传统,对国内外主要事件的报道作详细的背景描述。编排上模仿美国的《时代》周刊标准,有优秀的艺术、体育和文学等内容,每期刊印 72—80 页。《时代》对墨西哥一周来的经济、金融和工业情况进行一般性的评述,是墨西哥社会生活的观察者和研究者们感兴趣的资料。它概括地记载政府各部门的主要法令和最新声明,还刊登墨西哥总统的主要讲话。该刊以对国内情况进行准确、简明、详细的报道著称,所以拉丁美洲各国和城市的领导人都是该刊的订户,拉美各大学图书馆都要收藏其合订本。

《世界杂志巡礼》周刊,是由《至上报》编辑出版的,重点报道有关城市领导人、公共工程、大学、社会安全、消费者和城市生活等方面的情况。

《永久》周刊,是社会主义人民党编辑出版的,是墨西哥马克思主义左派最著名的喉舌,读者主要是国内的社会主义工人党党员和共产党员及其他各无党派的政府批评家,包括在国家机关工作的持不同政见者。

《克劳迪亚》月刊,由出版《消息报》的奥弗拉尔家族编辑出版,以家庭生活及发展、各行各业的妇女和流行时尚的特写见长,主要读者对象是妇女。

《进程》周刊,创刊于 1977 年,发行人是朱利奥·谢勒·加查。该刊的很多工作人员都曾在《至上报》工作过,以批评政府闻名。该刊仿照美国《时代》周刊新闻栏目的编排方式,把知识分子和哲学家对政治、经济问题分析文章的题目在目录上标出,文章的作者包括左派和中间派。该刊对通货膨胀、计划生育、贫民窟住房、农业、毒品交易、政府预算和外债等问题进行考察。

2. 通讯社

墨西哥主要有 3 家通讯社,总部均设在首都。墨西哥通讯社是官方通讯社,隶属内政部。该社和埃菲社、法新社、美联社、合众国际社、第三世界通讯社有新闻交换协定,互用对方的新闻都要付费。该社 1981 年与新华社订立了交换新闻的协定。墨西哥通讯社在美国和拉美各国设有分社,在国内有记者网。除给报社提供文字稿件外,还拍摄电视短片供给电视台。此外墨西哥还有墨西哥新闻社和墨西哥新闻通讯社。

世界上较多国家的通讯社都在墨西哥派有常驻记者,其中包括美联社、合众国际社、法新社、埃菲社、拉丁美洲通讯社、共同社、新华社等。

(三)广播电视事业

墨西哥的广播电视相当发达。墨西哥第一家私营广播电台 1921 年开办,具有明显的商业性质,主要播送商业信息,同时编排一些社会新闻和文化节目等。1923年政府批准开办商业广播电台,1924 年第一座国营广播电台(教育部经营)开播。到 20 世纪 30 年代广播事业已经初具规模。1953 年开办调频广播。到 20 世纪 90年代全国已有 1023 家广播电台,绝大部分是商业性质的,一小部分是市政府或社会机构办的教育、文化台,具有代表性的是墨西哥国立自治大学办的"大学广播电台",主要播送文化、教育、音乐、艺术及儿童节目,不播广告。

国营的"墨西哥广播电台"用"XERMX"的呼号对中南美、北美南部和加勒比海各国播出西班牙语、英语、法语、德语和日语等广播节目。

在商业台中,全国收听效果最好、收视率最高的是"拉丁美洲之声"(简称 XEW),该台历史悠久,总部设在首都,有直属台和附属台共 30 座,形成全国性广播网。该台使用短波、中波、调频每天 24 小时连续广播,中波最大的发射功率为 250 千瓦。

墨西哥电视业始于 1950 年,最早的电视台第四频道在首都开播,1951 年第二频道开播,1952 年第五频道开播。1955 年 3 家电视台合并,成立"墨西哥电视台"。1967 年开播彩色电视节目,建立卫星地面站。1968 年"独立电视台"在首都开播。

1970 年开办有线电视。

1973 年"墨西哥电视台"和"独立电视台"合并,组成全国最大的商业电视网——"特莱维萨电视公司"(Televisa)。它目前不仅是墨西哥而且是西班牙语系影响最大的广播电视机构,还是世界上最大的西班牙语节目制作公司。其广播中心拥有 30 座直属台和附属台,连接成网,向世界许多地方进行广播。在电视方面有 4 个频道,拥有全国 90% 的观众,新闻节目《回声》全天候地播送新闻,并通过卫星传送到美、欧、北非等 40 多个国家。

墨西哥全国有 109 家有线电视台,其中"有线电视公司"共传送 22 个节目频道,包括 15 个基本节目频道、6 个高质量节目频道和 1 个计次收费节目频道。到 1993 年用户已达 24.2 万户。"多视像电视公司"通过"莫雷洛斯"卫星以及多信道多路分配系统(Multichannel Multipoint Distribution Service,MMDS)向 20 万户家庭(1993 年数据)提供 14 个基本节目频道、3 个高质量频道和 3 个计次收费节目频道的服务。

墨西哥重视利用电子媒介进行识字教育。1960 年颁布的联邦广播法第 59 条规定:"全部广播电台、电视台必须在每天的广播时间内用 30 分钟从事促进教育的广播。"1965 年政府用闭路电视试验电视的识字教育,1968 年开办中等教育电视讲座,由教育部编排节目,各地转播。

1969 年 7 月,墨西哥政府颁布和实施"12.5% 法",即要求全国广播电台和电视台每天提供 12.5% 的播出时间代替部分税收,用来广播政府准备的教育、文化、娱乐节目和宣传报道,以改变商业电视台"美国文化殖民地"的形象。"12.5% 法"通过广播实行国民教育,大部分节目由内政部广播电视节目制作中心提供。

1998 年前后,墨西哥有收音机 2400 万台,每千人 248 台;电视机 2000 万台,每千人 207 台。

(四)目前发展格局

若把 1722 年创刊的《墨西哥公报》作为墨西哥新闻传播业的起点,墨西哥的新闻传播史比较悠久,但由于宗主国西班牙素来只是把这块土地作为利益实现的产地,并且政治上长期实行专制制度,墨西哥新闻传播业走向现代化的道路显得尤其艰难。新闻传播业本身缺乏独立性,专业人员素质低、职业规范缺失和受众受教育程度低等制约了发展进程。直到 20 世纪 80—90 年代,墨西哥的新闻传播业才逐渐实现了现代化,成为拉丁美洲 18 个西班牙语国家中发展最成熟的国家。2014 年,墨西哥互联网用户为 4950 万人,占总人口的 41.1%,世界排名第 12 位。

现代墨西哥新闻业的大体格局是:2 个最大的媒介集团、1 个闻名世界的大电视公司、1 个较大的通讯社和 1 个在西班牙语国家颇有影响的日报群。

2 个最大的媒介集团,1 个是以电视业为主,兼顾其他新闻媒介和体育、娱乐产业的阿莱曼集团；1个是以报业为主，兼顾其他新闻媒介的阿拉尔贡集团。

　　阿莱曼集团控制的主要媒介公司，即近年来声名鹊起的"墨西哥电视公司"（有的翻译为"特莱维萨电视公司"）。该公司是西班牙语世界最大的传媒公司，也是世界上制作西班牙语节目最多的公司，被称为西班牙世界的CNN。玛丽亚·亚松森·阿兰布鲁萨瓦拉拥有该公司大量的股份。该公司拥有4个无线电视台（二、四、五、九台，前3个台面向全国）和298座地方电视台、1个有线电视网和1个卫星数字电视网、17家广播电台、几十家报刊（主要是杂志）、3家唱片公司，以及大型体育场、斗牛场、广告公司、广播艺校和足球队等，触角延伸到社会生活的方方面面。

　　"墨西哥电视公司"的肥皂剧驰名世界，演员都是受雇于公司，制作成本较低，较低的制作成本使得其在国际和国内市场拥有较大的价格优势。该公司竭力拓展海外市场，每年仅发行肥皂剧的总收入就高达4亿美元，其中50％的销售收入来自欧洲，20％来自大洋洲和非洲，其余来自南美洲和亚洲等地。

　　墨西哥现有的广播电台中，"拉丁美洲之声"电台是最大的，该台隶属于阿莱曼集团。它拥有30多个附属台，形成覆盖全国的广播电视网，收听率居全国首位。墨西哥国立自治大学的"大学广播电台"是颇具代表性的教育文化台。

　　截至2015年，墨西哥有广播电台1763家、电视台1087座。首都有9座全国性电视台，其中"特莱维萨电视公司"所属的4个电视台规模较大，最大的电视台二台俗称"明星频道"，覆盖全国98％的观众，平均收视率高达32％。其中播出的几乎全部是"墨西哥电视公司"的首播节目，包括电视剧、新闻、综艺、竞猜、体育等方面的内容。

　　墨西哥最大的通讯社是1968年建立的墨西哥通讯社，当时并不起眼，20世纪80年代后发展成为墨西哥的一枝独秀。

　　受限于历史原因和长期的文化接受传统，即便在今天媒介大发展的时代背景下，自觉养成阅读印刷媒介习惯的人仍非常有限。所以在墨西哥，发行20万份以上的报纸和10万份以上的杂志就算是大型了。报纸基数较大，但较有影响的报纸都集中在首都墨西哥城。在墨西哥，电子媒介，特别是电视观众的数量远远超过了纸质印刷媒介的读者。

　　墨西哥现有杂志1600多种，其中较有影响的是跨国西班牙语杂志《读者文摘》《视点》、普及文化的《农村之光》和导读性周刊《电视导报》。其中富有思想性且能代表墨西哥文化水平的杂志是《进程》和《时代》。其中《进程》创刊于1976年，《时代》创刊于1991年，主要内容均为时事政治、经济、文化、社会方面的综合性报道和分析，具有一定的独创性见解，在国家和国内都形成较深远的影响。

　　墨西哥有日报约300家。从影响力和发行量两方面来衡量，以下报纸在墨西哥影响较大。

　　《至上报》，是墨西哥历史最长、发行量最大的报纸，同时也是墨西哥全国影响最人的报纸。该报于 1917 年墨西哥资产阶级革命后期创办,原为私营,后改为合作经营。发行量 20 多万。每日分晨报、午报和晚报 3 次出版。另外每周还出版"星期一副刊"。该报版面较多,分为要闻版、金融版、文艺版、体育版、国际版和美洲版。2006 年 1 月,原射击运动员、墨西哥企业家瑞奈独资收购,对报纸进行了改革,报纸的主要撰稿人也同时为广播电台与电视台供稿。《至上报》与新华社签订了供稿协议。

《改革报》,隶属于改革报业集团,发行量 20 万份。该报经常批评各种腐败行为,经营上致力于恢复诚信和道德,起用大批年轻有为的记者,报纸内容突出读者的兴趣爱好,广告和编辑并重。报纸注重读者的参与,让读者参与监督报纸内部的编辑过程,提高报纸的透明度,保证报道的客观公正。

《宇宙报》,是墨西哥现存历史最悠久的在首都出版的日报,创办于 1916 年,拥有读者数量超过 20 万份,由墨西哥全国报业公司经营。

《墨西哥先驱报》,由于资本雄厚,与大财团联系密切,因而是一份拥有较大影响力的报纸,属于阿拉尔贡集团。该报每天几十个版,发行量 20 多万份。

《新闻报》,是最早的大众化报纸,以普通市民为主要读者对象,现为合作经营性质,发行量 30 万份。

《墨西哥太阳报》,是 20 世纪 60 年代后新一轮大众化报纸的代表,每天出 2 次,即晨报和午报,发行量 20 多万份,属于阿拉尔贡集团。

《消息报》,侧重于经济新闻的综合性报纸,发行量 20 多万份,属于阿莱曼集团。它本身是个报刊集团,另出版一份晚报、一份英文《消息报》(墨西哥境内唯一的英文报纸),在地方上拥有 6 家报纸和 18 家杂志。

《欢呼报》,侧重于体育新闻的综合性报纸,畅销全国,早刊发行量 20 万份,晚刊 30 万份,墨西哥出版印刷股份公司负责经营。

墨西哥城内还有几家发行量几万份的综合性日报,如《日报》和《墨西哥日报》,相对来说,影响较为有限。

第三节　非洲发展中国家新闻传播业

一、概述

非洲是世界上面积位列第二、人口总数位列第二的洲,总面积 3022 万平方千米,总人口 14 亿。非洲拥有悠久的历史和辉煌的文化,埃及的尼罗河流域是世界古代文明发祥地之一。15世纪起,西方殖民者相继入侵,非洲绝大多数国家先后沦为西方的殖民地。二战后,饱受侵略和长期奴役的非洲人民拿起武器,爆发了声势浩大的民族解放运动。20世纪90年代,非洲大陆基本上脱离了殖民统治,独立后的非洲各国,积极致力于维护民族国家主权,发展民族经济,进行自身文化建设。由于长期的殖民统治、频繁的政变和连续的自然灾害,非洲各国经济、文化和公共教育,包括新闻传播业仍比较落后。

非洲早期的报业是由殖民者开启,在争取民族解放运动的峥嵘岁月中,民族报业遭受压制,发展极为缓慢滞后。独立之后,原殖民当局或外国人创办的报刊,大多数被收归国有,与此同时,政府开始兴办新报刊,从而促进报业发展。目前非洲大多数国家已经建立了自己的报业体系,在世界报坛占有一席之地,非洲大部分国家的新闻体制是国家所有制,支持国家政策并有利于国家利益。

非洲各国的报业发展处于不平衡状态。由于报纸与政治、经济的密切关系,加之各国国民整体受教育程度低、广告份额少以及发行系统不通畅等各种原因,非洲的报业主要存在于城市。

大多数非洲独立国家都建立了国家通讯社,国家通讯社一般付费给国际通讯社和几家较大的国家通讯社,购买它们的电讯,把根据接收的电讯编号的新闻稿直接发给个人用户和机关用户,或者通过地方报纸和电台向公众传播。各通讯社在此过程中进行甄别取舍。

由于非洲普遍受教育程度低下,广播电视成为人们了解外部世界并获取信息的重要渠道。因此,各国致力于发展广播事业,每个国家都开办广播电台。非洲各国的电视事业虽年轻,但发展较为迅速。目前大多数国家开办了电视,一般为国营体制,经费主要来自国家拨款,少部分来自视听费用和广告收入。

大多数非洲国家从独立之日起,就意识到要确立自己独立的新闻传播系统,将报刊、通讯社、广播电视收归国有,提高新闻媒介的国有化程度。非洲国家为了获得大量新闻资讯,不断地发展卫星接收设备,一些国家建造了国家通讯组织的地面系统,一些国家在建造地面站。由于受到通信技术和本土新闻传播人员的掣肘,发展新闻传播事业时更多仰赖于外国通信和媒介公司。

本节以埃及为例,分别从报业、通讯社和广播电视等3个方面来介绍该国新闻传播史。纵观埃及的新闻传播史,既有非洲新闻传播发展的总体风格,也形成了具有自身特色的新闻传播业。

二、埃及新闻传播业

埃及地跨亚、非两洲,大部分土地位于非洲东北部,西连利比亚,南接苏丹,东临红海并与巴勒斯坦、以色列接壤,北濒地中海。国土面积为100万平方千米,

2023 年人口超 1 亿。埃及是世界义明最古老的发祥地之一,1517 年成为奥斯曼帝国的一个行省,18、19 世纪先后沦为法国和英国的殖民地,1922 年取得名义上的独立。1952 年,以纳赛尔为首的自由军官组织推翻法鲁克王朝统治,1953 年正式成立埃及共和国。

（一）报业

1. 历史梗概

埃及是公元前 5000 年已经出现了象形文字。公元前 4500 年埃及出现城镇,构成人类早期人际传播的场域。公元前 3200 年埃及人开始使用尼罗河边的一种植物茎块的切片,制成了用于书写的莎草纸。公元前 3000 年埃及出现了学校,这是专门知识集中传播的滥觞。公元前 2500 年起,埃及就出现了用文字记载的编年史,是人类最早的编年史。

古埃及留下的文字,最古老的是金字塔题词和残留陶片,稍后的保存在纸草上和泥版上。目前可见最早的纸草书大约是公元前 2134—公元前 1991 年,内容是昭告天下,全国和平,可安全到各地旅行。现存的古埃及泥版文字,记载多是有关政府和经济信息的内容,时间大约是公元前一两千年。公元前 3 世纪埃及托勒密王朝建立了藏书 70 万卷的亚历山大图书馆,可惜毁灭于公元前一世纪罗马执政官恺撒之手。

公元前 1 世纪至公元 7 世纪,埃及是古罗马帝国的一个行省,被视为古罗马帝国的"粮仓",由于远离帝国政治、经济和文化中心,社会信息传播处于相对落后的状态。7 世纪中叶,阿拉伯人侵入埃及,开始成为这块土地上的新主人。7 世纪末期,在位的阿拉伯王朝哈里发阿布杜·马立克极力推行阿拉伯化,改变使用希腊文字和帕莱威文字登记文书的惯例,因而学习阿拉伯文字和传播《古兰经》成为公务人员和学者等人的主要任务。此外,埃及还建立了较为完备的马驿制度,用于传递官方的信息。

研究埃及新闻传播的文化特征,需要探讨阿拉伯人的伊斯兰宗教文化对传播的影响。7—16 世纪埃及经历了 8 个阿拉伯王朝,前期它先后属于 3 个阿拉伯帝国的一部分,帝国的政治中心均在阿拉伯半岛。从 9 世纪开始,埃及连续成为 5 个独立的阿拉伯王朝政治、经济和文化中心,因而社会信息传播重新繁荣起来。10 世纪埃及已经发展成为可与中国唐宋相媲美的世界文化中心。当时的艾资哈尔大学长久以来是学术和文化交流中心,开罗皇家图书馆藏书已达 20 多万册,这说明书籍传播在当时已经占据重要的地位。

古代阿拉伯人以文学形式进行信息传播,《一千零一夜》通过写实的笔法,讲述了中世纪埃及的市井生活,堪称古代埃及生活的百科全书。讲述故事的地方为"玛卡梅",即在众人聚集之处讲述文学。

14—15世纪,蒙古人占领阿拉伯半岛,抵抗住蒙古西进的埃及,显示了正处于衰落的阿拉伯帝国文明的最后辉煌。这个时期涌现了一批著作,包括百科全书《夜盲者的曙光》《名人传》《陆海奇珍》等,为世界文明注入了营养。

从1517年起,埃及成为以土耳其为中心的奥斯曼帝国的一个行省,文化传播逐渐走向衰落。18世纪末,埃及现代新闻传播开始萌芽。1798年,拿破仑率军入侵埃及,用携带的印刷机出版了法文《埃及信使报》和《埃及句报》,前者供法军传递消息、互通情报,后者用于研究埃及的经济、文化、历史和社会等问题。这是在埃及领土上出现的现代新闻性期刊。这2家期刊在1801年法军被迫撤走之后,继续出版了几年。

异国的入侵本意是为了攫取财富,无形中却给埃及人民带了现代文明之光,其中还包括现代新闻业的最初萌芽。1805年,奥斯曼帝国驻埃及军官穆罕默德·阿里被任命为埃及总督,实行了一些有利于资本主义发展的措施,引进科学技术,建立新型学校,促进阿拉伯文学的发展等。1827年阿里创办《总督报》,1828年该报更名为《埃及事件报》。该报初期是月报,采用土耳其文出版,后改为阿拉伯文出版。这种由官方出版的报纸主要发布官方新闻、政府通令和公告,但是也带有浓厚的阿拉伯文化传播的传统,即有较多的"讲故事"内容,例如刊登《一千零一夜》的故事。该报第一任主编拉法阿·布克·塔哈塔维是艾资哈尔大学的留法毕业生,精通法文、历史、地理和现代科学知识,翻译了大量西方科技书籍,故该报纸编辑部成为思想的聚集地。

1875年,黎巴嫩人塔克拉兄弟经国王批准在亚历山大创办了《金字塔杂志》,后出版周报《金字塔报》。该报模仿英美报纸,采用新闻文体,大量刊登广告,实行商业经营,自称以"积极发表政见,及时报道商情,摆脱宗教束缚,传播现代科学文化"为宗旨。1881年由周报改为日报,并迁至开罗出版,是埃及最早采用商业化经营的报纸。

1879年,埃及成立以阿拉比将军为首的第一个资产阶级政党——祖国党。同年出版了《祖国报》,积极宣传民族主义,打出了"埃及是埃及人的埃及"的口号。

1882年,英军占领埃及。民族独立运动领袖穆罕默德·阿布笃于1884年年初在巴黎建立了团结会,创办了《团结报》,为反对英国占领而大声疾呼。他在报上撰文表示:"英国不撤兵,埃及人民的斗争永不罢休!"

1889年,被誉为埃及新闻传播业奠基人的阿里·优素福创办了《坚强报》,埃及史籍称之为"当时最能代表埃及人民、最能忠实反映民意的日报"。1895年又出版了一份《埃及人报》,是一家大型的民族主义报纸,在埃及新闻史上占有重要位置。1892年建立的新月出版社,是埃及最古老的出版社。

1900年，在埃及民族运动中影响最大的报纸《旗帜报》诞生，用英语、法语和阿拉伯语出版，在阿拉伯世界广为流传，创办人是穆斯塔法·卡米尔，他同时创办了《旗帜》月刊。

1916年埃及正式脱离奥斯曼帝国，1922年建立君主立宪制的国家，这一时期的埃及新闻事业有所发展，陆续出现了一些新报刊。1924年创办于开罗的《图画》周刊，是一份政治性画报，刊登图片的同时发表新闻述评；1925年创办的《鲁兹·优素福》周刊，是一家艺术政治性刊物，也刊登一些社会新闻和漫画。1934年大众性周刊《最后一点钟》出版。1943年出版的《消息报》最为重要，由阿明兄弟创办，以大众化的形式，吸引了相当多的市民读者。

1952年，以纳吉布和纳赛尔为首的一批青年军官发动"七月革命"，推翻了最后一个立宪王朝的国王法鲁克，建立了埃及共和国，开始了埃及新闻史上的新历程。一方面陆续接管外商报纸，一方面创办新报刊，如1953年12月埃及革命指导委员会创办了机关报《共和国报》，后来的总统萨达特任第一任总编。

1960年5月，根据纳赛尔的社会主义纲领，埃及政府颁布报刊国有化法令，所有规模较大的报刊都收归国有，还将4个比较大的私人出版社——金字塔出版社、今日消息出版社、新月出版社和鲁兹·优素福出版社的所有权移交给已经拥有解放出版社的民族联盟。同时民族联盟成立董事会，享有对报纸发放许可证、提供经济资助和配备人员等许多权力。董事会由政府控制，从而达到控制舆论的目的。20世纪70年代，萨达特政权逐步放宽新闻政策，1974年宣布取消大部分新闻检查，1976年允许其他政党出现并允许党派出版报纸，1978年撤销文化情报部，1980年4月经公民投票通过了宪法修正案，规定新闻事业是行政、立法、司法之外的"第四权力机构"，5月这一立论被写进宪法修正案条款。7月10日通过了《埃及新闻法》，明确规定：新闻业是独立的人民的权力，它解释舆论的倾向，运用各种表达方式指导舆论，自由地行使自己为社会服务的使命；新闻工作者是独立的人士，他们在工作中不受非法律的权力的约束。《埃及新闻法》还规定，报业可以采取国家、政党、工会、团体和个人5种所有制形式，但是个人办报应采取合作社或股份公司的方式，而且个人股份不能超过一定的限额。

1981年穆巴拉克继任总统，继续推行新闻改革，减少对报业的行政干预。目前埃及的报业机构是以公营为主同时允许各种所有制并存的报业体系。在公营报刊中政府一般占有51％的股份。还有若干家反对党报刊存在，如进步联合党的《国民》周刊和新华夫脱党的《华夫脱》周报。

2. 三大日报

埃及的报刊在阿拉伯世界享誉甚高。目前有各种报刊241家，日报18家，主要用阿拉伯文出版，也有少数用英文和法文出版。现今的三大日报是《金字塔报》

《消息报》和《共和国报》。

《金字塔报》，非洲第一大报。1875 年黎巴嫩人塔克拉兄弟创办于亚历山大，最初是周报。该报多方争取读者，不断扩大销数，使舆论界耳目为之一新，一跃成为埃及民族资产阶级的喉舌，当时被誉为"埃及升起的一颗文明新星"。该报是第一家不受政府资助的报纸，采用商业化经营方式，模仿英美大报，刊登大事记、大量刊登广告等。1879 年，因揭露埃及封建王朝的腐败行为，一度遭封闭。1881 年复刊后改为日报，报纸风格维持不变。

20 世纪 50 年代初，该报为 1952 年的"7·23"革命进行了积极的舆论动员，此后几年中，远离现实纷扰，成为"一张死气沉沉的报纸"。1956 年至 1974 年，著名记者海卡尔任总编辑，他特别注意报纸的头版，强调"客观"报道新闻，避免"耸人听闻"和"煽情性报道"的做法，提高标题质量；加大国家新闻、科教、文化、体育、文艺的报道力度，为报纸提供更多的"深度报答"和分析文章；开辟"社论版对页"，加强读者和编者交流。海卡尔同纳赛尔关系密切，所以经常能获取一些独家新闻，而此恰恰是读者热衷阅读此报最根本的原因之所在。

海卡尔聘请埃及著名作家撰稿，为文化艺术版面增色很多；在伦敦、纽约、巴黎和主要阿拉伯城市派驻记者；建立了一个由专家、学者们组成的"战略研究中心"，为该报及时提供新闻报道背景材料和研究性文章；1963 年成立"金字塔报广告社"，20 世纪 60 年代末出版《金字塔经济学家》和《国际事务》等报刊；建立海外发行系统，从而使得该报成为一家国际性的阿拉伯文日报。1988 年，报纸曾被"世界报纸指南组织"评为最佳国际报纸。

该报现在采用阿拉伯文早、中、晚 3 次印刷出版，一般为对开 14 至 20 版，另外还辟有周末版。20 世纪 90 年代初每天发行 30 万至 50 万份，在伦敦出英文国际版，在纽约同时出版。

《消息报》，是埃及发行量最大的报纸，是 1943 年由孪生兄弟穆斯塔法·阿明和阿里·阿明在开罗创办的阿拉伯文报纸，最初就接受国王的资助，后又得到美国的津贴。该报模仿美国大众报纸的风格，经常刊登耸人听闻的消息和黄色新闻。

1960 年该报收归国有，仍是一张面向市民的大众化报纸，内容广泛，周六以《今日消息报》的名称出版，发行量高达百万份。与《金字塔报》相比，该报生动、通俗，正像一位编辑所说的那样，《消息报》要办成"像一位每天换一身新衣服的漂亮姑娘，她一走进房间就会吸引人们的目光。而《金字塔报》却像一个头戴高礼帽、身穿晨礼服、手执文明杖的老头"。

《共和国报》，是 1953 年由英国东方出版公司在开罗创办的阿拉伯文日报，1961 年改组为社会主义联盟机关报，反映政府观点，由前总统萨达特任总编，由解放出版社在开罗出版，每天对开十多张，发行三四十万份。

(二)广播电视和通讯社

1. 广播电视

埃及是阿拉伯世界广播电视的先驱,拥有该地区规模最大、影响最广的广播电视系统。开罗被视为阿拉伯世界的电影电视中心,素有"中东好莱坞"之称。

埃及的广播电视实行国营体制,主要用阿拉伯语播出,在节目播出的内容和形式上都很注重伊斯兰教的道德和礼仪。1995 年埃及有收音机 1645 万台,平均每千人 291 台;电视机 500 万台,平均每千人 89 台,居非洲各国前列。

20 世纪 20 年代埃及出现民间广播,主要集中在开罗一带。1928 年,埃及政府建立了第一座广播电台。1933 年,政府与英国马可尼公司签订了为期 10 年的协议,委托马可尼公司为埃及建立非商业性的广播体系,设备均由英国提供。1934 年 5 月 31 日,由马可尼公司建立的广播电台开播,到 1939 年埃及全国已有收音机 86477 台。1947 年政府将广播收归国有。

1959 年,纳赛尔发布总统令,对埃及广播的使命做了进一步的陈述,指出埃及广播应当为以下的目的服务:①提高艺术水准;②强化民族情感,加强社会合作,增进各社会集团之间的团结,维护公认的传统;③在群众中传播文化,讨论社会问题,加强精神和道德评价;④振兴阿拉伯文学、科学和艺术;⑤告知听众人类文明最优秀的成果;⑥使听众从国内外新闻中获得教益;⑦向国外听众介绍埃及和阿拉伯世界;⑧鼓励听众在不同领域发挥聪明才智和创造性;⑨加强本国公民和驻外侨民的联系;⑩提供娱乐。

由于纳赛尔将埃及广播的对象定义为全阿拉伯世界以及非洲和整个伊斯兰世界,所以埃及的广播超越了国界,面向尽可能多的邻国进行广播。这是埃及广播的一个突出特点。

1981 年 4 月,埃及广播电台以广播网的形式重新组合,按照节目播出内容将所有广播电台分为七大广播网:总广播网、地区广播网、《古兰经》广播网、文化广播网、阿拉伯之声广播网、传播广播网和对外广播网。

总广播网类似埃及广播总台,全天播出,节目充分代表政府观点。

地区广播网由 9 个地区性广播电台组成:亚历山大电台、人民电台、青年体育电台、大开罗电台、中部三角洲电台、上埃及北部电台、西奈北部电台、西奈南部电台和运河电台。中心设在开罗,每个台都拥有自己的节目。

《古兰经》广播网是为普及伊斯兰教育和价值观而设置的宗教广播网。

文化广播网为埃及中上层人士开办,以有针对性地满足高品位的文化和音乐需求。

阿拉伯之声广播网是对周边国家广播和进行国际广播的主要电台,全部节目用短波播出。

目前埃及使用"埃及国家广播电台"的呼声,用 32 种语言对世界各地进行广播。埃及对外广播的口号是:"人民间的和平、民族间的真诚友谊和所有人的自主与尊严。"除了对外广播网以外,总广播网、阿拉伯之声广播网也开办了国际广播。此外《古兰经》广播网、地方广播网和文化广播网中的部分广播电台也用短波进行对外广播。埃及的对外广播在向世界阐明埃及政府对国际事务的立场,向国外介绍埃及文化,宣传伊斯兰教教义,加强阿拉伯世界的团结,抵制西方的宣传影响,形成有利于埃及的国际舆论方面发挥了非凡影响力。埃及对外广播的播音时数和使用语种在全世界都名列前茅。

1960 年 7 月在开罗开播了电视节目,1974 年 8 月正式开办彩色电视。1990 年建立了区域性卫星广播网,通过阿拉伯通信卫星向中东各国提供埃及的电视节目,每天播出 16 个小时。1994 年开办了第二个卫星频道,覆盖欧洲大部分地区,用英语、德语、法语和俄语等播出。

埃及现有 2 家全国性的电视频道,在开罗、亚历山大、伊斯梅利亚等地开办了地方性电视台,20 世纪 90 年代初就形成了较为完整的电视覆盖网络。

2. 通讯社

在法鲁克王朝时期,英国人于 1946 年和 1948 年在苏丹首府喀土穆分别创办了苏丹新闻社和苏丹通讯社,名义上是英埃共管,实际上埃及对这两家通讯社并无主权。1956 年 2 月埃及第一家通讯社——中东通讯社成立。

中东通讯社(The Middle East News Agency,MENA),是埃及唯一的国家通讯社。该社于 1956 年 2 月由埃及 2 家日报和 2 家出版社筹资建成,1960 年收归国有。

该社宣传政府政策,用阿拉伯语、英语和法语发稿,每天共计发稿 10 万字左右,着重报道埃及、阿拉伯和不结盟国家事务。

中东通讯社在国内有 26 个分社;在伦敦、纽约、巴黎、华盛顿和伯恩等地设有 15 个分社和记者站,与路透社、法新社、合众国际社和美联社等订有接收新闻的合同,并为卡塔尔、塞浦路斯和马耳他通讯社转播,同新华社签订了互换新闻的合同。

(三)21 世纪后新闻传播业的基本格局

在广袤的阿拉伯世界中,埃及的新闻传播业较为发达。经过几十年的调整,目前报刊主要采用的是"公营+合作制"的混合体制,少量报刊是私营和党营。广播电视台和通讯社则是国营。成立于 1954 年的埃及新闻总署,是全国性的综合性新闻机构,也是国家公共关系机构、政治与新闻研究中心、信息银行以及最大的文化馆与出版社,每年出版约200万册新闻印刷品与新闻材料。该总著分别设有舆论调查研究中心、媒体生产记录中心、信息与研究部门以及互联网、国际与国内新闻部门等。

2011年发生"茉莉花革命",穆巴拉克辞职,埃及的新闻传播业在民主化的政治氛围中进一步开放,但新闻体制形式上并没有发生太大的变化。

据统计,埃及共有报纸492种,其中日报17种。报纸总数中,各类型数分别是:公营性质报纸39种、党报32种、独立报纸26种、地区性报纸37种、科学报纸123种、文化报纸22种、社会报纸67种、专业报纸128种、体育报纸18种。首都开罗出版的期刊约有70种。经政府负责部门同意,在埃及境内允许发行的境外报纸占183种,记者协会中的在职新闻工作者约5000人。

目前埃及新闻传播业的日常运作,包括广播电视的制作,基本采用商业经营模式。埃及新闻的大体格局是:5个较大的印刷媒介集团(含出版社)、1家国营大型通讯社和1个国营广播电视联合会。近年埃及还采用卫星频道进行规模化的传播,较有影响的数字化传媒机构包括埃及纳伊勒·萨特卫星公司、埃及CNE卫星频道公司、NCN尼罗河网络通信公司和埃及专有频道公司。

1. 印刷媒介集团

埃及的新闻类报刊集团是以"出版社"名义存在的报业托拉斯,通常以一两家大型报纸或杂志为核心,不仅出版非新闻类的杂志和大量书籍,还投资其他产业。这类出版社中较大的有以下5家:

金字塔出版社。该社主要出版《金字塔报》,它不仅是埃及第一大报纸,也是阿拉伯世界第一大报,一般被视为代表阿拉伯国家的主要媒介。其中在海卡尔和纳菲主持工作时期,该报获得长足进展。该报现在分为国内和国际2个版,国内版每天20多个版面,在全国拥有5500多处发行点。为了及时报道最新新闻时事,每天出版3次,发行量110万份。国际版在伦敦出版(后增设纽约印刷点),分别向欧洲和北美发行,每天14个版,通过卫星发往国外印刷点,总发行量近20万份,一些阿拉伯国家也订阅该报。它以消息及时、信息含量大、文字简短、标题醒目和内容广泛形成自身特征。该报在国内各省和国外11个大城市设有分支机构。

在和平时期,经济建设愈发成为新闻报道的主要方面。该社还出版《金字塔晚报》,采用阿拉伯文、英文和法文等文字出版10多种周刊杂志,内容涉及政治、经济、文化、社会、家庭、军事和体育等诸多领域。其中《金字塔经济学家》创刊于1959年,最初为月刊,1970年改为双月刊,1980年起调整为周刊,目前已逐渐成为很重要的经济新闻和经济学研究周刊。

今日消息出版社。该社主要出版《消息报》,尽管多次更换主持人,但该报的大众化风格没有发生根本变化,市民、学生和下层官员是其主要读者对象。现在每天20个版面,发行量60万份,是在开罗市内销量最大的报纸。周日该社则出版《今日消息报》,版面更多些,发行量超过100万份。老牌杂志《最后一点钟》周刊(发行量13万份)也隶属于该出版社。

解放出版社。该社主要出版《共和国报》,该报一般被认为代表左派人士的观点,注重社会新闻和知识性内容,发行量达40万份。埃及唯一的阿拉伯文《晚报》以及英文《埃及公报》、法文《埃及进步报》隶属于该出版社。后2家报纸于1960年被收归埃及国有。

鲁兹·优素福出版社。该社主要出版《鲁兹·优素福》周刊,是埃及权威的综合性周刊,拥有编辑记者120人,分为调查、新闻、经济、社会、文体5个部门,每期82页,发行量10万份。这家出版社还出版其他一些期刊,例如颇受青年人欢迎的《早安》杂志。

新月出版社。该社创办于1892年,是埃及历史最悠久的出版社。该社主要出版《图画》周刊,发行量8万份,除刊登重要的国内外新闻外,图片方面只采用本社记者拍摄的图片。该社还出版一些期刊,如妇女杂志《夏娃》、电影杂志《众星》和儿童杂志《米老鼠》等。

此外,埃及出版新闻类期刊的出版社还包括知识出版社、合作出版社等,相对来说,影响并不大。专门出版书籍的出版社包括达·阿尔-阿拉姆穆斯林世界出版公司,其业务范围遍布伊斯兰世界,在黎巴嫩、摩洛哥、印度尼西亚和马来西亚等国设有分公司。

埃及党派报刊在国内影响较为有限。

2. 通讯社

1960年,中东通讯社成为埃及国家级通讯社,在财力和人员配置方面均得到特别的支持,因其发展较快,被视为阿拉伯世界的通讯社,在联合国教科文组织的排名中居第11位。现有工作人员1200人,其中编辑记者已超过400人。该社在埃及国内各省份分布有通讯社网络,国外拥有40余家办事处。该社采用较先进的通信设备,1996年起通过3颗人造卫星传送服务,分别覆盖亚洲、东非的亚洲通信卫星,覆盖欧洲、地中海国家及北非的大西洋通信卫星,以及欧洲通信卫星,采用阿拉伯文、英文和法文3种文字发稿(包括电视新闻稿),平均每天25万字,在世界主要媒体上的落地率较高。

1997年6月,该通讯社在国际互联网上使用阿拉伯文、英文和法文3种语言建立官方网站。该社在国内各省和国外5个城市派有常驻记者,还出版一些专题性新闻刊物,例如英文和法文版《开罗报刊综览》、阿拉伯文和英文并用的《经济周刊》等。该社采用英文出版大量专题印刷品,同时该通讯社出版16种阿拉伯文专题报纸。

3. 广播电视

国营埃及广播电视联盟是埃及各广播电视台的最高机构,不仅是埃及政府的一个部门,同时也是经营机构。其经费来源主要有 3 个:国家拨款、广告费和销售广播电视节目的收入。该机构下属全国性的开罗广播电台、埃及电视台和埃及卫星电视台。

开罗广播电台是埃及全国性的广播电台,它共有 9 套广播网(或叫"电台")、115 个工作室,年总广播时间约 20 万小时。这些台包括阿拉伯语综合电台、古兰经电台、青年和教育电台、文化娱乐电台等。其中 1964 年建立的中东广播电台(现在称"传播广播网"),是政府开办的商业广播电台,以播出广告(特别是国外广告)和商业信息为主。对外广播台使用 38 种语言(其中非洲民族语言 13 种)向非洲、欧洲、美洲和亚洲播出,这是各国对外广播中使用非洲语言最多的广播电台。8 个新的专项广播开始通过位于开罗、亚历山大和吉尔达卡的调频波段播送节目。地方电台共有 9 个,其中最早和最大的是亚历山大电台。

埃及电视台现在有 2 套面向全国的电视节目、3 套面向首都开罗的节目和 4 套面向不同地区的节目。地方性电视台现在有 5 个,建于 20 世纪 80 年代末和 90 年代初。就频道而言,埃及的电视频道包括 2 个中央频道、6 个区域性频道、3 个主要卫星频道和多个专题频道。电视播放平均每天约 400 个小时,电视发射台总数为255 座。埃及电视节目中,除新闻类外,电影和电视剧较为丰富,题材多元化,现在每年还举办国际性的埃及电视节。

联盟开办的独立于政府的"开罗电视节目制作中心"是一个获利丰厚的企业,每年可为埃及电视台提供数千小时的电视节目,占所有节目的 7 成。除了这个制作中心外,埃及还有许多独立制片人。

1990 年,埃及开通了卫星电视节目,现在有 3 套卫星电视节目,即体育频道、电影频道和教育频道,覆盖了整个阿拉伯世界,以及欧洲、非洲和俄罗斯的部分地区。埃及第一人造卫星(尼罗河卫星 101)与第二人造卫星(尼罗河卫星 102)每颗发送 24 个压缩卫星频道,发送超过 180 个电视频道和 800 个广播频道。3 个主要卫星电视频道为:埃及卫星一频道,每天 24 小时播放,播送范围覆盖所有阿拉伯国家,非洲、欧洲和亚洲的绝大部分国家,并通过人造卫星"阿尔法斯塔"在美国和法国播出;埃及卫星二频道,每天 24 小时提供输入密码收看的特别节目,播送范围覆盖阿拉伯国家、非洲、欧洲及美洲;尼罗河国际频道,每天大约播放 20 小时,是第一个以英法双语播放节目的频道,覆盖整个阿拉伯国家和中东地区、北非部分地区、美国及所有欧洲国家。

第四节　发展中国家要求建立
世界新闻传播新秩序的斗争

第二次世界大战结束后，在民族自决的原则下，亚洲、非洲、拉丁美洲受压迫的各民族纷纷摆脱殖民统治而获得独立。这些新兴民族国家，并没有因为政治上的独立而完全摆脱对西方经济上的依附。在国际政治体系重要的一环——国际新闻传播秩序方面，上述发展中国家仍然受到来自西方发达国家的制约和影响，两者之间产生严重的不均衡、不合理和不公平的现象。自 20 世纪 60 年代末至 70 年代，发展中国家在争取建立世界经济新秩序的同时，也提出了建立世界新闻传播新秩序的要求。由此至今，建立世界新闻传播新秩序的斗争，一直是世界新闻事业发展和国际传播的重要议题。

一、世界新闻传播的不平衡状态

第二次世界大战后，100 多个亚非拉国家从殖民主义、帝国主义统治下获得解放，形成国际舞台上一支重要力量。由于少数西方发达国家凭借自身的经济优势和技术优势，几乎垄断了全球国际新闻报道和信息流通，因而导致了发达国家与广大发展中国家在新闻传播力量、新闻信息流量乃至新闻报道内容上出现不平衡、不合理和不公正的现象。

（一）传播力量的不平衡

1. 传播媒介分配不均

众所周知，西方少数发达国家凭借着雄厚的经济实力与发达的科学技术，建立了强大的新闻传播业，拥有数量众多的信息传播工具。与此相反，广大的发展中国家由于经济落后、人均受教育程度普遍较低和科学技术水平相对落后，新闻传播事业与基础设施相对薄弱，信息传播工具处于落后状态。

就报纸而言，联合国教科文组织 20 世纪 80 年代的材料显示，占世界人口 1/4 的发达国家拥有世界报纸发行量的 3/4，而占世界总人口 3/4 的发展中国家却只占报纸总发行量的 1/4。就广播电视而言，发达国家集中的欧洲和北美洲，广播发射机和电视发射机的数量分别占世界总数的 75％ 和 71％，而发展中国家集中的亚洲和非洲，仅占世界总数的 13％ 和 26％；另外，欧洲、北美洲分别占有世界收音机和电视机总数的 78% 和 82%,而亚洲和非洲仅占 15% 和 11%。几乎所有的发达国家都拥有通讯社,20 世纪 80 年代还有 40 多个发展中国家没有全国性的通讯社。

2. 新传播技术导致不平衡加剧

自 1957 年 10 月苏联成功发射了世界上第一颗人造卫星后,人类进入了卫星和宇航时代。1962 年 7 月 10 日,美国电话电报公司利用"电星 1 号"卫星,最早实现了美国与欧洲之间的图像信息传输,接下来 1963 年 11 月肯尼迪总统遇刺和 1969 年 7 月阿波罗飞船登月的实况转播,开创了"天涯若比邻"的新时代。尽管技术上实现了"天涯若比邻",然而这一新技术变革却拉大了发达国家与发展中国家之间的鸿沟。

首先,某些发达国家凭借着自身强大的经济实力和技术实力,企图在电波和网络空间构筑起新的霸权。冷战结束后,美国继续在国际舞台上打着一场"无硝烟的电子战争",凭借无处不在的传播工具从意识形态领域实施"和平演变"战略。

其次,传播工具的普及率及其先进程度决定着信息量的获取。新技术带来的不仅是交流的便捷,其实也带来巨大的信息不平衡。目前占世界总人口 20% 的发达国家拥有全世界信息量的 80%,而占世界人口 80% 的发展中国家仅拥有全世界信息量的 20%。广大发展中国家拥有的新闻传播力量,与它们在国际政治舞台上的地位以及在世界总人口中所占的比例,是极不匹配的。

(二)传播流向的不平衡

少数发达国家凭借自身的现代化的新闻传播媒介和技术设备,几乎垄断了世界新的采集和发布市场。来自发达国家的新闻信息源源不断地流向发展中国家,而发展中国家自身信息输出能力有限,其新闻信息很难进入世界信息池,更遑论被发达国家所接受和认可。所以国际市场上的新闻信息的流动基本上处于单向的状态,即由发达国家流向发展中国家。

据统计,西方四大通讯社美联社、合众国际社、路透社和法新社,控制了绝大多数发展中国家的新闻报道。发展中国家所接触的 80% 至 90% 的国际新闻,是由这四大通讯社提供的。此外,发达国家的广播电视节目也大量发射和渗透到发展中国家。早在 20 世纪 60 年代,美国就拥有一个以 38 个电视传播机和 200 多个无线电广播转播机组成的广播网。"美国之音"除了用 40 多种语言、每周向世界各地广播 1000 小时外,还向全世界 5000 多个电台提供节目。

目前世界新闻和精神产品的流通,基本上是以富国强国流向穷国弱国,这在很大程度上可以看出某些发达国家企图对广大的发展中国家进行文化输出的野心。

(三)传播内容的不平衡

世界新闻传播的不平衡,不仅仅是指数量上发达国家的新闻传播媒介多于广大发展中国家所拥有的媒介数量,尤其关键的是,发达国家的新闻传播机构都是根据自身需要而量身打造,根据自身新闻传播的实际需要传播新闻,难免会打上西方的政治观点和价值观念、文化传统的深刻烙印,甚至会戴上有色眼镜来理解、报道和传播有关发展中国家的相关新闻信息。故西方发达国家对发展中国家的报道内容难免会扭曲发展中国家在国际舞台上的形象、地位和影响,某种程度上损害了发展中国家的社会稳定和经济发展,阻碍了世界各国人民的相互了解和友好合作,也在根本上破坏了世界范围内自由采集与自由传播的现实基础。

所以,世界新闻传播在传播力量、传播流向和传播内容上的不平衡,在政治、经济、思想和文化等各个维度给发展中国家带来负面影响。广大的发展中国家也意识到问题的重要性,为捍卫宝贵的独立与争取经济自主,从 20 世纪 60 年代末 70 年代初就开始了为建立平等新闻传播秩序的斗争。这些国家或是在国际会议论坛上大声呼吁,或撰写文章痛陈利弊,或积极组建发展中国家传播机构的合作组织,强烈要求并致力于打破旧世界新闻传播秩序,建立起自由、平等、均衡与公正的世界新闻传播新秩序。

二、建立新秩序的论争历程

广大发展中国家要求建立新的世界新闻传播秩序的斗争,从其本身的演进轨迹来看,可以 1976 年为界,划分为 2 个阶段。

(一)论争的开始(1968—1976)

1968 年,在联合国教科文组织召开的"大众传播媒介和国际了解"讨论会上,首次提出了发达国家和发展中国家之间存在着新闻和信息传播的不均衡与不平等问题,认为必须从根本上改变这种状况。

1970 年,在联合国教科文组织第 16 届大会上,第一次明确提出了世界新闻传播新秩序的问题。与会者就新闻、信息传播不均衡和不平等等问题展开讨论,通过了反对利用新闻传播工具鼓动战争、宣传种族歧视和挑起国家间敌意行动的决议。大会还正式授权教科文组织协助各成员国制定大众传播方面的政策,从而揭开了建立世界新闻传播新秩序论争的序幕。

不结盟国家在这场斗争中起到了主力军的作用。1973 年 9 月,第 4 次不结盟国家和政府首脑会议讨论经济合作纲领时,也主动提出了新闻传播的问题。与会各国首脑认为,建立世界经济秩序,必须与建立世界新闻秩序密切地结合起来。会议指出,广大的发展中国家已沦为消极地接收情报的境地,因此必须加强各发展中国家的新闻事业。为促进这一进程,会议达成了相互交换新闻的决议。

1974 年,在联合国教科文组织第 18 届大会上,一些发展中国家代表与发达国家代表展开了激烈的交锋。前者认为,每个发展中国家都应该有权采取措施,保护自己不受不负责任的新闻传播工具之消极影响;后者则认为,发展中国家不应该有"限制新闻自由的倾向"。1975 年,在联合国教科文组织召开的政府间会议上,代表们又一次就新闻自由和政府及传播工具的责任问题展开了严肃的讨论。

1976 年 3 月,在突尼斯举行的不结盟国家交流问题讨论会上,第一次鲜明地提出了建立"国际新闻新秩序"的口号。同年 7 月,不结盟国家新闻部长会议在印度新德里举行,会议通过的宣言指出,"目前全球新闻信息流动的最大特征是严重的不充分和不均衡",并且正式倡议建立国际新闻传播的新秩序。同年 8 月,在科伦坡又举行了由 86 个国家参加的第 5 次不结盟国家和政府首脑会议。会议在《政治宣言》中郑重指出"在情报和大众传播领域建立国际新秩序同建立国际经济新秩序同等重要",从而明确把这场论争同争取政治、经济新秩序的斗争联系起来。

1976 年,联合国教科文组织召开了第 19 届大会。这次大会在世界新闻传播史上具有重要的意义。此次大会的重要成果之一,是指示教科文组织总干事根据技术的新发展以及近年来国际关系发展的深度和广度,研究当代社会在传播过程中存在的全部问题。基于此,总干事组织了一个由发达国家和发展中国家的 16 位学者、新闻工作者和前政府官员组成的"国际交流问题研究委员会",诺贝尔和列宁和平奖奖金获得者、爱尔兰学者肖恩·麦克布赖德担任委员会主席。

自此,有关建立国际新闻传播新秩序的论争,已进入一个全新的时期。

(二)论争的深入(1977—1987)

不难看出,第一阶段,广大发展中国家有关建立国际新秩序的论争,更多地停留在口头和书面的讨论上,而到第二个阶段,伴随着发达国家的反对、抵制渐趋激烈,发展中国家在理论和实践两个层面展开论争。

1978 年,联合国教科文组织第 20 届大会通过《关于大众传播工具为加强和平与国际了解,为促进人权以及为反对种族歧视、种族隔离和反对煽动战争做贡献的基本原则宣言》。此宣言经过 8 年的激辩,最终通过的是折中的宣言,因为民族独立国家要求把国家有权指导新闻工具作为宣言的前提,遭到了西方国家的强烈反对。宣言只是强调人类权利、新闻来源多样化、自由传播消息和记者获得新闻来源的权利。1979 年,在吉隆坡召开了另一次同样性质的会议,与会代表再次发出要求建立新闻新秩序的呼声。

1980 年,联合国教科文组织第 21 届大会讨论新闻交流和记者自由权利问题。"国际交流问题研究委员会"主席肖恩·麦克布赖德提出详细的调查报告《多种声音,一个世界:交流与社会、现状与展望》,这份报告以大量翔实的材料,论证世界新闻传播的确存在着不均衡、不平等的状况。报告认为,这种不平等的现象不仅来源于物质方面,它们还与控制、压力和依赖之类的主要问题有关。大会通过决议,决定制订国际交流发展计划,促进世界新闻交流新秩序的建立。

1981年,20多个发达国家的代表在法国召开会议,通过"塔鲁瓦宣言",重申"新闻自由"的重要性,抨击"国际交流问题研究委员会"主席的调查报告,指出这个报告含有默认,甚至是鼓励政府进行新闻检查的倾向。

1983年,联合国教科文组织召开了关于新闻传播问题的专家会议,其主题仍是自由与责任之争。发达国家代表标榜自己国家有新闻自由,指责发展中国家没有新闻自由。发展中国家代表则认为新闻自由与新闻工作者责任不可分离,不能片面地离开责任去孤立地、抽象地谈论新闻自由。同年,联合国教科文组织第22届大会讨论并制订了1985—1989年建立世界新闻新秩序的中期计划。这表明,发展中国家建立国际新闻新秩序的要求,在联合国范围内赢得了广泛的支持。

1983年年底,美国国务卿舒尔茨写信通知联合国教科文组织总干事姆博,美国将于1984年12月31日退出该组织。其理由是该组织在为一些成员国的政治目标服务,而没有履行其应该担负的使命。1985年,美国退出了联合国教科文组织,停止缴付费用,使该组织的费用减少1/4。同年年底,英国也退出了联合国教科文组织。美英两国纷纷退出,使得联合国教科文组织面临空前的财政危机,在一定程度上影响了建立国际新闻新秩序的进程。

发展中国家并未气馁退缩,论争仍在继续。惨烈的现实告诉人们,正如政治上的独立不能依靠发达国家的恩赐,建立世界新闻新秩序也只有靠发展中国家联合起来共同努力。1985年,联合国教科文组织第23届大会继续就传播权问题进行讨论。1987年6月,不结盟国家新闻部长会议在津巴布韦首都哈拉雷举行,120多个发展中国家的新闻部长出席会议。会议通过《哈拉雷宣言》,呼吁不结盟国家和其他发展中国家加强在新闻传播领域的合作,推动了建立世界新闻新秩序的进程。

综上,发展中国家要求建立世界新闻新秩序的斗争,从20世纪60年代绵延到80年代末,基本上沿着愈演愈烈的方向发展,其间发达国家与发展中国家虽互有妥协让步,双方且能在谈判桌边坐下来,但是由于这场斗争直接关系到两者的政治经济文化利益,所以双方其实很难在一些原则性根本性的问题上予以让步。若要实现发展中国家有关世界新闻新秩序的传播构想,这将是一场旷日持久的斗争。

三、新秩序的构想与所取得的成就

回首几十年的风雨历程,发展中国家通过各种途径,试图充分表达关于新的国际新闻新秩序的构想。与此同时,发达国家出于对自身政治经济利益的考量,利用一切机会和可能反击发展中国家的诉求和呼声。

（一）发展中国家有关新秩序的构想

发展中国家要求建立世界新闻传播新秩序，实际上是国际新秩序的组成部分，是国际新秩序在新闻传播领域的具体体现。国际新秩序的现实基础是和平共处五项原则。依据此原则，发展中国家提出了关于世界新闻传播新秩序的基本构想。

① 按照国与国之间和平共处、互不干涉内政的原则，从事国家新闻传播活动。国际信息交流的目的，在于增进各国的相互了解、友好与合作，反对国际新闻垄断，反对运用新闻媒介为侵略扩展服务。

② 新闻传播媒介在整个世界的分布应力求合理，不仅发达国家拥有强大的现代化的新闻传播体系的手段，而且大多数发展中国家也要建立和发展自己的新闻事业的基础结构，建立自己的新闻工作者队伍，提高各种接收工具的社会拥有量。

③ 实行平等互利、公平合理的新闻交换原则，逐步实现信息来源的多样化和信息流动的均衡化。

④ 坚持新闻传播的真实性原则，反对歪曲、造谣、诽谤，弃绝各种国家的、民族的、政治的、文化的偏见。

⑤ 强调新闻的积极作用，提倡"发展新闻学"。不仅报道突发事件，而且报道发展中国家经济、科技、文化等发展状况。发展中国家的新闻传播要以维护独立、促进发展、增进团结为己任。

⑥ 根据上述原则和目标，各国在平等基础上共同参加制定共同遵守的国家新闻法规。

总而言之，发展中国家理想的世界新闻传播新秩序，大体上具备以下特点：新闻来源的多样性，新闻应来自多种多样的而不是单一的消息渠道；新闻活动的制约性，新闻采写和发布应以尊重各国的主权、促进国家的发展为限；新闻流动的平衡性，新闻在两个区域之间的流动应是双向的，其流量应是大致相等，而不是单向和不均衡的；新闻报道的客观性，新闻报道必须全面、准确、可靠地提供给人们以客观世界的真实图像。

（二）论争所取得的成就

经过广大的发展中国家和国际进步新闻界的协同推进，这场论争取得了一些积极成果。主要表现在以下几方面：

① 国际社会已初步接受了国际新闻传播新秩序的原则，并且为此做出了承诺。1978 年第 33 届联合国大会通过的第 115 号决议就曾表示：需要在新闻自由流通以及更广泛和更均衡地传播新闻的基础上，为加强和平和国际谅解而建立新的、更公正和更均衡的世界新闻和传播秩序，决定成立联合国新闻政策和活动审查委员会来处理这方面的问题。联合国教科文组织就这一问题作过多次决议，并采取

了某些具体措施。另外,针对广播电视越境传播带来的问题,联合国组织也有过干预。1982 年 11 月,联合国大会曾以多数票通过决议,规定直播卫星的信号未经对象国同意不得越境传播,以维护对象国的主权。

② 发展中国家已经行动起来,一方面加强管理,切实维护自身在新闻传播领域的主权,抵御外来新闻传播的不良影响;另一方面采取措施,加快发展本国新闻传播业,以便增强实力,更好地为本国的建设和发展服务。有些国家(如新加坡、马来西亚等)多次对外国记者的不实报道、诽谤攻击采取行政或法律制裁。有些国家(如新加坡、印尼、伊朗、沙特阿拉伯、卡塔尔等)为抵制国际电视的任意传播,采取了禁止进口、销售和使用卫星接收天线的政策。另外有更多的国家则将外来电视纳入本国的有线电视网络,只有经过审核和过滤的节目才能进入本国的传播流程。至 20 世纪 90 年代,绝大多数国家已建立或加强了自己的新闻通讯社,广播电视也有了迅速发展,特别是拉美、东南亚和中东等地区的国家,普及率已大为提高,东南亚国家几乎都办起了国际电视,提高了自身在国际传播中的地位。

③ 发展中国家开展了卓有成效的国际合作和地区性合作,建立了一批地区性的通讯社和广播电视组织。其中通讯社组织主要有以下几个:

一是不结盟国家通讯社。不结盟国家通讯社于 1975 年 1 月 25 日在南斯拉夫首都贝尔格莱德创立。该联盟的宗旨是:改进和扩大不结盟国家的新闻交换和相互合作;客观报道不结盟国家的政治、经济和文化成就,加强不结盟国家相互合作和共同利益事实的新闻报道;纠正对不结盟国家及其政策的歪曲报道。1985 年,参加该联盟的通讯社达 93 个。

二是加勒比通讯社。加勒比通讯社于 1975 年 7 月 7 日由加勒比共同体创办。创办此社的目的,是促进共同体社会、经济和文化的发展。特别是帮助那些迄今尚无有效新闻传播业的共同体成员。该社创办后,逐步接管了路透社巴巴多斯分社;1976 年后,演变成一个独立的区域性通讯社,其总部设在巴巴多斯首都布里奇顿。

三是石油输出国组织联合通讯社。石油输出国组织联合通讯社于 1980 年 11 月在石油输出国组织的总部维也纳成立。每天向 70 多个国家的订户播发有关能源及其前景的新闻报道。

四是亚洲太平洋新闻交换网。该交换网由亚洲太平洋通讯社组织组建,1982 年 1 月 1 日开始工作。它拥有 20 多个国家成员,建立新闻交换网的目的是使亚太地区的通讯社能相互交换新闻,逐步摆脱西方跨国通讯社对该地区的新闻控制。我国新华社已加入该组织。

五是泛非通讯社。泛非通讯社 1983 年 5 月 25 日成立于达喀尔,由非洲统一组织筹建,该社播发的新闻由非洲记者根据非洲的观点在非洲编写。目的在于纠正被外国通讯社的一系列片面的消极的消息所歪曲的非洲、非洲国家及其人民的形象。该社的成立是为了便利成员国之间交换新闻，并为建立和发展各国国家通讯社做出贡献。

六是拉美特稿社（也称拉丁美洲特种新闻社）。1983 年 10 月 10 日在墨西哥城成立。由 9 个拉美和加勒比海地区国家共同组建。该社试图以自己的、拉丁主义的和不带政治偏见的观点，来报道拉丁美洲的发展成就、地区一体化问题，以增进各国之间的相互了解。

除了上述区域性通讯社组织外，亚非拉各洲和阿拉伯地区还成立了一些区域性广播联盟，如亚洲太平洋广播联盟、非洲广播电视组织联盟、阿拉伯国家广播联盟和泛美广播人协会等。不结盟国家成立了不结盟国家广播组织。一些海湾国家开办了电视联播节目。所有这些都是发展中国家为建立世界新闻新秩序而采取的实际行动。这些举措对于打破西方发达国家新闻媒介对国际新闻的控制和垄断，促进发展中国家新闻事业的发展，无疑具有重要意义。

（三）论争的实质

当今发展中国家争取建立国际新闻传播新秩序的论争，实质在于：反对国际新闻垄断与控制，反对文化侵略与渗透，维护国家主权与独立，维护民族传统文化，保障经济发展与社会进步。在某种意义上说，它是第二次世界大战后国际非殖民地运动即反帝、反殖民斗争的继续和深入，是广大发展中国家在政治、经济领域反对少数西方控制斗争的继续和深入。因此论争的进程必将是长期的、复杂的、曲折的。

尽管发展中国家建立国际新闻传播新秩序的主张，在联合国范围内得到广泛的认同，一些发达国家也表示接受，并向发展中国家提供物质和技术上的援助，但大多数发达国家只是在策略上表示认可，其目的不过是缓和斗争的压力，实际上仍持反对态度。论争一旦触及其根本利益，发达国家就会断然拒绝。美英退出联合国教科文组织便是明证。

西方发达国家的技术优势在短期内不会丧失，其新闻信息的传播已经完全现代化。而发展中国家在技术上落后几十年甚至上百年，这个差距不可能在短期内消除，并直接制约着发展中国家新闻传播业的进步。

发展中国家在经济发展战略以及意识形态等方面存在许多差异，论争的态度和要求也不尽相同，这就容易被发达国家乘机利用。

这场论争的结局，最终还是取决于发展中国家的经济实力与发展速度。只要发展中国家的人均国民生产总值没有大幅度提高，经济未能翻身，建立国际新闻传播新秩序就只能是个梦想。

总之，关于建立世界新闻传播新秩序的论争，是一个长期、复杂的话题。要实现发展中国家的奋斗目标,固然需要西方国家的援助,但绝不能把全部希望寄托在西方发达国家的良心发现上,关键在于发展中国家要发展教育、发展经济,不断增强经济实力,不断提高国民平均受教育水平,这样才能逐步建立起完善的且与本国政治经济利益相适应的新闻传播体系。

立足于今天互联网时代,这个思路或是切实可行的,但要实现发展中国家关于建立世界新闻传播新秩序的理想,要实现论争的理想目标,广大的发展中国家前路漫漫,道阻且长。

思考与练习

1. 简述印度早期英文报刊的发展。

2. 简述印度早期印地语报刊的发展。

3. 简述"圣雄"甘地社会活动与报业实践之间的关联。

4. 简述 20 世纪后期印度报业发展的特点。

5. 简述 20 世纪印度通讯社发展概况。

6. 简述 20 世纪印度广播电视发展概况。

7. 查阅资料,了解印度新媒体发展的基本现状以及背后的动因。

8. 简述印度尼西亚 20 世纪新闻传播发展概况。

9. 简述巴西 19 世纪新闻传播发展概况。

10. 查阅资料,了解巴西新媒体发展的基本走向以及自身特色。

11. 简述墨西哥早期新闻传播所呈现出来的特点。

12. 查阅资料,了解墨西哥新媒体发展的基本现状以及自身特色。

13. 简述埃及古代新闻传播的概况。

14. 查阅资料,了解埃及新媒体发展的基本现状以及自身特色。

15. 建立新的世界新闻传播秩序的论争缘起是什么? 这场论争的实质是什么?

16. 为建立世界新闻传播新秩序,发展中国家提出了哪些基本构想?

17. 截至 21 世纪 20 年代末期,这场关于建立国际新闻传播新秩序的论争已经取得了哪些初步成果,其未来的前景如何?

18. 查阅有关世界新闻传播新秩序的资料,相较于发达国家的新闻传播事业的发展,谈谈在未来国际舞台和国际传播体系中,发展中国家应如何塑造自我身份认同以及在挖掘和传承本国文化的多样性过程中所应扮演的角色。

第七章

通讯社发展历史与现状

本章学习要点

新闻通讯社是专门搜集和提供新闻稿件、图片和资料的传播机构。通讯社的出现标志着新闻业的发展进入一个新的时代。通讯社的出现把整个世界联成一体，并成为新闻流通的重要渠道，被称为"消息的总汇"，进而成为新闻传播的中枢部门。

通讯社的出现与发展是工业革命的产物。工业革命带来经济飞速发展，加速世界市场形成，技术进步尤其是电讯事业兴起为通讯社发展提供了物质条件，早期通讯社在19世纪中期陆续出现。

通讯社一般分为世界性国际通讯社和国内性国家通讯社两大类型。随着国际关系的调整和各国在国际社会的影响及地位的变化，各类通讯社也在不断演变着。

通过本章的学习，应重点掌握通讯社的功能和产生的背景，了解早期各国通讯社创业的经历，了解"三社四边协定"的内容及通讯社的演变，熟悉通讯社在当今各国的发展状况及世界上有代表性的通讯社机构。

第一节　通讯社的特点与产生背景

在世界新闻发展史上,通讯社的出现标志着一个新时代的到来。此前,几乎所有新闻媒介如报纸、杂志等,在传播内容上都是自给自足。随着生活范围的扩张、世界市场的形成及社会生活的日益复杂化,仅凭报社内的力量远不能满足全面报道世界变化的要求。于是经济领域的专业分工形式扩展到了新闻界,一种专为报刊媒介提供稿件服务的通讯社诞生了。这种新式新闻企业最初出现于经济发达的欧洲,继而出现于整个世界,从而把世界新闻事业推向一个更高层次。

一、通讯社的特点

新闻通讯社是专门搜集和供应新闻稿件、图片和资料的新闻发布机构,又称电讯社。它是新闻流通的重要渠道,是各种新闻媒介(报刊、广播、电视)及其他用户重要的新闻来源,人们常常称之为"消息的总汇"。

新闻通讯社向人们传播新闻的方式有两种:一是间接传播,新闻通讯社供应给报刊、广播、电视等媒体的新闻,经采用后再向广大公众传播;二是直接传播,新闻通讯社直接向订户(个人或团体)传送文字、图片或其他信息资料。新闻通讯社在新闻事业中有着重要地位:一方面它同时向许多媒体和订户发稿,因而影响广泛;另一方面它往往得新闻之先,是许多媒体的新闻来源,因而也有着引导舆论的重大作用。在某些国家,通讯社还承担着发布官方文件以及阐述官方政策和意见的任务。

通讯社有别于报刊及其他新闻媒介的根本特点,在于它实际上是一个大规模的消息批发商,或者说是内容供应商。作为新闻传播专业化分工协作的产物,它为各种新闻发布机构提供新闻内容,通过其专业服务延伸了报刊等新闻媒介的新闻搜集手段,从而在更大的程度上满足了人类的信息需求。

与报刊诸媒介不同之处还在于,通讯社大多不直接与广大的新闻受众发生联系。它与受众的关系是通过报刊、广播、电视来维系的,这是一种间接关系。广播电视的服务对象是新闻受众和广告客户,如果说这些服务对象的态度决定着前者的兴衰存亡,那么决定通讯社兴废的,在直观的意义上,则不是受众、广告客户,而是报刊等新闻媒介。

从历史上看,通讯社的出现及其发展,对其他新闻媒介的影响是巨大而深刻的。它改变了新闻媒介单个存在所呈现出的丰富多彩的个性结构,使得它所服务范围内的所有媒介的传播内容实现了标准化、一体化,强化了各种新闻媒介的共同特征。

二、通讯社出现的背景

通讯社的出现是近代工业革命、近代报业发展的必然结果。在 19 世纪中期,欧美发达的资本主义经济已经为通讯社的诞生准备了历史条件。

首先,世界市场形成。工业革命的进展,促成了欧美各国经济、金融、贸易的国际化,其他落后的地区,如亚、非、拉的一些国家和地区已相继沦为殖民地半殖民地,从而被卷进空前庞大的世界经济体系,形成统一的世界市场。世界市场的形成,密切了各大洲、各地区、各国家之间的政治经济联系,地球的空间距离已大大地缩短。各地区彼此了解对方的新情况、新变动,已成现实生活的重大需要。而此时,近代报业虽然有了很大的发展,但是离满足人们的这一需要还有很大的差距。最明显的,莫过于报道内容多囿于本国的范围,本地之外新闻虽有诱惑力,但现有报刊却无力及时搜集。时代要求出现一种能跨国界搜集新闻的新式企业。

其次,通信技术革命。工业革命前,人类信息的传递主要是通过马车、帆船、信鸽、烽火等。这些手段的技术性质,决定了传播速度的迟缓和传播范围的狭窄。19世纪初,工业革命促成了交通事业的革命性变化,汽船代替了帆船,火车取代了马车,尤其重要的是有线电报的发明及其实用化。1832 年,德国人韦伯和高斯制造出世界上第一台电报机。1839 年,英国人惠斯通架起世界上第一条商业电报线。1844 年,美国人莫尔斯发明莫尔斯电码,从而使得电报能够以一种超越民族特点的语言来沟通人们的思想与情感。1850 年,第一条海底电缆把英国与欧洲大陆联结起来。1866 年,海底电缆把北美洲与欧洲大陆联结起来了。电报的实用化,大大地提高了新闻的传播时效,在一定程度上实现了全球范围信息资源的同时共享。四通八达的电报线路,事实上又构成了地球作为一个有机体的神经网络,这正是通讯社得以出现的物质技术前提。

最后,近代报业发展。近代报业的初步发展,为通讯社提供了为数众多的消息客户。18 世纪末 19 世纪初,欧美大陆主要国家已相继完成了资产阶级革命,新兴的资产阶级报刊大量涌现。此后的工业革命,一方面培养出大量有文化的产业工人,直接导致城市人口膨胀,为报刊的发展准备了大量潜在的读者;另一方面,作为工业革命的成果,印刷行业也有突破性进展,蒸汽动力取代手摇机械,轮转机代替平版机,使得短时间内报刊的大量印刷发行成为可能。这样,在 19 世纪 30 年代,又出现为数众多的面向大众的"廉价报纸",它们发行量大、广告收入多、经济实力雄厚。这些通俗报纸和其他面向上流社会的报纸,由于对于新闻的多样化需求而自然地成为近代通讯社的首批客户。

第二节　首批新闻通讯社的诞生与竞争

一、四大通讯社的创立

通讯社的出现,是近代工业革命、近代报业发展的必然结果。

首先是工业革命的进展,促成统一的世界市场形成。世界市场的形成,密切了各大洲、地区与国家之间的政治、经济联系。因此,彼此了解对方的新情况、新变动,成为当时现实生活的重大需要。而此时,近代报业虽然有了很大的发展,但是离满足人们的这一需要还有很大的差距。最明显的,莫过于报道内容多囿于本国的范围。它国、它洲的新闻虽有诱惑力,各国报刊却无力及时搜集,时代迫切要求出现一种能跨国界搜集新闻的新式企业。于是,首批新闻通讯社便应运而生。

首批创建的新闻通讯社主要有 4 家:法国的哈瓦斯社、德国的沃尔夫社、英国的路透社和美国的纽约港口新闻社。它们历史悠久、发行量遥遥领先于其他的通讯社,所以被称为通讯社里的四大巨头。

一般来说,哈瓦斯社和港口新闻社初建时就注重采集和报道新闻,向报社供稿;而沃尔夫社和路透社开始时侧重收集金融和商业信息,为工商银行界服务,以后才逐步转向报界。

(一)哈瓦斯通讯社的问世

1835 年在巴黎问世的哈瓦斯通讯社,是世界上第一个取得成功的新闻通讯社。

哈瓦斯社的创办人为夏尔·哈瓦斯。他原先是个银行家,并在拿破仑特许经营的《法兰西报》中拥有股份,以后由于拿破仑政权垮台而陷于困境。1825 年起,他凭借自己的外文特长从事经售新闻的行当,把外国报刊上的消息和资料译成法文,出售给报社或商界订户。1832 年 8 月,哈瓦斯设立了编译事务所,专门经营翻译外报新闻的业务,并且兼并了同类的机构加尼埃通讯供应社。随后他便在欧洲各大城市物色通讯员,逐步建立起自己的新闻采集网,各地的消息经邮局或专人送到巴黎,编译后分送各订户。1835 年 12 月正式成立了哈瓦斯通讯社,他是第一个把 Agence 这个词用于通讯社的人。

哈瓦斯通讯社初办时的新闻稿是复写或用石印印行的,每日一份,后来增加到每日数份,自称为"报纸的报纸"。他的供稿原则是"迅速和优质",为此,随着科技的进步,他不断改进传递新闻的方式:初期曾依靠快马传送;1837 年开始使用信鸽,这样,比利时或英国早报上的新闻,巴黎的晚报就可刊出,从而使巴黎几十家报纸以及许多机关、公司和个人,陆续成了他的订户。巴尔扎克 1840 年曾经写道:"一般人都认为巴黎有好多家报纸,但是严格说全巴黎只有一家报纸,那就是曾在卢梭大街上开过银行的哈瓦斯先生经营的'哈瓦斯通讯社'编发的新闻稿。"可见哈瓦斯通讯社当时的影响之大。

1845 年,该社在国内线上开始用电报传送新闻,同时又在布鲁塞尔、罗马、维也纳、马德里以及纽约等地设立分社。1848 年的二月革命使巴黎报业呈现出繁荣景象,哈瓦斯社的业务也更兴旺。就在这一年,年轻的德国人沃尔夫、路透先后到这里来当译员,不久又先后离去,分别办起了自己的通讯社,成了哈瓦斯的竞争对手。进入 19 世纪 50 年代后,哈瓦斯通讯社已经普遍使用电报向法国各地及欧洲许多城市的报纸供稿。70 年代,该社通过海底电缆把新闻业务扩展到了拉丁美洲。

哈瓦斯通讯社的业务后来逐渐和广告联系起来。1857 年它和通用广告社合作,与 200 家地方报纸订立合同,用国内外新闻稿交换一定的广告版面,然后把这些版面卖给广告客户。这样,通讯与广告互相支持,极大地促进了业务的发展。

从 1850 年起,年迈的哈瓦斯将社务交给了儿子奥格斯特。1873、1874 年奥格斯特及其兄弟相继去世。至 1879 年,该社由巴黎的银行家爱兰奇接办,并改组为股份有限公司。

夏尔·哈瓦斯　　　　　　　　哈瓦斯通讯社标志

(二)沃尔夫通讯社的建立

沃尔夫通讯社 1849 年建立于柏林,以它的创办人贝纳德·沃尔夫命名,因此他成为德国新闻通讯业的始祖。通讯社于 1933 年停办。

创办人贝纳德·沃尔夫是柏林一个银行家的儿子,1848 年曾来到巴黎,在哈瓦斯社当过译员;同年回到柏林,创办《国家日报》。1849 年,从柏林到边境城市亚琛的电报线开通,他便建立沃尔夫通讯社,利用电报收集和发布股票行情与经济信息,给报社筹集经费。

沃尔夫社创建后业务发展顺利,1855 年起逐步增发政治新闻和其他非经济信息,成为德国报刊重要的新闻供应者。在国外,它同哈瓦斯社和路透社有协作也有对抗。它在政治上同普鲁士政府关系密切,处处为政府的内外政策服务。

19 世纪 60 年代,哈瓦斯通讯社、沃尔夫通讯社和路透通讯社分别在法国、德国、英国政府的支持下,发展成为国际性通讯社。它们竭力扩大和争夺市场,到 60 年代末基本上把世界新闻通讯市场分割完毕。

1865 年,俾斯麦将沃尔夫通讯社置于政府控制之下,并改组为股份公司。以后俾斯麦统一德国,并且妄图称霸欧洲,于是沃尔夫社同哈瓦斯社、路透社的关系也日趋紧张。1875 年该社在政府支持下扩建为大陆电报公司,不过习惯上仍沿用沃尔夫的名称。1875 年后,沃尔夫通讯社由于接受国家的津贴而成为半官方通讯社。

(三)路透社的创办

路透社 1851 年正式创办于英国伦敦,并以此为基地发展为世界性的通讯社。

路透社的创办人保罗·朱利叶斯·路透早年当过银行职员,与人合伙开过书店。1848 年到巴黎谋生,曾在哈瓦斯社当过短期的译员。当他返回德国时,巴黎至布鲁塞尔、柏林至亚琛已分别架设了电报线,哈瓦斯社和沃尔夫社各据一端,经营新闻业务。鉴于亚琛和布鲁塞尔之间尚无电报可通,路透便于 1850 年在亚琛建立办事处,运用火车、马车、信鸽等手段沟通两地信息。一方面,他收集由柏林这条线传来的金融信息、商业行情,汇编以后在亚琛地区出售并传送给布鲁塞尔的订户;另一方面又从布鲁塞尔收集巴黎这条线传来的信息,转送去柏林。1850 年年底,亚琛和布鲁塞尔之间电线接通,路透办事处的中转站作用随之消失。这时,路透获悉联结英伦三岛和欧洲大陆的海底电缆即将铺设完成,于是就转移到伦敦营业。1851 年 10 月,他在金融街皇家交易所租借了 2 间房间重设"路透办事处",工作人员除了路透夫妇外,还有一名 12 岁的少年。

路透社初期的业务主要是把欧洲大陆传来的金融消息汇编成手抄的"路透社快讯",向银行、公司、交易所、股票商出售。随后路透又利用种种关系在巴黎、柏林、维也纳、阿姆斯特丹、雅典等商业中心建立了通讯网络和"快讯"销售网,并且逐步增加了与经济形势息息相关的军事、政治、外交消息的报道,业务十分兴旺,几年下来就在国内外经济界建立了良好的形象。

但是路透社直到1858年,也就是建社7年之后,才把业务扩展到报界。因为伦敦各报当时只信任自己的记者采写的消息。1858年10月,路透说服了《广告晨报》的总编,让他免费试用路透社快讯2个星期,接着又和其他几家报纸达成了同样的协议。由于路透社的报道迅速准确、价格便宜,各报试用后陆续同该社签订了订稿合同,后来连一向保守自负的《泰晤士报》也不得不接受路透社稿件了。

路透社在取得报业支持以后,便积极扩展海外业务,并且常常以富有时效的独家新闻在同行竞争中取胜。1859年法奥关系日趋恶化,整个欧洲都在密切关注着事态的发展,路透社记者事先弄到了拿破仑三世在即将举行的国会上的演说词,当演说开始时就通过电报线路向英国传送,从而第一个向世界传播了法国有可能对奥宣战的信息。美国南北战争期间,路透社一次又一次抢在其他新闻单位之前发布了战况消息,1865年4月又比欧洲所有新闻媒介提前2天报道了林肯遇刺的噩耗。这些都给路透社提高了声誉。19世纪六七十年代,路透社沿着当年大英帝国向外扩张的路线,逐步开辟中近东和远东的通信市场。1865年路透办事处改为路透电报公司,兴建经由德、俄、伊朗通往印度的电报专线,同时经营电报和通信业务。1866年建立了孟买分社。1870—1872年线路延伸到上海、长崎、横滨,沿途逐一设立分社。1873年、1874年,路透社又把业务扩展到了大洋洲和南美。19世纪后期它已成了声名显赫的通信王国。

路透本人于1857年加入英国籍,1871年受封为英国男爵,1899年去世。他毕生为大英帝国的霸业传播信息、鸣锣开道,立下了汗马功劳。

路透社美洲总部大楼

保罗·朱利叶斯·路透

(四)从港口新闻社到美联社

在大西洋海底电缆铺设之前,美国报纸的国外新闻一般由外洋轮船带来。为了协调对外轮的采访活动、减轻费用负担,1848 年 5 月纽约《太阳报》等 6 家报纸成立了联合采访机构。1849 年 1 月正式组成港口新闻社,规定 6 家报社共同负担经费,租用快艇向进入纽约和波士顿港的外轮采集新闻,并用专线发回纽约。1851年《纽约时报》创刊后加入为第七个成员。1857 年,港口新闻社和当地另一家成立于 1850 年的"电讯与一般新闻社"合并,组成纽约联合新闻社,并把业务扩展到国内其他地方的报社,参加的成员不断增多;对外则同路透、哈瓦斯、沃尔夫三大通讯社建立联系,交换新闻。纽约联合新闻社在向内地成员报社供应新闻时,往往采用集体签约的办法以减少电报费用,这就促使内地成员报社联合起来,陆续组成了西部、南部、新英格兰等地区性联合新闻社,作为纽约联合新闻社的附属机构。这些地区性新闻社和纽约总部在新闻供应上和收费问题上常有摩擦。纽约本地成员之间也有矛盾,至 1882 年有些成员甚至退出该社,另组一个名为合众社的新社(并非20 世纪那个合众社),致使总部机构四分五裂,无法开展正常的业务活动。

1892 年,位于芝加哥的西部联合新网社宣布成立独立的公司,取名为美国联合通讯社,推举梅尔维尔·斯通为总经理,并且重新同欧洲三大通讯社签订了交换新闻的合同,这就在实际上取代了已经陷于瘫痪的纽约联合新闻社。至 1895 年,美国联合通讯社的成员和订户达到 700 家,东部地区和纽约的报纸大多也陆续加入了美联社。1900 年,美联社再次改组,将总部迁到纽约,进一步确立了作为全国性通讯社的地位。新的章程明确规定自己为合作性质的组织,由编辑部负责新闻的编发交流,费用由全体成员分担。斯通仍任总经理(直至 1921 年),掌管编辑部,他是美联社的重要奠基人。

二、其他通讯社的兴办

19 世纪后期,世界各地陆续兴办了一些新闻通讯社,但是它们的活动范围一般都在国内。

其中较早的为斯蒂法尼通讯社,建立于 1853 年,为新闻记者利尔摩·斯蒂法尼在撒丁王国首相赞助下在都灵创办的。1861 年意大利统一,该社扩大为股份公司。1881 年,斯蒂法尼通讯社的总部迁往罗马。该社专门采访国内新闻,国际新闻则转发哈瓦斯社的稿件。

随后在欧洲出现的还有:奥地利国家电讯局(1860)、丹麦通讯社(1866)、西班牙法布拉通讯社(1867)、挪威通讯社(1867)、瑞典电讯社(1867)、英国报联社(1868)、英国交换电讯社(1872)、法国富尔尼埃通讯社(1879)、匈牙利通讯社

(1881)、西班牙门契塔通讯社(1882)、芬兰通讯社(1887)、瑞士通讯社(1894)、俄国通讯社(1894),以及德国几家较小的通讯社。它们大都同哈瓦斯社、路透社、沃尔夫社三者之一订立协议,以获得国际新闻。

日本在19世纪末出现过好几个小通讯社,但存在时间不长。其中时事通讯社(1888)、新闻用达会社(1890)后来合并成帝国通讯社(1892)。大洋洲的新西兰在1879年成立了报联社,拉丁美洲的阿根廷在1900年成立了新闻通讯社。这些也都是国内通讯社。

三、早期的竞争和垄断

欧洲三大通讯社哈瓦斯社、路透社和沃尔夫社,分别属于资本主义世界三个举足轻重的国家。它们在走向国际性通讯社的过程中,既有激烈的竞争和冲突,又有暂时的妥协和合作,而这种冲突和妥协又往往是同这几个国家在政治经济上的冲突和妥协交织在一起的。

从19世纪50年代起,3家通讯社就有过一些交换股票行情的双边协定。1859年达成协议,相互交换新闻,并大致规定各以本国为发行新闻的范围,互不侵犯。可是后来它们的业务日益越过国界,而且同殖民扩张的进程相联系,经过十来年的激烈争夺,把世界新闻市场基本分割完毕。为了确认既成事实和各自的垄断范围,1870年1月17日,它们签订了"联环同盟"协定。该协定以三大通讯社为主,美国的纽约联合新闻社虽然也参加,但不能插足美国以外的地区,所以通常称之为"三社四边协定"。

这个协定确定了各社采访和发布新闻的范围,并规定互换所采集到的新闻。具体划分如下:

哈瓦斯社负责法国、瑞士、意大利、西班牙、葡萄牙、埃及(同路透社共享)、中美洲、南美洲。

路透社负责大英帝国、埃及(同哈瓦斯社共享)、土耳其、远东。

沃尔夫社负责德国、奥地利、荷兰、斯堪的纳维亚、俄国和巴尔干各国。

纽约联合新闻社负责美国。其采集的新闻经由伦敦供给欧洲三社,欧洲三社发往美国的消息也只供给该社。

这样划分后,欧洲三大通讯社又把各自势力范围内的国内通讯社纳入自己的体系,有的国内通讯社还在组织上从属于它们。

但是这种垄断协定并没有消除彼此间的竞争,相互之间的明争暗斗仍在继续。协定签订后不久,普法战争爆发,普鲁士获胜并统一了德国。哈瓦斯社和沃尔夫社因两国关系紧张而不能顺利地交换新闻,于是路透社成了它们的中介。路透社还时而同哈瓦斯社合办某些业务,时而同沃尔夫社秘密结盟,从中渔利。1892年,美联社取代纽约联合新闻社后,重新与三大通讯社缔约,取得了向加拿大、墨西哥、中美洲等地发展的自由,但在这些地区并没有专利。

总起来看,新闻通讯社从诞生时起就同本国资产阶级的政治经济需要紧密相关。通讯社对贸易和商业的进一步打开局面,把世界大大地缩小,起到了它独有的突出的作用。但同时,由于当时是殖民主义的全盛时期,通讯社助长了殖民国家的利益,帮助维持了当时的政治和经济秩序,并且扩大了宗主国的商业和政治利益。它们本身的业务又随着本国殖民扩张的进展而延伸,它们的地位也随着本国实力的消长而降升。这是几家主要通讯社早期活动的基本特点[①]。

第三节　新闻通讯社的发展与变化

进入 20 世纪后,世界政治经济形势发生了重大变化,两次世界大战相继爆发,新闻通讯社有显著的发展与变化。

一、合众社和国际社与美联社的竞争

20 世纪后,世界政治经济形势发生重大变化,新兴的帝国主义国家美国在两次世界大战中工商业和报业迅猛发展,新闻通讯事业随之繁荣起来。20 世纪初,美国先后出现两家新的通讯社:合众社和国际新闻社。两社都属于早期报团组织,有强大后盾,并且不受"三社四边协定"约束,创社之初在业务上发展很快。

合众社,1907 年由斯克里普斯报团创办。订户除了斯克里普斯报团的报纸以外,还吸收了国内其他报纸,"合众社采取与美联社不同的经营原则,欢迎所有的新闻媒介成为自己的订户"[②]。合众社建社不久就在欧洲主要国家首都建立分社,搜集欧洲新闻并向欧洲报纸提供新闻。1915 年后,合众社在南美洲打开市场;20 世纪 20 年代对亚洲报纸供稿,并播发新闻照片,30 年代向电台供稿,某些业务甚至超过美联社。二战前它已拥有订户 1750 家,覆盖全球 52 个国家和地区。二战后,它发展成为一个名副其实的世界性通讯社。

国际新闻社,1909 年由赫斯特报团创办。该社最初是以摆脱美联社和合众社

① 张允若、高宁远:《外国新闻事业史新编》(四川人民出版社 1996 年版),第 295—304 页。
② 欧阳明:《外国新闻传播业史稿》(武汉大学出版社 2006 年版),第 343 页。

的制约,向赫斯特报系自由供稿为目的,以后也服务于国内其他报纸。20 世纪 30 年代开始向国外拓展,1940 年国内外订户达 900 家。

两大后起通讯社与美联社展开激烈竞争,美联社的地位受到严峻挑战。从 1912 年起,美联社逐步突破"三社四边协定"约束,向国外拓展势力,迅速占领南美洲市场,又向远东渗透;20 世纪 20 年代向日本、中国供稿;30 年代向欧洲和亚洲派驻记者、设立分社。二战爆发前,该社已拥有订户 1400 多家。1958 年,合众社与国际新闻社合并成立合众国际社。

二、早期欧洲三大通讯社的兴衰

19 世纪末期,路透社业务发展迟缓,逐步失去其在欧美通讯事业中的霸主地位。路透社第二代掌门人赫伯特·路透在社务工作中缺乏父亲的开拓精神,1915 年因爱妻去世,悲伤至极,自杀身亡。第二年路透家庭将路透社改组为股份有限公司,并将股权售予英国各报。一战中英国政府为加强对外宣传,插手该社业务并给予津贴。1925 年,英国报联社成为路透社的主要控股者。二战前夕,因国际局势日趋紧张,英政府大力资助该社向海外发稿。1946 年,澳大利亚报联社、新西兰报社也成为该社的持股人。

哈瓦斯社在一战前已发展成为世界性通讯社,全盛时期拥有的客户甚至比今天的法新社还多。一战后,该社同世界上 20 多家通讯社互换新闻,报纸订户达 2000 家。1921 年,法国通用广告社并入该社,该社成为当时法国广告业最大的控制者,它的广告收入占全广告总收入的 80% 以上。1925 年以后,世界性经济危机波及新闻事业,尽管哈瓦斯社已有固定资产 200 万美元,每天播发电讯超过百万字,但业务亏损仍很严重。20 世纪 30 年代初,法国政府定期给予拨款,以维持它在国际上的地位,因此哈瓦斯社也日益体现出官方色彩,积极为政府的内政外交服务。二战爆发后,德军占领法国,1940 年哈瓦斯社解体。该社一部分人留在敌占区,贝当傀儡政府将其改组为官方宣传机构"哈瓦斯电讯社";一部分爱国者在国内外另行建立 4 个反法西斯的通讯机构:法国独立新闻社(1940 年伦敦)、法非新闻社(1942 年阿尔及利亚)、新闻资料通讯社和自由法国通讯社(1940 年国内)。1944 年 9 月 30 日,在戴高乐的临时政府领导下,上述四社在原哈瓦斯社的旧址合并为法国新闻社(法新社)。

沃尔夫社在一战爆发后,与路透社、哈瓦斯社断绝交换新闻的联系,因此中断了国外业务。1915 年,德国设立官方新闻社——海通社,专门从事对外播发新闻。一战后,沃尔夫社因失去国外业务而成为国内通讯社。1933 年希特勒上台,将它改组为德国通讯社,1945 年随德国战败而解散。

1934 年 11 月,早期 4 家通讯社瓜分新闻市场的"三社四边协定"正式废除,从此开始世界各通讯社依据自身实力相互竞争并展开新垄断的时代。

三、第一个社会主义国家通讯社——塔斯社

1917年十月革命后,俄罗斯大地上建立了苏维埃社会主义政权。新政权将俄国的彼得格勒通讯社改组为中央通讯社。1918年,中央通讯社随中央机关迁往莫斯科,并与新闻局合并,改称俄罗斯电讯社。1925年7月10日,随着苏维埃社会主义共和国联盟的成立,俄罗斯电讯社改组为苏联通讯社,即塔斯社("塔斯"是苏联通讯社四个俄文单词第一个字母组成的缩写词 TACC 的音译)。

作为国家通讯社,塔斯社隶属苏联部长会议,是苏联收集、制作和传播新闻的中心,以发布新闻为主要业务活动。到1938年,塔斯社已向国外派驻记者、建立分社,并向国外发稿,逐步发展成为国际性通讯社,打破了由资产阶级垄断世界新闻市场的格局。

塔斯社标志

四、国内通讯社的发展

除了上述国际性通讯社外,这一时期又有一些国家创办了自己的国内通讯社。据联合国教科文组织的材料,从1901年至1944年新创办的国内通讯社有58家,但分布情况很不平衡(欧洲29家,美洲10家,亚洲15家,大洋洲和非洲各2家)。欧洲和北美仍然是新闻通讯事业最发达的地区,亚非拉美广大地区还没有摆脱殖民地、半殖民地的处境,仅有的几家通讯社影响都很有限。

第四节　新闻通讯社现状

一、当今通讯社类型

根据联合国教科文组织的规定,按照规模大小和活动区域,通讯社可分为3类:国际通讯社、国内通讯社和专业通讯社。

国际通讯社(又称世界通讯社),在世界范围内采集和发布新闻,在世界各国设立分支机构或派驻记者。当代主要的国际通讯社包括:美联社(美国)、合众国际社(美国)、路透社(英国)、法新社(法国)、俄通社(俄罗斯)、新华社(中国)、德新社(德

国)、安莎社(意大利)、共同社(日本)、埃菲社(西班牙)等。其中前5家为世界五大通讯社,技术力量和影响力都居世界前列,它们都在100多个国家设有分支机构,每天日夜不停地使用多种语言向100多个国家和地区的几千家新闻机构发稿。

国内通讯社一般只采集本国新闻,并只在国内发稿。大部分同一个或一个以上的国际通讯社缔结协议,以取得国际新闻。少数大的国内通讯社也设有搜集国外新闻的机构,或向某些国家派驻记者,并向国外发布新闻。中国新闻通讯社、时事社(日本)、加拿大通讯社、澳大利亚通讯社、南斯拉夫通讯社等都是国内通讯社。国内通讯社有全国性的(国家通讯社),多为官方或半官方性质;也有地方性的,多为地方报纸联合组建的通讯机构或报团所属通讯社。

专业通讯社的采访范围只限于特定领域,专业性、专门化色彩强,如经济新闻社、体育新闻社、图片资料社以及提供特稿、漫画、专栏文章的特稿社。

当代通讯社根据企业形态可分为:①商业通讯社,完全以营利为目的出售新闻和特稿,相当于企业或股份有限公司,如合众国际社和时事社。②合营通讯社,或由报社与广播电台、电视电台合作经营,不以营利为目的,如美联社、共同社;或由某单位(报社、广播电台、电视台)拥有其股份和资本,是受托经营的通讯社,如路透社(由英国报联社、伦敦报纸发行者协会、澳大利亚联合新闻社、新西兰报联社共有)、德新社(也是股份有限公司)。③国营通讯社,为国家所有,如新华社、俄通社。世界当代通讯社的基本格局自20世纪中期初步奠定后,除1989年前后东欧地区政局发生剧变导致部分变动外,基本保持稳定。东欧部分国家脱离社会主义阵营后,其通讯社在原有基础上大多被改组为新政权的通讯社,如罗马尼亚通讯社1990年改组为罗马尼亚新闻社。部分通讯社由于原属民族国家的分裂而分解,如新南斯拉夫通讯社分裂为南斯拉夫通讯社、克罗地亚通讯社和斯洛文尼亚通讯社。苏联解体后,塔斯社被改组为俄罗斯新闻通讯社。独联体各国及东欧地区,还陆续涌现出一批民办通讯社,或由团体联合组建,或由私人经营。独联体国家1994年有各类通讯社300多家,其中16家为国家通讯社,30家为地区性通讯社。在莫斯科,著名的通讯社有:追溯通讯社(1989)、国际义化电讯社(1989)、莫斯科新闻社(1990)、全景新闻社(1991)。

回顾新闻通讯事业的历史发展轨迹,不难发现新闻通讯事业未来的发展趋势必然是朝着更新技术手段、扩大业务范围的方向前进。

其一,技术手段更新。进入20世纪后,得益于电报、电话、无线电、无线电话、无线电报和电了计算机国际卫星系统(如通信卫星)这些先进技术,新闻采集和发布的广泛性和时效性增强,使得新闻通信事业日益成为社会生活中的重要信息中心。尤其是20世纪70年代后,电子计算机和卫星通信系统给新闻通信业带来继电报、无线电之后的第三次技术革命,使任何重大新闻都能在瞬息之间传遍全球。

现场采访的记者通过录音机、无线电话机、便携式电子计算机和图片传送机,采写并即时将稿件和图片传回编辑部,编辑部在终端显示屏上编写删改稿件,编审完毕即自动播发。播发的稿件再经计算机互联网络或卫星线路直接传送到用户(包括报社、电台或个人用户)的电脑终端机上。从新闻发生到采集、播出,从分社到总社,通信技术的飞跃发展使新闻几乎成为一种即时性信息。

其二,业务范围日益扩大。新闻报道形式愈分愈细,服务性消息与日俱增。通讯社的信息已不仅仅是简单的消息和通讯,更主要的是包括服务于报刊及其他新闻媒体的快讯、简讯、专题、摘要、述评、新闻背景、新闻要目、报刊文摘、专家评论、一周回顾、一月综述、一年要闻等,这些报道间接面对受众。还有大量服务性报道直接面对受众,这类报道提供信息时代社会生活所必需的消息,如商业行情、金融信息、科技信息、经济报表、统计资料、天气预报、新书目录、社会调查、民意测验、旅游指南、节假日交通情况等。在各种报道之中,影响最大、数量最多的是经济新闻,一方面它能够给通讯社带来丰厚利润,另一方面它也能够使通讯社本身介入社会经济活动。目前,路透社、美联社和合众社每天 24 小时不停地向全球播发各类商业、金融信息,不仅为金融界、工商界瞩目,而且服务于社会各界。20 世纪 70 年代以来,声像新闻逐渐成为通讯社最大和最有潜力的市场需求对象。通讯社与广播电台、电视台联手制作声像新闻,或通讯社单独制作,极大地扩大了新闻通讯社的业务范围。合众社的有声资料供应部和有线电视新闻通信系统,订户包括国内外4000 多家电台、电视台和其他机构。随着电子计算机的逐步普及,电子传媒所特有的声像新闻将日益成为世界通讯社关注的焦点。

二、世界重要的通讯社

(一)美国联合通讯社(AP)

美国联合通讯社,简称美联社,是美国最大的通讯社,也是世界最大的通讯社之一。

美联社的前身是 1848 年成立的美国港口新闻社,总社在纽约。它实际上是一个合作社形式的公司企业,经费由社员以股款形式分担,合作伙伴有 1700 多家报纸、5000 多家电视台和广播电台,全球有 243 家新闻分社,在 120 个国家设有办事处[①]。美联社设有董事会,每年改选一次。第二次世界大战前,美联社只吸收报纸为社员,并只向社员供稿。战后(1947 年)社员范围扩大到电台、电视台,而且允许非社员订购稿件。目前,美联社在全球的订户近 2 万家,遍布 115 个国家和地区。

———————————

① 该部分数据来自百度百科美联社词条。

该社 1993 年的总收入为 4.41 亿美元,但盈利微薄,仅为 1570 万美元。其服务包括每天用 6 种语言(英、法、德、荷、瑞典、西班牙)提供近百万字的新闻、照片、图片、广播电视声音图像和网上服务。

目前,美联社在全球范围内有超过 4100 名员工,其中负责采编的记者约 3000 人。这些记者遍布于全球 97 个国家 243 个美联社记者站,一周 24 小时不间断报道发生在地球上每个角落的新闻事件。这些新闻信息通过美联社专线、互联网或者租

美联社标志

用卫星在第一时间传递给美联社订户。通过这些媒体用户的再一次传播,据估计每天在全球会有将近 15 亿人接触到带有 AP 字样的新闻。美联社就是这样一个规模庞大的新闻机构,这也就不难理解为什么美联社著名记者、普利策奖得主彼得·阿奈特将美联社形容成一个巨大的新闻机器,每天向世界各地源源不断地输送信息。

为了满足人们对体育新闻日益增长的需求,美联社在 1946 年首家设立体育报道专用电报线路。1977 年,它传送体育新闻的速度达到每分钟 1050 个字,它还出版了广为传播的美联社体育年鉴。如今,美联社的体育通讯网和其他通讯网的传送速度已高达每分钟 9600 个字。

在对外服务方面,美联社的财经新闻很有特色。它和道·琼斯合作,建立了一个专门向国外提供金融信息和经济报道的组织——AP - DJ。美联社和道·琼斯所属媒体各自采集的经济信息,加上 AP - DJ 的专职采编人员收集的信息,汇成详尽、及时的经济新闻报道。目前,它拥有来自全球 43 个国家的订户。

在技术革新方面,美联社自称有 10 余项技术在世界范围内"先走一步",包括 1875 年第一个租借永久性的新闻电报线路;1980 年第一个用卫星发送新闻;1994 年第一个用数码相机武装自己的摄影记者等。美联社拥有覆盖全球的包括地面线路和卫星传送在内的通信网络。1995 年,美联社建立了互联网服务部,通过网络向用户发布新闻。为了进一步扩充电视业务,1999 年美联社兼并了位于英国伦敦的国际电视片交换中心——全球电讯网(WIN),组成美联社电视服务部,和"路透社电视"构成世界 2 个最大的电视新闻供应商。全球 50% 左右的国际新闻由这 2 家机构提供。

考虑到通讯社的报纸、电台、电视台订户有减少趋势,美联社找到了一些新的服务方式。有一种办法就是出售精选的、详尽的新闻给予社员,比如政府部门或企业。美联社的信息服务部门通过一组专用的信息输送线路,发送适应客户需要的新闻信息。

美联社表明自身通过专业服务报道用户的故事。其一,拥有全球广播电视设

施,通过美联社无与伦比的演播室和临时设施网络来报道全球大事件、获得最优的后期制作和采编方案;其二,为原创作者提供服务,以原创短片、纪录片、迷你剧集、播客和书籍的形式开发各种媒体项目;其三,为品牌和代理商提供服务,创造和发布真实、有影响力和充满信息的文字、照片和视频内容,讲述品牌故事。

美联社与各个行业、各种规模的组织合作。从新闻和媒体到全球品牌和机构,美联社拥有企业所依赖的内容、服务和工具,主要分成3个部分:新闻和媒体,包括广播电视公司、数字媒体、报纸、制作公司、OTT;品牌和代理商,包括本地和全球品牌(金融、科技、旅游、健康、制药)、创意机构;机构,包括政府、非政府组织、研究人员、大学和学院。

美联社及其记者们的杰出工作获得了无数奖项的认可,其中包括56个普利策奖,超过行业内任何其他新闻机构。2021年,美联社获得了专题摄影奖和突发新闻摄影奖。2021年艾美奖中,美联社新闻编辑室软件AP ENPS获得了工程与科技奖。NPPA 2021年最佳新闻摄影大赛中,美联社摄影师获得了19项国家新闻摄影师协会奖,包括最佳作品奖、突发新闻类一等奖和专题摄影类一等奖。

(二)合众国际社(UPI)

合众国际社是美国第二大通讯社。它的前身是斯克利浦斯-霍华报系的合众社(创建于1907年)和赫斯特报系的国际新闻社(创建于1909年)。为了与美联社竞争,上述两家通讯社于1958年5月16日合并,定名为合众国际社。

合众国际社总部设立于纽约曼哈顿区,在国内有分社53个,国外有分社48个。20世纪末每天用英、西、葡、阿拉伯文字发稿,有国外新闻媒介订户2500多家[1]。

20世纪60年代至70年代,该社名声显赫,机构庞大,曾多次摘取美国新闻的最高奖普利策奖,与美联社、法新社、路透社并驾齐驱,被誉为世界四大通讯社之一。20世纪70年代末期开始,合众国际社出现巨额亏损,加之国际新闻界的竞争日趋激烈,新技术和新设备更需要大量投资,导致合众国际社困难重重,几易其主。1982年,合众国际社创始人霍华德忍痛将该社卖给了新闻传播公司,名称不变。但收购人并未能阻止其衰败之势。1985年,合众国际社所欠债务已高达4500万美元,而它拥有的总资产却只有2000万美元,因此不得不首次申请破产保护。1985年11月,合众国际社资方、债权人和工会三方同意以4000多万美元的价格把该社转卖给墨西哥报业巨头马里奥·巴斯克斯。

1988年2月,巴斯克斯又将合众社转让给了美国世界新闻电信集团公司的尼尔·布赖恩。合众国际社随即进行了一系列的改革,包括广泛采用电子发行手段,

---

① 欧阳明:《外国新闻传播业史稿》(武汉大学出版社2006年版),第348页。

向一些非新闻机构客户出售新闻和信息;同一些新闻机构重建业务关系;同其他公司开办合资企业;裁员 150 人;加紧培训采编人员,使他们在写作上力求简明扼要;大幅度削减年度行政经费;撤销驻华盛顿的拉美组;重新调整纽约总部的计算机系统,提高办公自动化水平;等等。

改革未能扭转亏损局面。1991 年,合众国际社再次陷入财政困难,资产仅剩2200 多万美元,而所欠债务总额却高达 600 多万美元。为了维持通讯社的运转,社方大幅削减了编辑和记者的薪金,设在国内外的分社大多关闭,工作人员仅留下500 名左右。1991 年 8 月,合众国际社向联邦破产法院申请破产保护,并于 1992年 4 月宣布破产,等待拍卖。

1992 年 6 月 23 日,法院最后宣布总部设在伦教的中东广播中心公司(其后台老板是沙特国王法赫德的姻兄、财大气粗的瓦利德·易卜拉欣姆)以 395 万美元的价格买下合众国际社。

合众国际社一直未能摆脱困境。2000 年10 月 6 日,有报道说:"财政困难的合众国际社已由韩国统教教主文鲜明所拥有新闻世界通讯集团收购,该集团同时拥有《华盛顿时报》等媒体……根据合众社发布的新闻稿说,公司出售后,所有员工将留用。合众社现有工作人员表示,对公司再次出售,并不觉得惊异……世界通讯集团发布声明说,在投入新的科技与经销方法后,合众国际社将继续保持客观独立的新闻媒体立场。"

合众国际社标志

(三)路透社(Reuters)

路透社是世界上创办最早的通讯社之一,也是目前世界上最著名的通讯社之一。路透社素以快速、客观、公正的新闻报道被世界各地媒体广为采用而闻名。

1851 年 10 月 14 日,犹太人保罗·朱利叶斯·路透在英国伦敦创办了路透社。起初,该社只限于发布商业新闻。1859 年 2 月 7 日,路透社记者抢先发回法国皇帝拿破仑三世在国会的讲演稿,使路透社名声大振。1865 年,美国总统林肯遇刺消息又被路透社抢先获得。从此英国各家大报经常采用路透社提供的新闻稿件。

路透于 1878 年 5 月退休。他的儿子赫伯特·路透接任社长职务。1915 年赫伯特·路透自杀,路透家族的人不再继任社长,社长由董事会推选。该社名义上是私人企业主所有,它的股权属于英国报业主联合会、英国众多报纸的报联社、澳大利亚报联社和新西兰报联社等。路透社后来改组为公众公司,拥有 2 万多名股东,分布世界各地。股东大会选举产生 14 名托管委员会成员,托管委严守一个准则:

任何一个股东不得拥有 15％以上的股份,以避免路透社被一家集团操纵。由 15 人组成的董事会则任命总裁,总裁主持执行委员会工作,负责路透社日常工作。

路透社总社在伦敦。它的通信网络主要在国外,共设 6 个总分社:伦敦(主管欧洲)、香港(主管亚洲、大洋洲)、纽约(主管北美)、巴林(主管中东)、内罗毕(主管非洲)、布宜诺斯艾利斯(主管拉美),下辖 170 余个分社和记者站。20 世纪 70 年代以来,路透社执行权力分散的方针,各个总分社可以收集本地区的新闻,编发给本地区的订户,同时挑选有重大影响的新闻给总部向全世界播发。路透社强调其新闻"既是全球的,又是地区的"。

路透社的新闻稿以国际新闻为主,包括一般新闻和经济新闻两大类。采用英、法、德、西、日等 10 多种文字播发。订户遍及世界 160 余个国家和地区,媒介直接订户 3000 多家(其中报纸 1000 家,电台 700 家,通讯社 130 家,

REUTERS

路透社标志

图片社 440 家,新闻订户 900 家),间接订户 1 万家(间接订户是指由直接订户转发的媒介)。路透社在 1992 年全部兼并了维斯新闻(Vis News),改为"路透社电视",成为世界最大的电视新闻供应商,在全球拥有 38 家分支机构。路透社 1997 年的收入达 47 亿美元,但 92％的收入并非来自向媒介提供新闻,而是在于向遍布世界的 20 多万个公司信息终端提供 24 小时信息。从这个意义上说,路透社实质上已成为商业信息公司和电子商务交易公司。

路透社一向把通信技术设备现代化看作是迅速、准确地提供新闻服务的先决条件。比如,它早在 1964 年就开始引进电子计算机,建立了世界各大通讯社中第一个电脑监视系统,用户可以从中了解到当天世界各地的信息。1986 年,路透社开始使用光谱技术,用户的电脑终端同路透社的资料库相连,可随时调阅所需资料。

除了新闻报道,路透社还经营多种经济业务,主要有:向用户提供市场实用信息,通过电脑系统帮助用户办理证券期货交易,出售电子技术设备,提供各种信息检索,等等。路透社当年依靠向工商、金融界提供经济信息起家,今天它仍然是世界经济信息的最大供应者。

为了保证新闻在任何情况下都能及时发出,路透社在伦敦兴建了一个技术中心,该中心于 1979 年年底启用。这个中心通过 60 台电子计算机和 5000 条线路,向世界各地订户输送各种新闻。另一个同样规模的技术中心设在日内瓦。路透社把它的所有通信设备

链接:
路透社的经济新闻

都改成双套装置,这样即使一套设备发生故障,另一套设备也能自动启用。

（四）法新社（AFP）

法新社是与美联社、路透社、合众国际社齐名的西方四大世界性通讯社之一,也是资格最老的通讯社之一。

1835 年,银行家夏尔·哈瓦斯因为自己的银行濒临破产而到巴黎另谋生路。他在巴黎交易所附近办了一家新闻社,把报纸上的消息重新编写,用信鸽转发给用户,是为哈瓦斯社。1845 年电报问世,为该社向世界通讯社发展提供了技术保障。第二次世界大战后,哈瓦斯社同在抵抗运动中成立的几个通讯社合并,在哈瓦斯社原址成立了法新社。

法新社属公共组织,有 3 个委员会对法新社实施领导和监督。一个是行政评议会,负责选派法新社社长和批准法新社预决算。行政评议会一般有 15 名委员,其中 3 名是政府代表,12 名为法新社以及其他媒介代表。另一个是财政委员会,负责法新社的预算审核和平衡,该委员会有 3 名委员,2 名会计法庭,1 名来自财政部。再一个是由 8 名成员组成的高级委员会,主席由国会指派议员担任。该委员会监督法新社是否保持公正、独立,将财力、人力用于新闻服务,并可撤换行政评议会主席。从人员的组成看,政府对于法新社的决策有直接影响。

法新社总部在巴黎,在 165 个国家或地区有分社、记者或兼职报道员。法新社的新闻采写按活动领域被分为 5 个报道区:以巴黎为中心的 52 个分社(其中包括在欧洲的 36 个和在非洲的 16 个)负责欧洲和非洲的报道,以华盛顿为中心的 9 个分社负责北美的报道,以蒙德维的亚为中心的 18 个分社负责拉美地区的报道,以香港为中心的 25 个分社负责亚太地区的报道,以尼科西亚为中心的 9 个分社负责中东地区的报道。它们分别以各自所在区域的主要语种采编当地新闻,为当地客户服务,同时供给总社,并转发总社的新闻。法新社国内订户为 2750 家(650 家报刊、400 家电台、200 家电视台、1500 家机关和公司用户),国外订户 10500 家(通过 100 家通讯社向 7600 报纸、2500 电台、400 家电视台供稿)。

早在哈瓦斯社时期,为更加快捷地为订户传递新闻信息,通讯社就十分重视新型传播方式的使用。哈瓦斯社初期曾依靠快马传送新闻稿件,1837 年通讯社专门养殖并训练信鸽传递信息,1845 年该社开始在国内线上使用电报传送新闻,19 世纪 70 年代则开始使用海底电缆将业务拓展到拉丁美洲。为支持国际化发展路线,法新社在 20 世纪 40 年代就开始了大规模的全球报道网络建设工程。目前,法新社已经形成完善的全球新闻发布网,有 5 颗通信卫星分散在地球上空 5 个不同的角落,以不同的仰角向地球同步传输,在地面上分布了 2000 多所通信卫星接收站。

法国巴黎总部下设采写部、编辑部和摄影部。采写部根据不同领域分为政治、外交、财经、社会、体育和文教6个大组。而编辑部按照发稿语种分为8个专线，供应国际新闻。法新社在美国华盛顿、中国香港、德国波恩、塞浦路斯尼科西亚和巴西里约热内卢5个城市设立总分社。以这5个城市为核心，法新社在包括法国在内的全球110个国家设立123个记者站，其中法国国内仅有7个记者站，其余记者站分布在欧洲、亚太地区、中东、非洲、北美和拉美。

法新社在1999年提出建设"世界性多语种多媒体新闻通讯社"，为实现这一目标，一个重要举措就是重视采编队伍的建设。与路透社和美联社不同，法新社的员工构成上，采编人员所占的比重最大。法新社目前共有2000多名雇员，其中采编人员的数量超过1000人，其余为技术和行政人员。

由于重视国际市场，法新社对于外派记者要求十分严格。驻外记者一般要求掌握两到三门外语，并且需要通过巴黎总部组织的语言考试，合格之后还要在总社实习2年，方可派出。驻外记者期满回国后不可以立即再派出，因为他们在国外时间长，不了解国内情况，需要在国内工作两到三年后再考虑是否外派。这样的做法是为了让记者在了解海外情况的同时，也熟悉总部环境和了解客户需求。

除本国雇员，法新社分社所在国雇用多达2000名当地特约记者，实行人员地方化。这一措施的目的一方面是利用熟悉当地环境的本土记者，提高新闻采写的质量；另一方面也可以降低人事成本。因此，现在从法新社总部直接派人员主持分散各地新闻业务的现象已经越来越少了。

20世纪80年代，法新社的资金来源有三：政府机构订费占55％，新闻机构占25％，企业用户占20％。政府机构订费实际上是变相的津贴。但该社一直在努力扬长避短，与美联社、路透社等竞争。在战略上，它重视亚、非、拉美地区，仅在非洲就设了16个分社，对拉美除了西班牙文外，还专辟了葡萄牙文线路，这都是不同

法新社标志

于其他通讯社的。在技术革新和重视采制独家新闻等方面，法新社也有大量投入。进入20世纪90年代后，法新社的处境已有明显改善。1991年它的收入超过10亿法郎，政府持股降到了50％以下。

1993年，法新社开始更加强调英语新闻的采集和服务。1995年4月，法新社开始提供个人化新闻服务。同年9月，法新社终止了和美联社的合作协议，建立了自己在美国的新闻采集网络。

（五）俄通社-塔斯社（ITAR－TASS）

俄通社-塔斯社是俄罗斯联邦的官方通讯社，苏联塔斯社的继承者。总社设在

莫斯科。对外用俄、英、法、西、葡、德、意、阿拉伯8种文字发稿,向115个国家和地区的新闻机构或商务代表处提供新闻或经济信息。

根据俄罗斯总统叶利钦1992年1月22日签署的命令,原塔斯社和俄罗斯新闻社(苏联解体前称苏联新闻社)合并成为俄罗斯新闻通讯社,简称俄通社。为了保住塔斯社作为世界性通讯社的地位,俄通社仍保留塔斯社这一名称。从1992年1月30日起,正式以俄通社-塔斯社的电头发稿。不过此时的"塔斯社"已有了新的含义,即由"苏联通讯社"被重新解释为"主权国家通讯社"。

1994年5月,俄罗斯政府总理签署了俄通社-塔斯社的章程。根据章程,俄政府是通讯社的创建者,政府任命正副社长领导全社工作。通讯社设立社务委员会,负责制定报道政策及规划,解决有关通讯社发展和经营的问题,其组成人员(包括社内领导人员以及有关单位、企业和机关的代表)由社长任命。

俄通社-塔斯社经费的2/3由国家拨款,其余自筹。由于经费紧张,通讯社只好压缩编制,现有职工已减为3000余人。该社在俄罗斯各地仍保留了约70个分社和记者站。在独联体其他国家,主要是同各国通讯社保持传统的业务关系,互相交换新闻。在独联体之外,该社大致保持了过去的分社和记者站的数字,但记者人数已大为减少。俄塔社目前有8000家订户,其中包括世界100多个国家的政府部门、世界各国通讯社、报社、广播电视台。

俄通社-塔斯社除了新闻业务,还着重发展了下列新的业务:为用户提供商业信息和各种咨询;提供电视图像新闻;提供刑事新闻服务,包括国内外刑侦部门的各种数据信息、档案材料等。它还兴办了一些经济实体,以开辟财源。

俄通社-塔斯社已不像过去塔斯社那样可以垄断全国的新闻发布活动。由于私营通讯社的涌现,加上西方通讯社大量雇用俄国记者进行采访活动,它面对的市场竞争非常激烈。但它有政府的支持,加上有庞大的机构和设备,从总体上看,在国内新闻市场上仍占主导地位。

2021年11月17日,长谢尔盖·米哈伊洛夫和俄国家航天集团负责人德米特里·罗戈津签署一份合作备忘录,宣布塔斯社将在国际空间站开设记者站,成为全球首家在国际空间站设有记者站的通讯社。

(六)共同通讯社

共同通讯社是日本最大的通讯社,简称共同社,1945年1月1日成立,总部设在东京。

共同社是日本全国的报社、广播电台、电视台采取合作形式组织的,以收发消息为目的的共同组织。它有60多个加盟社,绝大多数是地方报纸,还有日本广播协会。该社还向社外的10余家报纸和100多家电台、电视台根据合同供稿,包括

《朝日新闻》《读卖新闻》等。

　　共同社基本上为非营利性组织,80％的经费由加盟社分担。它负责向加盟社供稿,各加盟社也向它提供地方新闻。共同社也办有一些实体,如共同社会馆、共同社通信设施股份公司等,但收入相当有限。

　　该社成立之初,日本各家全国性大报都是它的正式成员。后来,《朝日新闻》《每日新闻》《读卖新闻》三大报仗着自己通信网络的庞大完备,认为留在社内得不偿失,于1952年退出该社,只是订购该社的国际新闻。

　　共同社的日常工作由共同社的社长、专务理事和常务监事组成的常任理事会主持。最高决策机关是共同社社员大会,每年召开一次;社员大会选出理事和监事,组成理事会,每月开会一次,决定社内的重大事务。

　　共同社除了在日本国内的札幌、仙台、东京、名古屋、大阪、福冈设有分社,还在各都府县政府所在地以及其他主要城市设了46处分局;另设一总局,主管关东地区的报道。它在国外有30余个分社。全社共有员工约2000人,其中200人常驻海外。

　　该社从20世纪60年代开始技术更新,80年代实现全面计算机化。现在共同社供稿单位约3000家,其中包括会员、合同社、海外日语报纸、日语广播电视以及海外船舶、驻外使馆、各种机构;此外还通过亚太新闻交换网向本地区20余个通讯社发布英文消息,并向世界许多新闻单位供稿。该社1974年启用速报东京、大阪股市行情的电脑系统,1980年起向东京的用户提供实时金融行情;以后专门设立

共同社标志

了国际金融局,金融信息的用户扩大到香港、悉尼等亚太地区的许多城市。

　　共同社每天发稿60万字,传真照片80张,每天24小时工作,重大新闻随时播发"快讯";除播发国内外重要消息外,还大量报道经济、社会新闻,体育新闻;并有为各新闻机构和企业服务的经济专线,此外还向各地方报纸发布特稿,内容包括评论、体育、文艺、家庭问题、儿童问题等,同时也发连载小说、漫画和谜语。共同社对外广播只有英文1种,分有线和无线2种,有线每天发40条,无线每天发110条;此外还向航行中的日本船只广播日语新闻。共同社作为日本新闻媒体的中枢机构,积极开展各项新闻报道活动,受到了国内外的高度评价。

　　(七)埃菲社(EFE)

　　埃菲社是西班牙语系国家中规模最大的通讯社,也是西班牙语世界影响力最大的通讯社,于1938年创办于西班牙的布尔戈斯,次年迁至首都马德里,现如今埃

非社的总部也设在此。埃菲社是一家股份公司,国家在其中占有大量股份,所以实际上是半官方性质的通讯社。

在相当长的时期内,埃菲社主要面向西班牙国内发展业务。20世纪60年代,随着本国经济的快速发展和民主政治体制的深化,埃菲社开始大力发展国外业务。1965年,它在阿根廷开设了第一个国外分社。1973年它开始用电子计算机处理信息,同年与中美洲各国新闻单位合作,创办了总部在巴拿马的中美洲通讯社,向中美洲各国转发通过卫星线路传送过来的消息。20世纪80年代,它的总社编辑部已经全部实现了电脑化,使用的国际卫星线路

埃菲社标志

增加到16条,电传线路达数十万千米。20世纪80年代初,它成立了电视新闻部,采制并播发声像新闻;1988年建成新闻资料库,用户只要通过个人电脑和电话线路就能查到各种资料。该社还加强了经济信息报道,服务内容不断拓宽,分支机构和用户也不断增多。

埃菲社在国外把发展的重点放在拉美地区。因为西班牙在语言、文化和种族上都与这一地区有较深的渊源关系。该社在这里建立了近30个分社,投入人力占驻外记者总数的一半,全力和美联社、合众社、路透社、法新社四大世界性通讯社抢拼那里的新闻市场。

目前,埃菲社在国际上已有相当的影响力。它在国内有13个分社和众多的记者站,国外有80余个分社或记者站,其中,拉美有28个分社,占驻外记者的半数。埃菲社每天用西班牙文、英文、法文、阿拉伯文向国内外发送新闻稿,还有图片和电视新闻片。

(八)德意志新闻社(DPA)

德意志新闻社是德国的主要通讯社,简称德新社,总部设在汉堡,成立之初是股份有限公司性质的企业。1952年,政府将它收归国有,成为国家通讯社。

德新社是一个报联社,几乎德国所有报刊、电台、电视台都是它的股东,1995年时约200家,总资本1640万马克。为防止被一两家大媒介操纵,每家股东的份额不能超过总数的1.5%。领导机构为董事会,董事会任命正副社长和总编辑,主持全社工作。德新社的业务部门分为国内新闻部、国际新闻部、新闻图片部。全社工作人员约800人,在国内外还聘有约2000名自由撰稿人。该社在国内各州都有分社,国外在80余个国家和地区设分社或派驻记者。

该社的国内各分社都可以直接向当地用户发稿,对外则由总社分欧、亚、非、拉美、中东和海外等数条线路,分别用德文、英文、西班牙文和阿拉伯文发稿。20世

纪80年代初,该社完成了电子计算机处理系统的安装,把编辑部的电脑终端同发报系统、国内外分社及订户联结起来,从而大大提高了工作效率,加快了向国际通讯社迈进的步伐。

德新社还是德国联合经济新闻社的主要成员。德国联合经济新闻社成立于1949年,是一家股份制企业,股东有报社、电台、电视台及工商联合会、外贸、批发商联合会等。社址在法兰克福近郊,国内外有20余个分社,每天向国内外千余家金融机构、工商企业、新闻传媒及政府机关提供全球信息,业务相当繁忙。

dpa ● ● ●

德新社标志

(九)安莎通讯社(ANSA)

安莎通讯社全名为意大利全国报业联合社,是意大利最大的通讯社。

意大利政府部门和国家机关的重要新闻与消息,通常都是由它发布的。其前身是法西斯统治时期的斯蒂法尼通讯社。安莎社总部设在罗马,总社设有编辑部、行政部、人事部、商业部、技术部、电脑中心和摄影图片部七大部,每天24小时用意大利语、西班牙语、葡萄牙语、法语、英语5种文字向国内外播发新闻。此外还发行宗教专题新闻稿和其他专题材料。其主要供稿对象是中美洲和南美洲地区。

安莎社为半民间半官方性质的组织。它是50多家报社合作组成的公司,这决定了它的民间性质。但它和意大利政府之间也有"约定",即政府负责在国外推销和分发它的国际新闻稿,并向它提供新闻源;而它有责任报道政府机关和议会的活动情况,并向驻外使馆提供新闻。

安莎社总部在罗马,现有职工800余人,业务部门分对内编辑部、对外编辑部、图片部、技术设备部等。它有国内分社18个,国外分社、记者站92个,在布宜诺斯艾利斯设有1个分社,负责在拉美地区采集新闻并向当地用户发送,同时向总社发送。安莎社之所以如此重视对拉美地区的报道,是因为那里的意大利侨民很多。该社每天用意、英、法、葡、西班牙文等文字发送稿件。总计近1000订户,其中国内订户为628家,国外订户329家。

安莎社比较注重对发展中国家的报道,这反映了该国政府和企业界重视同发展中国家合作的意向。安莎社同世界67家通讯社签有交换和使用新闻的合同,包括法新社、合众国际社和路透社等。该社同新华社多年来一直保持着友好的合作关系。

ANSA

安莎通讯社标志

20世纪80年代以来,安莎社进行了重大的技术革新。新闻业务已全部实现电脑化,并能采用各种地面和卫星线路及时地向国内外发稿。它用以贮存资料的电脑设备是世界上最为先进的设备之一。

（十）中东通讯社（MENA）

中东通讯社是埃及国家通讯社，也是阿拉伯世界最有影响的通讯社。

中东社的前身是民办的埃及新闻社，1954 年更名为中东社，1960 年收归国有，当时由新闻部长兼任董事会主席，通讯社被置于政府的直接控制之下。1980 年后，董事会主席不再由新闻部长兼任，由董事会从内部选举产生。

埃及政府为中东社确定的宗旨是：通过报道最新事态发展，向国内外公众和舆论机构提供及时、清晰、准确和真实的新闻，在不损害公众利益和国家安全的前提下探查并准确地表达公众舆论倾向。

中东地区和阿拉伯世界是中东社报道的重点。报道内容除消息外，还包括公众舆论与报刊文摘，特别是阿拉伯公众感兴趣的评论、研究报告和专业公报。中东社向用户提供文字、图片、电视和录像新闻。文字消息用阿拉伯文、英文和法文 3 种文字发稿。

中东社总社在开罗，工作人员有 1000 余人，国内有 20 余个分社，国外有近 20 个分社或记者站、40 多家办事处，大多集中在中东和北非各国。该社采用较先进的通信设备，1996 年起通过 3 颗人造卫星传送服务，分别是覆盖亚洲、东非的亚洲通信卫星，覆盖欧洲、地中海国家及北非的大西洋通信卫星，平均每天发稿 25 万字，在世界主要媒介上落地率较高。它与西方通讯社订有合同，抄收它们的稿件而后转发给订户。它与路透社、法新社、德新社等 10 多个国家的通讯社订有新闻交换协定，还与 20 多个外国新闻机构建立了图片、电视片的供给关系。它还代路透社向当地用户供稿，为法新社将法文稿译为阿拉伯文稿，为阿联酋通讯社发稿，并向一些阿拉伯国家通讯社提供技术和人员培训援助。

中东通讯社 1956 年由埃及两大日报和两大出版社筹资成立，1960 年收归国有。1980 年由埃及协商委员会遴选该社董事会主席和 2 名主编。成为国家通讯社以后，在财力和人员配置方面得到特别支持，发展较快，被视为阿拉伯世界的通讯社，在联合国教科文组织的排名居第 11 位。

（十一）彭博通讯社（Bloomberg L. P.）

彭博通讯社以其创办人迈克尔·布隆伯格的名字命名，创办于 1981 年 10 月 1 日，总部设在纽约，是目前全球最大的财经信息服务机构。1981 年，布隆伯格被华尔街投行所罗门兄弟公司解聘，获得 1000 万美元解聘费。布隆伯

彭博通讯社标志

格用此资金创办市场创新公司（IMS），进入金融信息服务领域，1986 年该公司改用

现名,至 1888 年该公司已有 5000 个客户终端。目前,彭博通讯社在全球拥有 200 多个分支机构(包括中国的上海和香港),有 28.75 万个客户终端,其中包括美国几乎所有主流报纸和广播公司。2009 年,彭博通讯社收购著名财经杂志《经济周刊》和《新能源财经》。2010 年其总收入为 69 亿美元,员工有 1.3 万人。布隆伯格于 2001 年年底辞去其公司 CEO 后成功竞选纽约市长,并于 2005 年、2009 年 2 次连任,成为纽约市第一位连任 3 届的市长。布隆伯格 2010 年拥有个人资产 180 亿美元,是美国第八大富豪。

思考与练习

1. 新闻通讯社是在怎样的背景下诞生的? 它的功能与作用如何?

2. 欧美四大通讯社是怎样创建和发展起来的?

3. 何谓"三社四边"协定? 其内容以及由签订至废除的大体经过如何?

4. 当代世界通讯社事业的发展动向如何?

5. 简述美联社和合众国际社的历史与现状。

第八章

广播电视事业产生和发展

本章学习要点

20世纪20年代开始,广播在全球兴起,声音加图像的电视在30年代也出现了,此时印刷媒介一统天下的局面被打破了,人类传播进入电子传播的新时代。

科学技术是第一生产力,作为最活跃的因素不断给广播电视业带来新的机遇。从调幅到调频广播、从黑白到彩色电视、从有线传输到卫星数字传输等,伴随着技术的进步人们变得愈加耳聪目明。

广播电视尤其是电视作为一种强势媒体,其影响和控制能力为人们所关注。从全球的角度考察,各国都非常重视这一领域,不同类型的广播电视在节目内容、经营管理等方面有各自的特点。

通过本章的学习,应重点掌握广播电视发展的历史进程和媒介传播特点,认识和把握科学技术的进步对现代新闻传播业发展趋势的影响,了解当今世界各国不同的广播电视传播体制,熟悉有代表性的广播电视机构。在学习过程中应注重新材料的搜集和补充。

第一节　广播电视发展历程

广播的定义有广义与狭义之分。广义是通过无线电波或导线向广大地区或一定区域播送声音、声像节目的大众传播方式,包括声音广播、电视广播。狭义的广播则专指声音广播。我们在此使用狭义定义,按广播与电视出现的先后顺序,分别介绍它们的发展历史。

一、广播的诞生和发展

广播的出现是由各国科技人员长期研究实验的结果,是众人接力完成的。相比于电视,广播技术成熟得更早,其接收成本也更低,并且一经问世就被察觉其巨大的宣传价值,在二战宣传需要的催化下广播事业蓬勃发展,二战后更是在全世界普及。广播的发展大致经历了以下过程:

第一,无线电波的发现。英国理论物理学家麦克斯威尔于1864年发现了电磁学基本原理,提出了放射性电波可以无线传送的论断。1884年起德国科学家海尼·赫兹依照麦克斯威尔的理论从事实验,终于发现了产生、发射与接收无线电波的方法,并发明了测量电磁波波长的科学方法。

第二,无线电传送信号成功。1895年意大利人马可尼和俄国科学家波波夫,在不同的地方分别进行无线电传送信号的试验,获得了同样的成功。1896年马可尼在英国取得了专利,并且组建公司从事无线电报器材的生产,1899年他成功地拍发英国至法国的无线电报,1901年完成了越洋电报的收发,从此无线电通信进入实用阶段。

马可尼

第三,无线电传送声音的实现。在无线电通信的基础上,人们研究并逐步解决了运用电波负载声波的种种技术问题。1906年美国科学家李·德福雷斯特制成电子三极管,在传送声音方面取得进展。同年圣诞前夕,匹兹堡大学教授雷金纳德·费辛顿在马萨诸塞州的实验室里做了简短的节目广播,效果良好。以后不少人做了类似的实验广播。

第四,电台广播的诞生。1920 年 11 月 2 日,威斯汀豪斯公司办于匹兹堡的 KDKA 电台开播,它是第一个向政府领取营业执照的电台,一般认为它的开播标志着世界广播事业诞生。

KDKA 电台

广播事业问世以后的发展,大致上可分为 3 个阶段:

第一阶段是整个 20 世纪 20 年代。这个时期许多国家相继建立无线广播电台。1922 年,苏联莫斯科中央广播电台、法国国营电台、英国广播公司先后开始播音。1923 年德国、1924 年意大利、1925 年日本也建立了电台。至 20 年代末,北美和欧洲各国大多有了自己的广播。

第二阶段是 20 世纪三四十年代。随着第二次世界大战的迫近和爆发,广播传播新闻、进行宣传的功能被各国重视起来,公众也把它作为获取信息的重要途径。于是欧美、大洋洲以及拉丁美洲的广播事业蓬勃发展,亚洲、非洲不发达国家也出现了一批外国人经办或协助创办的电台。

第三阶段是二战以后,广播事业在全世界趋于普及。大批新独立的国家纷纷兴办广播,为巩固民族独立、发展经济文化服务。发达国家和拉美地区的广播事业一方面向城乡各个角落普及,一方面又分门别类日趋专门化。从技术上看,20 世纪 70 年代以后调频广播广泛兴起,80 年代以后卫星传送技术逐步推广,接收设备在不断优化、简化、多样化,广播传送的质量、效率、距离都有了空前的进步。

二、电视的诞生和发展

电视的诞生稍晚于广播,它同样是许多国家科技人员长期研究实验的结果。电视弥补了广播在视觉方面的不足,延续广播宣传功能的同时带来视觉娱乐的狂潮。经过近百年的发展,电视成为当代影响力最大的大众媒介之一,其经历了以下阶段:

第一,电视技术的准备。19 世纪某些科学家对化学元素硒的光电效应研究,已经提供了电视传播的基本原理。1884 年,德国工程师保罗·尼普科发明机械扫描图盘,这使得人们可以在接收器上通过光电转换看到导线传送过来的图像。20 世纪初,英国和俄国一些科学家提出了电子扫描原理。1923 年,美籍俄裔工程师左瑞·金发明了光电管,用电子束的自动扫描组合画面,为电视摄像机的设计做出了贡献。

第二,实验性的电视播映。1926 年,英国科学家贝尔德采用电视扫描盘,完成电视画面的完整组合及播送,在伦敦公开表演,引起轰动。1929 年到 1935 年,英国广播公司与贝尔德合作,多次进行实验性电视广播。1935 年,德国柏林的实验电视台播放过电视节目,但清晰度很差。1936 年 8 月,奥运会在柏林举行,该台又播送过几小时实况节目,但其扫描行数仅为 180 行。

第三,正式的电视播送。1936 年,英国广播公司建立电视发射台,11 月 2 日起定时播出电视节目,扫描行数已达 421 行。一般认为这是世界电视事业的正式开端。苏联 1938 年在

贝尔德

莫斯科和列宁格勒相继建电视台,第二年正式播送节目。美国 1939 年全国广播公司转播了纽约世界博览会盛况,1941 年第一批商业电视台获准开业。

第四,电视发展的中断和恢复。第二次世界大战影响了电视的发展,除了美国有 6 家电视台继续播映外,其他各国的电视研究、生产和播放全部中断。大战结束后,英、法、苏、德等国电视事业逐步恢复,日本、加拿大等国也相继兴办电视事业。20 世纪 50 年代以后,发达国家的电视发展十分迅速,随着电视机的广泛生产和销

日本富士电视台标志

售,电视日益成为重要的大众传媒。

随着技术的进步和更新,二战后电视媒介不断从低级向高级、从单一向多样化发展。先后出现的电视传播样式有以下几种:

一是彩色电视。20世纪前期,人们已经对彩色电视做了许多研究。1946年,美国无线电公司正式推出 NTSC 彩电制式,1953年获准生产。1954年,美国全国广播公司率先播送彩电节目,其他公司相继跟上。以后日本(1960)、苏联、英国、法国、德国(均为1967)也陆续开办彩色电视,并且又出现 SECAM、PAL2 种不同制式。现在彩电已在许多国家普及。

二是卫星传播电视。1962年7月,美国发射"电星一号"通信卫星,并且进行同西欧国家之间的越洋电视传播。1963年2月,美国发射第一颗同步通信卫星"辛康姆一号";1964年,通过"辛康姆三号"卫星转播了东京奥运会的实况。随后苏、英、法、德、日、加等国的同步卫星相继升空,完善了各自的电视传播系统。1965年4月,"国际通信卫星组织"发射第一颗商用通信卫星"晨鸟"号,又发射几十颗通信卫星,分别置放在大西洋、印度洋、太平洋上空,担负着全球通信任务,并使国际电视新闻交换经常化。

卫星图

三是卫星直播电视。通信卫星是多用途的,可供电视传输的信道有限,而且发射功率很小,只有技术设备很高的地面站才能接收到,然后依靠地面传输将电视图像传送到各地。为此,20世纪70年代起又有专门的广播卫星出现:广播卫星上的转发器功率大,普通的电视机用户安装简单的接收装置就能直接收看卫星传送来的节目,这便是卫星直播电视。美国1974年运用这种方式向阿拉斯加等边远地区播放电视教育节目。苏联从 1976 年起用广播卫星向西伯利亚地区播送电视节目,供农村俱乐部、公寓大楼或个人直接收看。1984 年 1 月,日本发射实用广播卫星 BS－2a后,日本广播协会专门创办卫星直播频道供全国收看。

四是电缆电视。电缆电视最早出现在 20 世纪 40 年代末的美国,当时为了提高偏远地区的收看效果,人们在山头上竖起接收装置,将收到的电视信号用电缆传送到用户家中。70 年代它被推广到城乡各地,众多的电缆电视系统通过卫星获得电视信号,再转送给用户。它由于图像清晰、抗干扰性强、频道多,因而很受观众欢迎。

目前电视技术还在日新月异地发展。新的电视设备,如高清晰度电视、数码电视等新的视听媒介不断得到研

高压电缆

制开发。随着高速信息通道和多功能媒体的发展,电视传播还将进入一个全新的阶段。

广播电视事业蒸蒸日上的发展背后离不开政府的大力支持,政府既看重广播电视等大众媒介巨大的影响力,又忌惮其威力,对广播电视事业的管制从未放松,由此在全球范围内诞生了多种广播电视事业体制。

第二节　广播电视体制

广播电视的影响是广泛和深远的,但其本身只是手段。影响的好坏,取决于广播电视的体制,取决于广播电视控制在谁的手中。

目前,世界上所有国家的广播电视都是直接或间接由国家控制,由此也可以看出广播电视对于国家的重要性。在西方国家,广播电视成为资产阶级政党竞选的工具,通过广播电视寻求选民支持成为常规拉票手段;在发展中国家,广播电视是社会改革的最有效的工具,通过广播电视,国家使人民对国家和社会的发展予以关注。广播电视也已经成为当今社会的新闻和舆论的主要来源。

一般来说,一个国家的广播电视体制是与报业体制密切联系的。其实行的报

业体制与其广播电视体制相对应。但是,由于广播电视的普及性和更为强大的影响力,因此各国都对广播电视做出了较报业更多和更加严格的限制。

西方学者把世界各国的广播电视体制划分为4种类型,即国有国营型、公有公营型、商有商营型和工商并营型。一般认为,法国、意大利、荷兰、瑞典和新西兰等国所采用的公有公营型体制是最理想的广播电视体制,也是最自由、最进步的体制,因为它既摆脱了政府的控制,又摈除了商业电视所带来的种种弊端。而以美国为代表的商有商营型体制是最自由的广播电视体制,该体制的特点是政府既不经营也不干涉广播电视事业。

在对媒介体制分类时,西方学者特别将社会主义国家划分为一个类型,即国有国营型,特指苏联、东欧国家和中国等的广播电视体制。这些国家的广播电视属于政府的部门,广播电视由政府管理。

西方学者还用法西斯德国的历史来类比社会主义的媒介体制,认为德国巴本政府于1932年将私人电台收归国有,当1933年德国国社党上台后,广播便成了纳粹法西斯分子鼓吹扩张侵略、蒙蔽国内人民的喉舌。这种类比是荒谬的,表现了西方学者对社会主义国家的偏见。其实,诸如法国等许多西方国家也采用国有国营型的广播电视体制,且政府对广播电视的控制极其严厉,广播电视依然为国家大政方针服务。

像鼓吹西方议会民主制那样鼓吹西方的广播电视体制,这是别有用心的,也是徒劳的。西方国家的广播电视体制是世界上众多体制中的一种,是和政治上的议会民主制和"两院"制紧密联系的,绝不是普遍的世界模式,也绝不是完美的媒介管理模式,西方的广播电视体制所产生的弊端早已被西方政界的有识之士所指出。

事实上,世界上的广播电视机构无一例外,都直接或间接是政府的一个部门,或者说,至少广播电视的管理机构是政府的一个重要部门。以号称最自由、放任的美国为例,它依然有专门的机构对广播电视进行管理,它的广播电视管理机构——美国联邦通讯委员会就是政府的一个部门,直接受联邦最高法院、国会和政府的控制。而法国的广播电视虽然被列入公有公营的一类,但它的政府对广播电视的控制即使在西方社会也被认为是严厉的。

西方学者对广播电视体制的分类方法对广播电视体制缺乏本质的分析。但同时应当看到,这种分类方法有值得借鉴之处。

一、广播电视机构的所有制和经营管理机制

① 国有国营。这是由国家拥有并直接经营的电台、电视台。其资产为国家所有,政府直接领导和管理;领导成员由政府任命,业务方针由政府规定,业务活动受政府的监督;经费大部分靠国家拨款,有的辅之以受众缴纳的视听费以及广告费。

② 国有公营。这是国家所有但由公司自主经营的电台、电视台。主要特点是：资产为国家所有，电台、电视台有相对独立性；根据法律规定，组成董事会或管理委员会进行领导管理，作为"特殊法人"存在和运作，其成员来自社会各界并具有较为广泛的代表性；政府依法加以规范和监督，但具体业务由电台、电视台自主进行；经费来自视听费、国家拨款，有的辅以广告收入。

③ 社会公营。这一类有 2 种：一种是社会各界筹办并经营的，一种是某个公众团体经办并经营管理的。它们一般是独立的法人单位，以服务社会为宗旨，在法制范围内独立地进行业务活动和经营管理，经费靠视听费或各界资助、政府补助，个别的辅以广告收入。国家依法在宏观上进行调控管理。

④ 私有私营。这是私人独资、合资或组成股份公司经营的广播电视企业。通常以营利为目的，实行商业化经营，广告为其主要经济来源。资产为私人所有；在法制范围内自主经营，自行决定业务方针，国家只在宏观上加以调控管理。

⑤ 公私合营。这是国家和私人合资或合办的广播电视机构，通常是由国家兴建并经营广播电视设备，私方制作节目而后租赁这些设备播送。不论合资或合办，国家通常处于主导的地位，经费一般来自广告收入。

国有国营、国有公营、社会公营的机构，通常被称为公共广播电视；私有私营、公私合营的机构，通常被称为商业广播电视。公共广播电视比较重视社会效益，注意节目的教化功能和文化品位；其弊端是经营管理缺乏活力，财源不旺，加之商业广播电视的冲击，经济常常出现困难，一些公共广播电视为经营也出现了格调降低、广告泛滥等问题。商业广播电视谋求商业利润，千方百计地改进经营管理，进行商业竞争，但节目品位不高，色情、暴力以及其他庸俗内容较多。

二、国家的法律和行政管理方式

社会主义国家实行的是单一的国有国营体制，广播电视台是一种事业单位，政府对它们实行直接管理。

发达资本主义国家有 2 种管理方式：美国以私营的商业广播电视为主；而西欧许多国家在很长一段时间内不允许开办私营的商业台，一直采用公共广播电视。但是 20 世纪 80 年代以来，西欧各国开始开放商业广播电视，引进竞争机制。所以，现在发达资本主义国家广播电视是多种体制并存的格局。国家对广播电视的管理手段通常包括制定法律法规，建立管理机构，负责颁发营业执照（经营许可证）、按照法律法规监审节目或广告内容、处理违法违规行为、限制过度的兼并垄断等。

发展中国家有的实行单一的公有体制，有的实行公私并存体制，各国根据不同的国情来决定其管理方式。

对广播电视的管制是广播电视大众媒介强大传播效果的必然结果，其体制的形成也是各国根据自身情况作出的灵活选择。各国经济发展水平和政治制度的不同造就了国有公营、公有公营、私有私营等不同体制，广播电视体制没有高下之分，其确立是为促进国家的发展，过度吹捧西方广播电视体制的行为是不理智的。对于一个国家而言，确立的广播电视体制必须适合本国国情，不符合国情的广播电视体制很可能造成广播电视事业的失控和社会的动荡。而在实践中一个国家可能同时存在多种广播电视体制。5 种体制混合下，当今世界形成了 3 种电视体系。

第三节　当今世界的三大电视体系

当今世界的三大电视体系是 5 种广播电视机构经营管理体制在各国混合发展的结果，即以美国为代表的以私有制为主体的完全商业化运作体制、以西欧各国为代表的公私兼顾的双轨制运作体制、以中国为代表的完全国有的有限商业化运作体制。世界其他国家的电视体制，或可归入上述 3 种体制，或是这 3 种体制的小小变异。这 3 种体制将基本上主导 21 世纪电视业的体制。

一、以美国为代表的以私有制为主体的完全商业化运作体制

美国的电视从一开始就是私营的。虽然经国会批准成立了公共电视系统（PBS），但是无论其规模还是收视率、影响力都不过是私营台的补充。

私营台名义上是独立运作、自主经营、自负盈亏，不受政党、政府的控制，基本上依靠广告收入作为主要的财源。这一切决定了它们运作的商业化特点。

在 20 世纪 80 年代以前，美国联邦通讯委员会（FCC）为防止电视台过于低俗化的倾向和恶性竞争、兼并，制定了一系列严格的规则来制约电视业，比如反垄断法规定，一家广播公司在全国至多只能拥有 12 家电视台，在全国 50 个大城市中不得拥有 2 个电视台；也不得同时拥有无线电台等。又比如"公正原则"规定广播电视提供一定时间的时政节目；在报道有争议的时政节目时，必须给争论各方均等的时间等。但 20 世纪 80 年代以后，这些硬性规定陆续取消，直到 1996 年 2 月，美国国会通过了《1996 年电信法》。新的电信法对广播公司拥有的电视台、电台数量不做任何限制，只规定一家电视台对全国电视家庭的覆盖率不得超过 35%，电视执照年限从 5 年延长为 8 年，对电视节目也不再有硬性规定。除了不得触犯法律以外，这个新的电信法意味着美国的电视业运作彻底商业化了，也典型地显示出商业

化运作模式的基本特点。

① 以营利作为最终目标。要营利就要争取广告客户,那些大的广告客户即大企业、大银行在相当程度上制约着电视台的成败命运,电视台必须倾向、迎合甚至自觉地代表那些大企业、大银行的利益。

② 以收视率作为节目制作、播出的直接目标。"电视台把节目播给观众看,然后把观众卖给广告商",这是美国电视台运作的基本规则。要争取广告客户,节目必须有相当的收视率;收视率越高,那么广告客户越多,广告收费也越高。

CBS 著名电视主持人、电视新闻先驱
沃尔特·克朗凯特

③ 以迎合受众为节目策划的基本原则。这必然使节目有媚俗、低级的倾向。美国各电视台娱乐性节目的比重大大高于严肃的时政节目。而且,新闻节目也出现了娱乐化的倾向。

④ 垄断竞争是美国整个电视业运作的基本模式。长期以来,美国的三大广播公司——哥伦比亚广播公司(CBS)、美国广播公司(ABC)、全美广播公司(NBC)有效地控制了美国 70% 以上的观众市场。1990 年以后,随着美国联邦通讯委员会放松规则,又有 3 家电视网进入观众市场,即福克斯广播公司(FBC)、派拉蒙广播公司(UPN)和时代华纳公司(WB)。这六大公司目前控制着全美 90% 左右的观众市场。这些大公司实力雄厚,人才荟萃,为争夺观众进行激烈竞争。电视台节目不断创新,设备不断更新,从而使电视台节目丰富

事件:
超级碗事件

多彩,花样翻新,其中也不乏经典之作,世界一些重大事件能迅速及时报道出来。同时,美国的大电视公司对政府政策有相对独立的立场以及巨大的社会影响力,可以顶住来自政府和其他方面的压力,使得它们在批评美国政府、抨击社会腐败现象方面有许多深刻的、精辟的观点。

二、以西欧各国为代表的公私兼顾的双轨制运作体制

公私兼顾的双轨制运作体制的典型是西欧和日本。但在 20 世纪 80 年代以前,西欧 20 多个国家除卢森堡、英国外,在电视业占主导地位的是单一的公营电视

台。公营电视台既不像国营，也不像私营，有其自身的基本特点。

①相对独立的管理机构。一是公营台，它的管理机构或由政府首脑提名、议会批准，或由原先的管理机构提名经议会批准。但公营台的管理机构一成立就独立运转，不受政府的领导或控制，从电视台的办台方针到财政预决算、节目制作、播出，由管理机构最终决定。二是电视台管理委员会，由社会民间团体和电视台业余人员共同组成，是电视台业务的监督机构。它负责收集市民的意见要求，审查电视台节目，遴选电视台台长并与台长签订工作合同。三是台长领导整个电视台业务，有权选择电视台各业务部门经理。

②以视听费作为主要收入。视听费一般以每架电视机为收费基准，每季度或每半年收费一次。费率各国不同，收费一般由政府的邮政部门代理，然后全额交付给电视管理部门。正因为公营台依靠视听费，所以电视节目基本上不播放广告。这样一来，公众真正成了电视台的衣食父母，电视台直接对公众负责，不受广告商的干涉，同时由于体制也不受政府的控制。

③公营台是半官方的。虽然公营台名义上不受政府的控制、领导，但它和政府有着剪不断、理还乱的紧密关系。从传统上看，公营台都天然倾向于政府，宣传政府的施政纲领，维护政府的形象。虽然在某些问题上会抨击政府，但基本上是"小骂大帮忙"。所以民间多把公营台当作半官方的机构，只是程度不同而已。比如日本放送协会（NHK）的电视网始终紧跟政府，而英国广播公司（BBC）对政府的独立性要鲜明一些。

撒切尔夫人

④ 公营台把观众当作"公民"而非"消费者"。从这点出发,电视业对社会政治文化发展的追求高于商业利益,维护西方民主制度、保障公众利益高于收视率的追求。所谓公众利益包含了以下原则:独立——在政治上不为政府或其他利益集团所左右;平等——观众不分等级享受同样的服务;全面——反映不同的观点,照顾少数人的兴趣。在电视台的节目安排方面,公营台都侧重于时政和社会教育节目,尤其重视新闻;娱乐节目也偏重于健康,寓教于乐。

1980 年以后,西欧各国先后开始了电视业的私有化。电视业的私有化有多种原因,其历史背景是 20 世纪 80 年代初英国首相撒切尔夫人掀起的私有化浪潮,而直接原因是一批大企业强烈要求开放电视业和观众对枯燥的电视节目的不满。西欧的电视业私有化以议会、政府放松对电视业的管制为起点,以议会立法或总统命令形式逐步实现。

这里需要强调的是,除了法国,西欧其他国家的私营台都是新建的,即在公营台之外的新私营台。只有法国的私营台是由政府出面,公开招标,卖给一些大公司,改制为私营台。

经过近 20 年的变革,西欧和日本正式确立了公私兼顾的双轨制体制。公营台按原先的模式继续运作,私营台则以美国私营模式进行商业化运作。从目前情况看,公营台和私营台的实力不相上下,而且都是大的电视公司之间的垄断竞争。

事件:
凯利事件

三、以中国为代表的完全国有的有限商业化运作体制

以中国为代表的完全国有的有限商业化运作体制在世界上尤其是第三世界仍具有广泛的代表性。首先是完全国有的有限化商业体制有其基本特点。

① 电视台的所有权完全属于国有。在中国,到目前为止,除了政府投资以外,其他任何部门,无论是国有企业还是私营企业,都不得在电视台投资或参股。

② 电视台是党和政府的宣传机构,即党和政府的喉舌。电视台的主要领导人是由党和政府任命的;电视台的宣传报道方针必须和党的行动纲领、政府的施行纲领保持一致并经党和政府批准。

③ 电视台义不容辞地承担着宣传党和政府的重大理论、方针、政策的职责。在此前提下要尽量满足观众对信息和娱乐等的需求。

④ 电视台的经费在 20 世纪 80 年代之前,多由政府直接拨款。目前,大部分入不敷出的电视台仍由地方政府拨款,保证电视台的正常运作,而部分的电视台已不再需要政府的财政支援,完全依靠广告收入和其他经营收入。

这里，需要对"有限商业化运作"做出解释。从 20 世纪 90 年代开始，中国新闻界重新界定电视业具有双重属性，既属于上层建筑又属于信息产业，从而确定电视业"事业性质、企业化管理"的运作模式，开始了电视业在经营上的商业化运作。

安徽广播电视台台标

其次是完全国有的有限商业化运作与美国式的完全商业化的区别。完全国有的有限商业化运作是在一定的控制范围内进行的。

① 节目的制作和播出只能部分而不能完全按市场需求来执行。电视台首先必须完成党和政府所赋予的宣传任务，而且所有节目都在不能违背党和政府的方针政策的前提下才能考虑满足观众的信息、娱乐等方面的需要。

② 各家电视台之间有着激烈的竞争，也有"优胜劣败"的现象，但迄今还未出现"优胜劣汰"或者"优胜劣并"（被兼并）的现象。所谓"优胜劣败"仅指电视台收益，经营得好的电视台收益较高，那么职工收入和福利较好，设备更新较快；那些比较差的电视台收益就较低，但无须担心电视台会关闭或被其他台兼并。如前所述，电视台作为一级党和政府的宣传机构，在经费上实在入不敷出时，地方政府自会以财政拨款来扶植。

③ 由于上述两方面的条件，各电视台非常看重节目的收视率，因为这和广告收入紧紧相连。但并非像美国电视台那样以收视率为评判节目的唯一标准。中国电视台强调"社会效益第一，经济效益第二"。

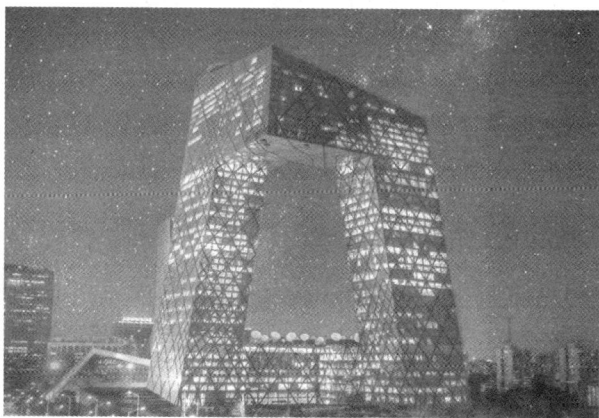

中央电视台大楼

倡导有限商业化运作模式的初衷就是把市场的竞争机制引入电视业，在确保电视业国有制、确保电视台宣传好党和政府方针政策的前提下，增强电视台的活力，丰富节目内容，满足观众的需求，减少国家的财政支出，增加电视台的收入，加速壮大电视台。从 10 年的实践看，基本上达到了原先的构想。中国电视业的年广告收入从 1992 年的 21 亿元增加至 1999 年的 114 亿元。其中有 20 个电视台年收入超亿元，各地电视大楼拔地而起，电视台设备在全世界都是一流的。

新的运作模式也带来新的问题。电视业"散、乱"现象突出。重复建设，盲目上马，造成巨大的资源浪费。由于电视台可以成为营利的机构，全国出现争办电视台的热潮，且只生不灭，越办越多，电视台总数从 1990 年的 800 家左右到 1999 年达到 3000 家左右，成为世界上电视台最多的国家，给国家造成巨大财政负担。80％以上的小型台节目粗制滥造；人员鱼龙混杂；为了增加收入，硬拉赞助，强登广告，对社会、对经济发展都造成负面效果。电视节目的制作、播出出现程度不同的媚俗、庸俗化倾向。这些都是亟待改进的。

事件：
纸馅包子虚假
新闻事件

第四节　世界著名的广播电视机构

目前世界上影响力较大的广播电视机构主要来自美国、西欧，其影响力并不局限于国内，其触角伸向世界各个角落，而发展中国家则由于起步晚、缺少资金与技术等原因很少能产生著名的广播电视机构。以下选择 13 个世界著名的广播电视机构，对其组织结构、运营管理和发展历程等进行介绍，这些机构一定程度上也代表了当代广播电视事业的概况。

一、全美广播公司（NBC）

全美广播公司是美国三大全国性商业广播电视公司之一，也是美国第一家全国性广播电视网。总部设在纽约。

NBC 成立于 1926 年 11 月，原由美国无线电公司、威斯汀豪斯公司、通用电气公司合股经营，初期办有"红色"和"蓝色"2 个广播网。1930 年，美国无线电公司获

全美广播公司标志

得全部股权，独家拥有 NBC。1939 年 4 月，NBC 开始电视广播。1941 年 2 月，NBC 首家进行彩色电视试验广播，它研制的 NTSC 彩色电视制式在 1954 年被确定为全国统一的标准。1943 年，美国联邦通讯委员会修改广播网管理条例，规定一家广播公司不得同时拥有 2 个广播网，NBC 出售了它的"蓝色广播网"。1965 年它率先全部播出彩色电视节目。在高清晰度电视的研制方面，它在美国国内也属于前列。

第二次世界大战后，电视的发展严重冲击了广播业。广播日益走向窄播，即广播台日益地方化、小型化，广播服务对象日益细化、专门化。在美国，从某种意义上讲，全国性的广播网已不存在。1985 年，NBC 被通用电气公司以 62 亿美元收购，并把直接经营的 8 座广播电台先后售出，成为只经营电视的广播公司。

20 世纪 80 年代后期至 90 年代初期，NBC 主要向国外发展电视业务。它在欧洲、亚洲、拉美等地都有发展。

1996 年，美国修改《1934 年通信法》，取消对一家公司在全国范围内拥有电台或电视台数量的限制，引发美国历史上从未有过的媒体大并购。NBC 自己当时拥有 7 家电视台，另有 200 余家附属电视台。1999 年 9 月，它宣布向位于佛罗里达州的帕克森通讯公司注资 4.15 亿美元，并获得权利在 2002 年 2 月 1 日进一步向其投资 12 亿美元，从而拥有这家公司的控股权。帕克森公司拥有 72 座电视台，还经营 PAXTV 电视网。这是一个深入美国最基层地区的、专门提供家庭娱乐节目的电视网，拥有 51 个加盟电视台。这样，NBC 的触角伸入更多的地方电视台。

NBC 与微软公司在 1996 年联合开办微软全国广播公司电视频道（MSNBC）。这是一个有线加在线电视频道，受众既可以在家里通过电视机收看有线电视的 MSNBC 的节目，也可以通过电脑上网获取在线的 MSNBC 的信息。MSNBC 的出现标志着美国商业电视全新形式的出现，也标志着美国广播电视业与其他产业整合的开始。

紧随美国经济复苏和金融贸易繁荣的趋势，NBC 又一次大胆尝试突破，于 1998 年和道·琼斯公司联合开办了 CNBC 频道，播送商业新闻和实时金融讯息，并在欧洲和亚洲设立了分支机构，迄今为止客户已突破了 1.75 亿。2002 年，NBC 分别收购了美国排名第二的西班牙语电视网德莱门多（Telemundo）和拥有 7000 万观众的布莱孚（Bravo）有线电视网。2005 年，该公司电视收视率占全美家庭的 24.65%，排名第三位。到 2009 年，NBC 已在美国建立其领先地位的网络新闻，播出收视率最高的早晨、傍晚和周日接受采访的新闻节目。它与 MSNBC 共同承担成本，并分享有线网络广告和订户收入，使得它远远超过其竞争对手的网络，占有明显的优势。

在美国三大广播公司中，NBC 以擅长推出富有创新的节目而闻名。1947 年，它首创记者招待会形式的谈话节目《会见新闻界》;1952 年创办全美第一个晨间节目《今天》;1956 年首家推出两人搭档主持的新闻节目《亨特利-布林克利报道》;1963 年肯尼迪遇刺身亡,NBC 首创停播所有广播、24 小时播出新闻的做法;等等。

NBC 现在较为著名的新闻节目有《今天》《今晚》《明天》《全国广播公司晚间新闻》以及杂志型的节目《周末》等,其中以《全国广播公司晚间新闻》和《今天》的收视率最高。

NBC 每年制作大量的新闻、体育娱乐节目及电视剧,其中《仁心仁术》、《六人行》(又译《老友记》)、《威尔与格蕾丝》等电视剧为中国观众所熟悉。

NBC 经典电视剧《老友记》剧照

二、美国广播公司(ABC)

美国广播公司是美国三大全国性商业广播电视公司之一,总部设在纽约。

1943 年,全美广播公司根据美国联邦通讯委员会修改后的广播网管理条例的规定,即一家公司不得拥有 2 个以上的广播网,出售"蓝色广播网"。工业界巨子爱德华·诺布尔以 800 万美元的价格买得,成立一家独立的广播机构,即美国广播公司。1953 年 2 月,他联合派拉蒙剧院以 2500 万美元购买美国广播公司,并与之合并为一个联营公司,改名为"美国广播-派拉蒙剧院公司",1965 年 4 月再次改用原名,同年开办彩色电视广播。1985 年 3 月,美国都市传播公司以 35 亿美元买下美国广播公司,改名为"都市传播公司和美国广播联合公司",但一般仍沿用原名。

美国广播公司标志

1995 年,ABC 拥有 8 家直属电视台、220 余家附属电视台、20 余座直属广播电台、上千座附属电台。这一年,世界最大的娱乐集团——美国迪士尼公司以当时媒介兼并的最高价约 190 亿美元兼并 ABC,形成集电视、有线电视、电影、互联网等多种媒体于一体的传媒巨头。随后,ABC 在 20 世纪 90 年代中后期有了长足进步。不过 ABC 的弱点相当明显,那就是新闻的关注度、反应速度上,的确比 CBS、NBC、CNN 有很大差距,特别是对伊拉克战争以及"9·11"事件等偶然事件的反应缓慢。这影响了 ABC 前进的步伐,在收购的第六、第七个年头,还出现了迪士尼出钱倒贴的亏损现象。

ABC 在娱乐节目方面成就较为显著,一段时间这也是它巩固地位、增强竞争力的有力手段。1954 年,它取得《迪士尼乐园》节目和《米老鼠俱乐部》节目的播出权。节目播出后受到青少年的热烈欢迎,这成为公司发展道路上的转折点。1955 年它陆续播放一系列西部片,赢得高额利润。它还首创 90 分钟的《本周电影》栏目,取得良好效果。1981 年开播的电视巨片《豪门恩怨》连续播放 8 年,收视率步步上升,为 ABC 赢来数以亿计的观众。ABC 的体育节目也深受观众喜爱。

1998 年,ABC 播出了《谁想成为百万富翁》这一版权购买自英国的节目后获得了巨大成功,但也由于太过依赖该节目而不开发新形态,最终使得观众

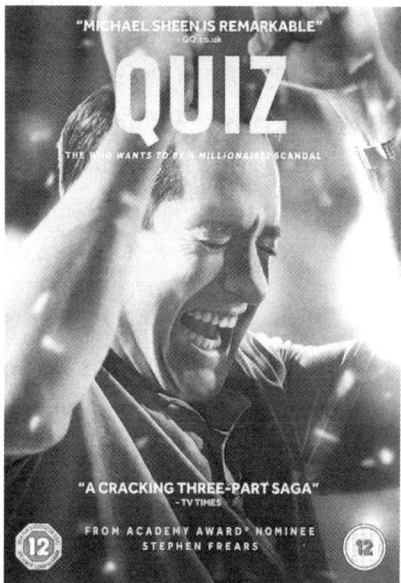

《谁想成为百万富翁》海报

生厌,大倒胃口。ABC 的收视率也从此退居第四位,同年财政亏损 3.6 亿美元。ABC 为了重新挽回下跌的人气,把视角转向了真人秀节目,推出了《交换妻子》等一系列突破道德底线的真人秀节目,大获成功。随后 ABC 对电视剧进行改革,随着《迷失》《绝望的主妇》《实习医生格蕾》的横空出世,ABC 拥有了 3 档收视率超高的电视连续剧,一扫在电视剧方面的萎靡态势。这也使得 ABC 电视台拥有了更多的观众资源可以支配。

ABC 高收视率的新闻节目有《今晚世界新闻》《美国广播公司晚间新闻》和晨间节目《早安,美国》等。1981 年里根总统遇刺时,只有美国广播公司的记者拍下全部实况,抢到独家新闻,留下了珍贵的历史资料。2005 年,该公司电视收视率占全美家庭的 30.13%,电视收视率和广播收听率均排列第二位。截至 2008 年,

ABC 是美国观众最多的电视网。

三、哥伦比亚广播公司(CBS)

哥伦比亚广播公司是美国三大全国性商业广播电视公司之一,总部设在纽约。

1927 年,原联合独立广播公司与哥伦比亚唱机公司合并成立哥伦比亚广播公司。其当时通过所属 16 家广播电台向全国广播,成

CBS◉

哥伦比亚广播公司标志

为美国第二家全国性广播网。1928 年,生产雪茄烟的老板威廉·佩利买下该公司的控制权并加快发展。CBS 于 1941 年正式开办电视广播,1965 年播出彩色电视节目,1988 年在国内首家尝试制作高清晰度电视片。

1995 年 8 月,西屋电气公司以 54 亿美元接管 CBS,随后又收购无线广播公司,取得全国 10 个最大广播市场的统治权。后来,西屋公司将制造业务关闭或出售,集中力量发展媒体事业,并采用哥伦比亚广播公司作为新公司名。

1999 年 8 月 5 日,美国联邦通讯委员会出台关于允许一家电视网在同一个市场经营和拥有 2 家电视台的新政策,这成了哥伦比亚广播公司和美国维阿柯姆公司宣布合并的导火索。在哥伦比亚广播公司的旗下有 15 座电视台及众多附属电视台,有全国最大的广播电台网和有线电视网 TNN,还有美国最大的户外广告牌经营公司。其网上"CBS 体育"和"CBS 市场观察"都已有上亿美元的资产价值。在维阿柯姆名下,有 19 座电视台,有全球最大的娱乐节目有线电视网,有著名的派拉蒙影视制作公司网,并控制了美国最大的音像影视出租公司 Blockbuster Video,有图书出版公司西蒙·舒斯特等。同年 9 月 8 日,双方达成合并协议。

2019 年 8 月 13 日,哥伦比亚广播公司和维亚康姆联合宣布,双方达成合并协议组建联合公司 ViacomCBS。

CBS 素以新闻节目和拥有众多著名节目主持人享誉美国电视界。其杂志型新闻节目《60 分钟》,自 1968 年 9 月创办以来,一直是美国收视率最高的新闻类节目之一。它的《今夜世界》《哥伦比亚广播公司晨间新闻》《哥伦比亚广播公司晚间新闻》等节目很受欢迎。几十年来,它推出的许多著名主持人在美国家喻户晓,如爱德华·默罗、沃尔特·克朗凯特、迈克·华莱士和丹·拉瑟等。2005 年,该公司电视收视率占全美家庭 31.53%,排名第一位;广播收听率也排在各广播机构的首位。而由于 CBS 电视台台标像眼睛,因此 CBS 电视台也被称作"眼睛台"。另一方面因为 CBS 和 ABC 收视人群均偏向高年龄,所以被叫作"老年台"。

值得注意的是,对于以上三大广播电视网来说,目前来自外部的挑战要比三巨头之间的竞争激烈得多。自 20 世纪 40 年代电视在美国兴起以来,三巨头统治美

国广播电视业近 40 年。美国有地方商业无线电视台 1100 余家。但 20 世纪 80 年代以来，这种"三国"格局正逐渐被解构。有线电视已进入美国 2/3 的家庭，并大量地夺走了三大电视网的观众。

四、有线电视新闻网（CNN）

20 世纪 70 年代以来，美国的电缆电视发展迅速。至 90 年代初，各地电缆电视系统已有 5000 多个，入网的电视家庭有 5487 万户，占全部电视用户的 60% 左右。经由卫星向电缆电视用户播送节目的全国性电视台网已有 72 个。电缆电视传送的节目内容日趋专门化，分别有新闻、体育、故事影片、儿童节目、家庭购物、音乐节目、宗教节目、商业信息等等，观众可以选择收看、收订。

有线电视新闻网标志

有线电视新闻网属于特纳广播公司（TBS），该公司早在 1976 年就向电缆电视系统播放电影和体育节目。1980 年 6 月创办 CNN，总部设在亚特兰大，专门播送新闻，1982 年起增办第二套，现在这 2 套节目通过卫星和电缆日夜不停地向国内外用户播送各种新闻。1991 年海湾战争中它更是大出风头，迅速、及时、详尽地报道了多国部队在伊拉克的"沙漠风暴"行动，成为各国首脑和舆论界了解实际战况的主要渠道，从此奠定了作为世界性新闻电视网的地位。

CNN 亚特兰大总部大厦

CNN 拥有实力雄厚的采编队伍，有全套自动化的信息传递和处理系统，在国内外许多城市设有分支机构。1995 年 10 月 CNN 与时代华纳公司合并，业务如日中天。据 1996 年统计，国内有 6800 万订户，有 380 多家电视台。

CNN 无论是规模还是经济实力都不能与美国四大广播网络公司相提并论,但它在世界上仍享有很高知名度,而且其母公司是举足轻重的媒体巨头。有线新闻网由著名媒体大亨和慈善家特德·特纳创办于 1980 年 6 月 1 日,是美国也是世界第一个 24 小时滚动播放电视新闻节目的电视台,并为后来世界多国积极效仿。1986 年 1 月 28 日,CNN 是美国唯一现场直播"挑战者号"航天飞机升空爆炸事件的电视台。截至 2010 年 8 月,CNN 在美国已有 1 亿用户。

作为一家具有世界级影响的电视机构,CNN 较有影响的栏目主要有:《今日世界》《CNN 世界报道》《新闻教室》《交火》《拉里·金现场》。除以上栏目外,CNN 还办有《可靠消息来源》《今晚世界商情》《CNN 今晚体育》《东西方会见》等名牌栏目。

五、美国之音(VOA)

在世界 80 多个国家的对外广播中,美国的对外广播处于领先地位。美国的对外广播最重要的是美国之音,总部设在华盛顿。美国之音成立于 1942 年 2 月 24 日,当时主要从事战争宣传。二战结束后,它主要进行反共宣传,以后逐渐将重点转为阐明美国政府的政策,宣传美国社会和美国生活方式、报道国内外新闻及时事

美国之音标志

评论等。美国之音初创时隶属美国战时情报局,1953 年起归美国新闻署领导,经费来自政府拨款。

美国之音内部的管理体制是:该台台长由美国国际交流署助理署长兼任,由美国总统直接任命;副台长 1 人,由外交人员担任;全台分为三大部门,即节目部门、行政部门和技术部门。

节目部门是美国之音最大的部门,现有工作人员占全台一半,节目部下设一个中心发稿部门新闻时事部,还有 7 个语言组。美国之音的节目部门第一把手以及他手下的各语言组的第一把手均由外交官担任,3 年轮换一次。这是因为美国之音认为,各语言组的第一把手由驻所在国的外交官担任是因为他们熟悉各国情况,可以有针对性地协调节目内容,3 年以后这些外交官再回到原来的国家去进一步深化他们的知识。

美国之音的新闻素以稿源丰富而著称。电台新闻部备有 18 部接收世界各大通讯社电讯稿的电传机。美国之音除了各大通讯社的电讯稿以外,另一个来源是美国国内 3 家大报的新闻电讯稿,还截听 100 多个国家的广播资料。新闻部获取消息还有一个来源,即在国内外派驻的记者和聘请的特约通讯员。目前,美国之音有十几名国外记者,还有 100 多名兼职的特约通讯员。就这样,丰富的新闻稿源保

证了美国之音每天可以抄收 150 万字的资料,经过选择采用 1/4 左右。该部主任自豪地说,美国之音就像一个蜘蛛网,把触角伸向四面八方,每时每刻都有最新消息。

美国之音现在已经是世界上最有名望的国际广播电台之一,节目内容广泛,形式多样,包括新闻、时事分析、评论、新闻专题、音乐、艺术、科学、体育及各种英语教学节目等。美国之音现有工作人员 3000 余人,在国内外设有 16 座转播台,拥有 113 座发射机。发射设备总功率 22470 千瓦。它使用 48 种语言,每周播音 1166 小时,向 3.11 亿人提供超过 40 种语言的新闻和信息。美国之音在继续传统演播方式的同时,已经开始用电子邮件的方式向人们发送新闻。

六、英国广播公司(BBC)

英国广播公司是英国制作和播出广播电视节目的巨头,成立于 1922 年。

BBC 具有公共服务机构的性质。它不播商业广告,经营主要收入来自电视观众缴纳的执照费,还从出售教育片、电视节目出口等经

英国广播公司标志

营活动中获取部分收益。公司最高领导机构是董事会,有董事 12 人,由政府提名,女王任命,任期 5 年。

BBC 经常被看作是享有最完整的独立性的新闻机构的楷模。BBC 可以对英国政府和外国进行批评,可以对政治和金融丑闻进行调查,政府和任何政党都不得干预该公司的活动。BBC 把"客观、公正"作为报道的总方针,并以新闻报道的客观、公正赢得了世人对它的尊敬,使它被许多国家的领导人、外交官、经济金融界人士等实力人物纳入每天必看必听的工作日程。它非常重视新闻报道的可靠性,力求真实。稿件中如果出现未经核实的事情,一定要对来源的可靠性作附加说明,如"根据未经证实的消息"或"据一些消息报道"之类。

BBC 的国内广播共有 5 家电台。一台播出现代音乐;二台以播出艺术(爵士乐、民乐、乡村音乐等)和宗教节目为主,也有日常生活的谈话节目;三台以古典音乐为主;四台是新闻和谈话节目;五台为体育台。

BBC 的国内电视有 2 个电视台,一台为以新闻为主的综合台,二台为体育和综艺节目。BBC 的国际广播电视包括世界电视台(BBC World)和 BBC 国际广播。世界电视台在美国、印度、澳大利亚、欧洲大多数国家和中东主要国家都借用当地的有线台开设了专门频道,目前已拥有 4500 万电视家庭,其中 3000 万在欧洲。BBC 国际广播已覆盖全球,有 1.43 亿听众。

BBC 在英国原先是一家独大,但随着独立广播联盟(ITV)和空中广播

BBC 总部大楼

(BskyB)的崛起,BBC 正受到内外广播电视的激烈竞争,收听、收视率下降。为此,从 1997 年开始,BBC 实施一整套改革计划。主要集中在以下 3 个方面:

首先,在机构和人员方面,实行制播分离,除新闻节目外的绝大多数实施委托制作,将国内与国际的新闻制作统一起来,大力精简冗员。其目的是将人力、财力、精力集中到受众需要方面去。

其次,调整新闻节目。BBC 用 18 个月、20 万英镑对其新闻节目进行全面调查和战略回顾研究,从而重新制定 3 套主要新闻节目内容:6 点新闻面向全国,为了提高节目对妇女、青年的吸引力,增加国内新闻、地区新闻和社会新闻量,使报道内容更加贴近以家庭为主要生活内容的妇女和青年;9 点新闻加重国际新闻,使国内与国际新闻各占 50%,旨在吸引比较传统的男性观众;10 点半新闻则侧重于新闻分析,旨在吸引受过良好教育的男性观众。这使 BBC 各档新闻节目的收视率平均提高 9%,重新成为英国观众最喜欢的新闻节目。

最后,向数字化迈进。BBC 的 2 个电视台从原先的 2 个频道增加为 4 个频道,其中一个是 24 小时全新闻频道,另一个为选择频道和信息服务。1998 年 9 月 23 日,4 个频道全部实行数字化播出。

BBC 目前经营 8 条电视频道、10 条广播频道,以及直接由英国政府出资经营以 43 种语言作全球广播。

BBC 的主要收入来源为收取国内受众的视听费,由政府邮电部代为收取。1996 年 12 月,政府批准 BBC 提高视听费的收费标准,每台彩色电视机每年收费 91.5 英镑,黑白电视机为 30.5 英镑。1997 年 BBC 的收入为 2.81 亿英镑,另外还有来自海外服务的收入(占总收入的 4%)。近年来,BBC 也通过商业活动赚钱,如出售曾经播出过的节目等。

以 2003 年为例,BBC 收入主要来自 3 个方面:执照费收入 25.69 亿英镑,47 亿英镑来自 BBC 商业控股公司。2.37 亿英镑来自 BBC 全球服务,其中主要是政府拨款(2.01 亿),其他还有 1610 万英镑来自用户的订购费,以及 660 万英镑来自其他收入。

七、日本广播协会(NHK)

日本广播协会是日本也是亚洲地区成立最早、影响最大的广播机构。1925 年 3 月 22 日,日本创办了中央放送局(不久即改称"日本广播协会"),这一天被公认为日本广播的诞生日。从 1925 年成立到 1945 年日本战败,当时的日本广播协会名为"社团法人",但被牢牢控制在政府手中。二战以后,一度关闭。在联合国驻军总司令部指导下,NHK 于 1946 年 3 月 4 日开始重新进行广播。

1950 年,日本国会通过了"电波三法",即《电波法》《放送法》和《电波监理委员会设立法》,一方面允许商业广播电视机构进行经营;另一方面也对 NHK 再次进行民主改组,规定 NHK 为公共广播机构,"不以赢利为目的,独立于国家,为了全体国民福祉而进行广播"。NHK 进行了重新组建,成为具有公共性质的特殊法人,建立了较为完善的管理与监察机构。

NHK 的组织机构以受众缴纳的收视费进行运营,NHK 责任重大。因此,它的业务情况、预算和经营委员会成员的任命等,都必须得到代表国民的日本国会承认。它的最高权力机构为"经营委员会",由 12 名社会各界人士组成,他们分别来自教育、文化、科学、工商业等各个领域。

日本广播协会标志

日本是最早进行电视播出研究的国家之一。在广播电视技术的各个发展阶段,NHK 始终走在亚洲乃至世界的前列。早在 1937 年,NHK 就在东京进行了电视试验;1959 年,NHK 先后成功地对明仁皇太子大婚和 1964 年的东京奥运会进行了现场直播,这大大促进了电视机的销售和日本电视的发展;1970 年彩色电视播出;1985 年图文电视开播;1989 年 NHK 开始通过卫星传输广播电视信号,同年实验性播出了清晰度非常高的"Hi-Vision"电视;2000 年数字广播电视开播;2002 年 2 月,NHK 正式使用高清晰度电视信号转播盐湖城冬奥会。

NHK 现今拥有 6 个电视频道和 3 套广播节目,以面向日本国内提供播送服务。另外,NHK 的国际频道面向国外提供广播和电视服务,包括 18 种语言的新闻网站,形成覆盖全国以及全球 100 多个国家和地区的广播电视网。

日本《放送法》规定，NHK 的广播电视节目在全国任何一个地方必须都能接收到。NHK 与建在日本各地大大小小的地方台构成了覆盖全国的广播电视网，拥有日本商业台无法与之匹敌的庞大规模。

NHK 总部设在东京，除了在全国各地拥有大大小小众多地方台之外，在国内 43 个都道县府还设有地方中心和分支机构，在世界主要城市设有驻外机构。NHK 所有的经费由 NHK 总部统一管理。NHK 地方台的基础建设、设备更新和日常开支以及职工的工资等也由 NHK 总部统一负责。由于 NHK 没有广告收入的压力，它便不会受到商业因素的干扰，可以摆脱广告商的牵制，自主地编排节目，追求节目的高质量而不是单纯的高收视率。NHK 非常重视通过播出优秀的节目来提高日本国民的文化素养，它制作了大量闻名于世的电视纪录片，如著名的《丝绸之路》等。NHK 的教育节目还经常被选入日本中小学的教材，有的节目还被日本政府作为外交礼物送给来访的外国首脑[1]。

八、法国电视一台(TF1)

法国电视一台是法国成立最早的电视台，也是法国最大的全国性电视台，1974 年成为独立的国营企业。经议会批准，该台于 1987 年 4 月售给私营企业，取得控股权的是法国布依格集团和它的合伙人英国的马克斯韦尔集团。

法国电视一台创办于 1935 年 2 月 13 日，是法国历史最悠久和最大的全国商业电视台，后被并入法国广播公司（RDF），2000 年再次独立，隶属 TF1 集团。该台 2015 年市场占有率为 21.4%，名列第一，也是欧洲电视观众最多的单个电视台。

法国电视一台标志

该台每天从早上 6:00 开始至第二天凌晨 5:10 几乎连续不间断播送节目，上午是动画片，下午和夜间是连续剧，早晨、中午、晚上有 3 次新闻节目。由法国著名的记者和新闻主持人帕特里克·布瓦沃·达沃尔每晚主持的《20 点新闻》最受欢迎，此人在海湾战争爆发之前曾到巴格达采访伊拉克总统萨达姆，因而名声大噪。

这个台的政治性专题节目也很有特色，如著名女记者安娜·辛格莱主持的《家庭采访》和《每周七日》节目，邀请政界人物到电视台就一周时事作评论，或记者到政界人物家中采访，使观众了解这个人物的生活状况。可以说，这种政治性节目办得十分有人情味。包括总统、总理在内的法国政界人士几乎全都接受过这位女记

---

[1] 刘勇、刘丽：《外国新闻史资料汇编》(合肥工业大学出版社 2017 年版)，第 180—184 页。

者的采访。

私有化后,这个台播放广告的时间大幅度增加,每小时的广告时间经常超过法定的 12 分钟。另外,电视台为了节约费用,廉价进口大量美国、日本电视剧和动画片,压缩本国制作的电视节目,这些做法均遭到社会上的批评。

九、俄罗斯公共电视台(OPT)

俄罗斯电视业的"龙头老大"——俄罗斯第一频道是苏联最早出现的电视台,也是俄罗斯的第一大公共电视机构,又称俄罗斯公共电视台,与美国的 NBC、CBS 和英国的 BBC 等全球著名电视台并列为世界十大电视台。在所有俄语频道中,第一频道是最具影响力的品牌,被公认为俄语电视节目的领先者。

第一频道的发展和俄罗斯的历史进程紧密相关。1991 年苏联解体,电视业几十年来自上而下垂直领导的管理模式荡然无存。解体前,几乎所有的电视台都归国家所有,财政上靠国家预算拨款,节目的精神和内容服从国家需要,自主性极低。解体后,情形发生了本质的变化。目前,在俄罗斯至少有 500 家登记注册的非国有电视台遍布全国各地,拥有相当可观的收视率,电视台之间的竞争,如同其他商业竞争一样,愈演愈烈。各个媒体为了生存求发展纷纷变革。俄罗斯第一频道的发展历史,就是俄罗斯媒体变革历史的一个范例。其发展历程可以分为以下 3 个阶段:

① 国家第一电视台时期。第一频道的前身是苏联时期的国家第一电视台,属于国有,是当时唯一的常设电视台。该台于 1951 年 3 月 22 日成立,它成立之后数年,苏联的其他电视频道才逐渐出现。第一电视台成立之初,主要播送新闻、音乐节目、电影和一些教育节目。

② 商业化时期。1991 年苏联解体,俄罗斯电视界发生了深刻的变化,国家第一电视台也开始商业化,并且改名为"奥斯坦金诺第一频道"。1995 年,俄罗斯的电视业开始走上私有化道路,电视的所有制由以往的单一国有制转变为国有、股份与私营并存的多元体制。同年 4 月 1 日第一电视台改名为"俄罗斯公共电视台",因此一般认为 1995 年 4 月 1 日是"第一频道"的成立时间。

当时根据叶利钦的总统令,该台由国家控股 51%,其余 49%的股份拍卖给其他商业企业。由于政府财政困难,无法兑现对公司的拨款,形式上还是政府控制公共电视台,但是实际的控股权掌握在私人财团手中。当时

俄罗斯第一频道标志

的俄罗斯最大的寡头之一鲍里斯·别列佐列夫斯基联合阿尔法银行、梅纳捷普银行和首都储蓄银行,收购了该台 38% 的股份,成为最大股东,基本控制该电视台并且和叶利钦关系密切。1999 年普京上台,决定肃清金融寡头后,别列佐夫斯基对该电视台的控制之路才走到了头。

它是在苏联中央电视台的基础上建立起来的,以苏联全境范围为服务区域进行广播,可以覆盖总人口的 95%。苏联中央电视台的技术部门和节目制作部门属现在的奥斯坦基诺中心,它与俄罗斯公共电视台是节目制作者和播出者的关系。

③ 回归国有的俄罗斯第一频道时期。2002 年 9 月 1 日,"公共电视台"正式名称改为"第一频道",以强调它的成功——俄罗斯电视界的领军者,当时的第一频道拥有 1.4 亿的受众。同时,国家重新取得了对第一频道的影响力和控制权,其总裁也由俄罗斯总统任命。

苏联解体后,面对激烈的竞争,第一频道把收视群体定位为普通老百姓,要求节目符合大众审美情趣,既不能太前卫,也不可过于落伍。如今,该频道不断拓展自己的受众空间,采用更先进的设备,调整播出信号,以便更多的人能够看到他们的节目,实现更高的收视覆盖率。定位确定后,电视节目内容的改革就呼之欲出。改革前,第一频道的节目构成是:白天,体育和纪实性节目较多,晚间、周末多为本国和外国电影;有专门时间播出动画片和宗教节目;深夜转播美国音乐电视网的节目。第一频道的改革主要从 3 个方面进行:扩大新闻、时事类节目报道量,着力开发娱乐节目,变革谈话节目。改革后的第一频道,主要做到了新闻当家、娱乐助力,满足观众多样的需求,也树立了自身的节目理念。

第一频道实行多元化发展,不断寻找新的发展空间,尤其在电影、电视的制作方面。第一频道制作了许多电影,并使用将近 40% 的时间来播出电影。在其制作的俄罗斯国产电影中,《守夜人》(2004)、《守日人》(2006)、《命运的捉弄 2》(2007)等,在俄罗斯非常卖座。《夜间巡逻队》《胡萝卜爱情》等则更是受到了观众的极大肯定与欢迎。投资制作电影投放市场,一方面对于电视媒体来说是有效增强经济效应的手段,同时使自己的资源得以充分利用,有效地进行资源整合;另一方面,优秀的电影进军国际市场也是提高媒体影响力、知名度,增加社会效益的好方法。

在电视剧的制作上,第一频道于 2003 年推出了一部名为《杀伤力》的本土电视连续剧,取得了 54.3% 的收视份额。2007 年 2 月 19 日,该频道又在 2 月 23 日"国家保卫者日"到来前夕,隆重推出战争题材的电视连续剧《列宁格勒》,真实地再现了 1941—1944 年那个寒冷悲惨的列宁格勒长达 900 天的封锁,同样获得了巨大成功,在俄罗斯产生了巨大反响[①]。

十、德国公共广播联盟(ARD)

德国公共广播联盟简称德广联,是德国各州广播电视台的联合组织。它既是成员共同利益的代表者,负责协调和解决涉及节目、法律、技术、管理和经济等有关问题,又是联邦德国第一套全国性电视节目的通称。

德广联成员包括 11 座州广播电视台、1 座全国性电视台、2 座对外广播电台和 1 座原由美国占领军建立的里亚广播电视台。德国没有面向全国的广播节目,各州广播电台每天播出三五套地区性广播节目。各台和各套节目主要用中波和调频广播,少数台也用短波。广播广告每天不得超过 60 分钟。

按照 1953 年 3 月联邦各州广播电视机构签署的协定,全国电视节目由各州联合举办,并根据各州的财政和观众数量确定各台提供节目的比例,从 3％到 20％不等。各台除了提供自制节目外,也联合制作节目,特别是新闻节目和体育节目。节目的播出计划和节目之间的协调由各台经理参加的节目会议确定。此外,德广联还拥有德国 2 台,总部设在美因兹。德国 2 台的新闻节目由自己制作,向全国播放。严格讲,德国 2 台才是真正的全国电视台。

德广联王牌节目——《柏林报告》

德广联及其成员均属公共服务性质的机构。从资金来源上看,公共广播电台

---

① 刘勇、刘丽:《外国新闻史资料汇编》(合肥工业大学出版社 2017 年版),第 186－190 页。

的经费和资金主要来源于听众缴纳的广播电视费、少量的广告收入和其他收入,私营广播电台则主要依靠商业广告。德国的广播电视费主要分为 2 个部分,基本费用(也称广播收听费)和电视收视费。目前德国境内该资费的标准为每月 17.98 欧元,其中广播收听费为 5.76 欧元,该标准从 2009 年 1 月 1 日开始执行。

各州广播电视台根据关于接收费用的州际协议处理接收工具登记,委托联合收费中心征收。所收费用除向联邦政府邮电部缴纳设备使用费外,2% 作为各州传播行政部门经费,电视收看费的 30% 拨给电视 2 台,其余按各州观众的比例分配,对规模过小、经费困难的州给予补贴,并拨款给广播技术研究所和广播资料馆。

长期以来,德广联在德国(当时仅为联邦德国)的广播电视界一统天下,没有任何竞争对手。但 20 世纪 80 年代德国开放私营广播电视以后,德广联面临越来越激烈的竞争。当今的德国,可以说是世界上电视台竞争最激烈的国家之一。德广联的对手不但有国内的卢森堡电视台、首播电视台、卫星电视 1 台等商业电视台的挑战,还有来自境外的 CNN、BBC 世界电视台、欧洲新闻台(英国)等的竞争。不甘人后的德广联锐意改革,尤其在新闻节目方面。目前,德广联和德国 2 台的纯新闻节目每天分别为 170 分钟和 150 分钟,居各电视台之首。除了全力做好每晚 8:00 的《每日新闻》和 10:30 的《晚间新闻》外,2 家电视台每隔 2 小时至 3 小时都有新闻简报,每次都更新内容,从而实行 24 小时新闻滚动播出。此外,还大办新闻杂志类节目。

十一、意大利广播电视公司(RAI)

意大利广播电视公司成立于 1924 年 8 月 27 日,原名意大利联合广播公司,1927 年改名为意大利广播收听公司,1944 年又改名为意大利广播公司。1954 年 1 月开始播出电视节目,公司改名为意大利广播电视公司,简称未变。

意大利公共广播电视网主办对全国广播的电台节目和电视节目各 3 套。第一套节目中,综合性新闻报道、文艺表演、古典音乐比重较

意大利广播电视公司标志

大,第二套节目轻音乐较多,第三套节目主要是古典音乐和文化教育。另有所属地方广播电台 20 座,播出部分地区性节目。3 套电视节目均为综合节目,每天播出 24 小时。节目由各台独立编制。1984 年起播出图文电视,1989 年 12 月开始进行卫星电视实验广播,并对欧洲和拉丁美洲通过卫星传送电视节目。意大利广播公司还负责意大利的对外广播,用 27 种语言。

公司最高行政机构为经营委员会,根据 1993 年广播法共有 5 名委员,由参众两院议长共同指定,主席在委员中选举产生。经营委员会根据议会监督委员会决定的方针经营意大利广播公司和广播电视节目,任命公司的最高负责人总经理。公司的财政来源是广播电视收听收看费和广告广播收入。议会监督委员会每年规定公司广播电视广告收入的最高限额。

20 世纪 70 年代以前,意大利广播公司的设置专属于国家。国家将这项权限以许可证形式转让给经营者,并设相应机构进行监督。意大利广播公司根据同政府签署的协议成为特殊公司,独家经营意大利的广播电视数十年。其资本主要来自政府控股的工业复兴公司(占总资本的 99.55%),只有极少部分(0.45%)属意大利作家和编辑协会。

20 世纪 70 年代,随着电视事业的发展,有的地区出现了早期的有线电视,这威胁到意大利广播电视公司的垄断地位,引起了诉讼纠纷。1974 年 7 月,意大利宪法法院判决,意大利广播电视公司独家经营广播电视违反宪法,承认地区性有线电视合法。

此后,全国各地普遍出现了未经登记许可的广播电台和电视台。在以后的 10 余年间,意大利广播电视业在管理方面比较混乱。直到 1990 年国家《公共、商业广播系统法》生效,才对全国性、地区性、独立地方台加以区别,发给经营许可证,分配频率。这时候,除了意大利广播电视公司以外,全国另有商业性地方广播电台1000 余家,地方性电视台 600 家左右,中小规模的电视网 10 个。尤其惹人注意的是,米兰大亨贝鲁斯柯尼已经拥有 3 个全国性商业电视网。

意大利广播电视公司和贝鲁斯柯尼对广播电视业的垄断引起社会舆论的不满。1994 年年底,意大利宪法法院认定,1990 年的广播法必须修订,因为该法承认了这种垄断。由于政治形势的动荡,当时难于使政策具体化。1995 年 10 月以后,政府采取总统签署方式发布了若干政令,只能算是临时措施。

十二、卢森堡广播电视公司(RTL)

卢森堡广播电视公司在全欧洲的名声仅次于 BBC,是当今欧洲最大的私营超级媒体集团,已由比利时巨商阿尔伯特·弗雷尔和德国的贝特斯曼集团(世界上仅次于时代华纳集团的第二大媒体公司,但其主要业务在出版行业)共同拥有。公司董事会成员半数以上由卢森堡人担任,新闻报道必须体现中立、客观,卢森堡

卢森堡广播电视公司标志

政府在该公司拥有投票权、对股票和转让持有否决权等。公司主要财政来源是广播电视的广告收入,同时在国内外拥有节目制作、广告销售等子公司,是一个巨大的多种媒介企业。卢森堡广播电视公司主要由法国、比利时出资,两国共占全部股份的85%。公司根据卢森堡政府的许可协议经营。

RTL 也是世界上典型的跨国公司,最重要的电视台是在德国。目前该集团在10个国家拥有40个电视台和33家广播电台,节目覆盖整个欧洲。1997年的销售额达到32亿美元,而在德国,RTL 的营业额达到14.2亿,占总收入的42.5%。据统计,截至2010年,该集团营业收入达55.9亿欧元,净利润7.3亿欧元[①]。RTL在20世纪70年代中期的开张之初,只有25名职工,电视台设在卢森堡市市中心一间破旧房内。1984年,RTL 成为卢森堡最重要的一家电视台,不久即向德国发展;1993年被前述两公司购买后,公司总部就乔迁德国科隆,成为德广联最主要的竞争对手。1997年1月,德国贝特斯曼集团下属的乌发电视台和 RTL 合并,成为欧洲最大的私营广播电视公司,并在法国的"M6"电视台、英国第5套节目、荷兰媒介集团、波兰的公共电视台投资,成为欧洲最大的媒体跨国公司。

目前,RTL 在德国所有观众中拥有16.1%的收视率,在14—49岁年龄段中拥有18.5%的收视率,这是广告商们最看重的年龄段。为此,RTL 赢得德国40%的电视广告份额,1998年的利润达到14.2亿美元,是德国盈利最高的电视台。

RTL 成功的主要原因在于创造性安排、制作电视节目。它和美国的环球电影公司、哥伦比亚制片公司、时代-华纳公司以及迪士尼公司合作,制作适合德国14—49岁年龄段观众喜欢的电视剧。近年来,RTL 开始自己策划、制作节目,目前已有60%的节目自己制作。在新闻报道方面,RTL 针对年轻人的特点,开创了把信息和娱乐混在一起的新闻杂志节目《RTL 现实报道》,当现实画像无法得到时,该节目采用动画和图片来表达,尽管有不少非议,但自1994年以来,《RTL 现实报道》的收视率稳步上升,在1997年的电视台晚间新闻中已超过德广联的新闻节目《每日新闻》。新闻杂志节目已成为 RTL 的热门节目。

十三、半岛电视台(Al Jazeera)

半岛电视台是阿拉伯世界第一家24小时不间断滚动播出阿拉伯语新闻的电视台,1996年11月1日创办于多哈。该台最初与沙特阿拉伯国王法赫德的侄子哈立德亲王拥有的轨道通信公司合资创办,一年半后因沙特阿拉伯政府依据伊斯兰教法禁止该电视台播放一部死刑处决纪录片而合作破裂。随后由继承王位不久的

---

① 姜博:《优劣势的转变:卢森堡广播电视业发展策略》,《今传媒》,2016第7期。

哈马德·本·哈利法·塔尼亲王提供 1.37 亿美元贷款继续经营。

半岛电视台从英国广播公司、美国广播公司等英美著名广播机构以高薪和新闻独立等承诺挖走大批编辑记者，从创办之初每天仅播出 6 小时节目，到 1997 年年底的 12 小时，再到 1999 年 1 月 1 日实现 24 小时不间断播出。2000 年，半岛电视台的观众已达 3500 万，超过沙特阿拉伯资助的中东广播中心和伦敦的阿拉伯电视新闻网的收视人数。2006 年全英语的半岛国际台开通，从而实现了 24 小时滚动播出英语新闻。2001 年"9·11"事件发生时，

半岛电视台台标

该电视台用阿拉伯语几乎与 CNN 同步播放事件全过程。美国对阿富汗实施空中打击后，该电视台不断播出令英美广播机构眼红的有关本·拉登及塔利班的独家现场新闻，其影响力甚至超过美国的 CNN。

目前，该电视台在包括美国、英国、中国、俄罗斯在内的世界各地设有 27 个分社或记者站，拥有 70 个地面和卫星电视频道，已成为与美国 CNN、英国 BBC 并驾齐驱的全球三大 24 小时新闻电视台。

该电视台针对恐怖事件及其他国际事务的一些大胆而偏激的报道，既得罪了一些恐怖组织，也在阿拉伯及世界其他地区的一些国家引起争议，其自身也屡遭误伤或袭击。2001 年 11 月 13 日，美国进攻阿富汗时，一颗导弹击中该电视台在喀布尔的记者站，幸无人员伤亡。2003 年 4 月 8 日，其在巴格达的办事处遭导弹袭击，造成 1 名记者死亡、多名工作人员受伤。2011 年，该电视台 1 名摄影记者在利比亚进行报道时被定时炸弹炸死。2003 年 9 月 5 日，该电视台驻西班牙 1 名记者被指支持塔利班而遭逮捕。2004 年 7 月 4 日，

链接：
中国代表性媒体机构

阿尔及利亚政府因对该电视台有关该国的政治报道不满而禁止该台记者在阿尔及利亚的一切活动。2009 年 7 月 15 日，该电视台因报道巴勒斯坦权力机构主席阿巴斯与前主席阿拉法特之死有关，被巴勒斯坦勒令关闭其在约旦河西岸的记者站。2011 年 1 月 30 日，处于政治动荡中的埃及政府宣布关闭该电视台在开罗的记者站，次日更逮捕该台 6 名记者。同年 8 月，该电视台驻阿富汗记者站站长遭以色列当局以其是哈马斯成员为名逮捕。该电视台的网站也多次遭黑客攻击，甚至一度瘫痪。2011 年 9 月 22 日，担任该台台长达 8 年之久的汉法尔宣布辞职。有消息指称其与美国情报机关过从甚密，曾因美方抗议而修改敏感内容，因此触怒卡塔尔政

府,成为其辞职原因之一,但遭汉法尔本人否认。

半岛电视台自创办以来,顶住重重压力,在对媒体控制甚严的阿拉伯世界坚持新闻的独立性,但一直未能实现收支平衡。自 2000 年起,该电视台试图靠广告维持,但广告收入仅占支出的一半左右。此后,马德·本·哈利法·塔尼亲王同意每年给予 3000 万美元的贷款。2005 年 1 月 30 日,《纽约时报》报道称,迫于小布什政府的压力,卡塔尔政府计划将半岛电视台出售,但迄今并无实际行动①。

思考与练习

1. 广播事业是怎样诞生的? 它的发展经历了哪些阶段?

2. 电视事业是怎样诞生的? 战后电视的传播样式有哪些发展变化?

3. 当前世界上存在哪些不同的广播电视体制?

4. 简述世界主要广播电视机构的情况。

---

① 李良荣:《当代世界新闻事业》(中国人民大学出版社 2002 年版),第 104—115 页。

第
九
章

全球化、信息化下的新闻传播事业

　　全球化与信息化是当今时代两大特征。全球化以前所未有之势进入每个国家的政治、经济、文化、军事的议程,日益影响着我们的日常生活。信息化作为推动经济社会变革的重要力量,引导着当今世界发展的大趋势。全球化与信息化交织在一起,深刻影响着新闻传播的格局以及未来的发展方向。

　　通过本章学习,重点了解全球化、信息化的内涵及发展,以及它们对新闻传播事业的现在及未来的影响。

第一节　全球化、信息化的发展与汇聚

　　全球化是建立在资本、生产、通信手段、技术要求一体化的基础之上的,其中就蕴含信息化发展对全球化的影响与制约。全球化与信息化进程虽然起点不一,然而两者在 20 世纪 90 年代发生叠加、汇流,形成蔚为大观的信息传播全球化。

一、全球化的内涵、历史与影响

(一)全球化的内涵

关于全球化的概念由来已久。据考证,1962 年"全球化"(Globalization)第一次出现在词汇中,法国著名传播学者阿芒·马特拉认为,第一个具有全球化观念的是加拿大学者麦克卢汉,他在 1962 年最先提出了"地球村"的概念。随后,美国布热津斯基也在书中提出"全球化"的概念。后来,美国学者彼得·德鲁克在 1993 年出版的《后资本主义社会》一书中提出了管理"全球化"的概念[①]。

那么,全球化究竟指的是什么呢? 一般来说,理论界关于全球化的概念大致有 6 种界定:第一种是从信息和通信技术角度定义。第二种是从经济角度着眼的,全球化被视为经济活动在世界范围内的相互依存。第三种是从危及全人类共同命运的全球问题角度出发。第四种是从体制角度。第五种是从制度角度。最后一种是从文化和文明角度,把全球化视为人类各种文化、文明发展要达到的共同目标。有的学者用更加极端的眼光看全球化,把它"等同于西方化、美国化,有的还形象地把它称之为'可口可乐化'、'麦当劳化'"[②]。

1985 年,莱维在《市场的全球化》中使用"全球化"一词,"他用这个词形容此前 20 年间国际经济的巨大变化。因此,当人们讲到'全球化'时,就其原意是指经济的全球化"[③]。

(二)全球化的历史

有人认为,广义上说,人类历史上曾有过多次全球化。大约 5 万年前,人类的原始祖先首先出现在世界某一地区(有人说是非洲东部,也有人说是东亚或中国),然后慢慢扩散到包括南美和北美在内的世界各个角落。他们的迁徙和繁衍过程可以被看作早期的全球化。

1405—1435 年,中国明朝郑和率领舰队先后 7 次出使亚非各国,可以看作是中国人进行全球化的首次尝试。1492 年的哥伦布发现新大陆,引来了西方的殖民浪潮,它是全球化历史上的又一个里程碑。

在两次世界大战之间,由于贸易壁垒和收缩的移民政策,自由贸易和人口流动有所减慢。但是第二次世界大战的结束,重新打开了全球化的闸门,使得贸易和旅

① [美]阿芒·马特拉著,陈卫星译:《传播全球化思想的由来》,《国际新闻界》,2000 年第 4 期。
② 俞正梁:《全球化时代的国际关系》(复旦大学出版社 2000 年版),第 175 页。
③ 俞正梁:《全球化时代的国际关系》(复旦大学出版社 2000 年版),第 176 页。

郑和下西洋

行获得了更大的推动力①。

1947年，世界贸易谈判第一回合在瑞士日内瓦举行，并正式创立了关贸总协定组织，拉开了贸易全球化的序幕。

20世纪90年代前后的苏联解体和社会主义阵营的终结，柏林墙的倒塌和东西方冷战的结束，使得贸易和资本在全球流动的范围越来越大。一个真正现代意义上的全球化扑面而来。

全球化不是以市场的全球扩展，而是以市场制度的全球扩张为依托的。跨国公司已能在全世界实现资源配置，并在全球进行生产要素的优化组合。可以认为，严格意义上的经济全球化发生在20世纪80年代末90年代初，这时东西方的柏林墙被拆除，这样做的结果就能使跨国公司通过价值链在全球布局，从而达到成本最小化和利润最大化的目的。

全球化之所以发生在这个时候，第一靠全球的信息网络化，这要归功于90年代的信息技术革命；第二靠全球向市场化的变革，冷战的结束，计划经济退出历史舞台，是经济全球化迅速发展的根本前提；第三靠的是跨国公司生产国际化、经营多元化、交易内部化和决策全球化等特点。信息网络化为全球化提供了技术上的保障，市场化的变革为全球化提供了体制上的保障，两者构成全球化实现的充分条件，而作为桥梁和纽带的跨国公司，则无疑是全球化实现的必要条件，三者共同成为经济全球化的主要动力。

---

① 内彦、钱达安：《走到一起来：全球化意味着重新连接人类社会》，《耶鲁全球》，2002年11月19日。

(三)全球化的影响与问题

对于全球化,任何国家可能都至少有以下 3 种选择:一种是全盘接受,毫无保留地心甘情愿地去被"化"进这股至今仍看不到终点的进程当中。一种是全盘拒绝,认为全球化是一些发达国家"化全球"的一种话语、一种工具、一种手段,必须"御之于国门之外"而后快。还有一种是冷静面对,积极参与,但保有自己的"底线"。

1999 年,联合国开发计划署在《人类发展报告》中提出:全球化使穷人和穷国更穷、富人和富国更富。当然,也有人认为,"全球化将惠及世界各个角落,为发达国家和发展中国家同时带来机遇和挑战"[①]。

1. 全球化对世界的积极影响

一是对世界经济的影响。全球化的有利影响主要包括以下几个方面:首先,经济全球化就是各国经济活动向全球的扩展,它包括生产的全球化、贸易的全球化和金融全球化等多方面的内容。其次,全球化为跨国公司的大发展和全球扩张开辟了广阔空间,促进了全球生产力的快速发展。最后,全球化使各国经济关系越来越密切,各国逐渐形成了利益共同体。

二是政治全球化的有利方面。在全球化的背景下,各国为了共同的经济利益,更加注重彼此的沟通、协商,以求得共赢共利的效果。互联网络的迅猛发展和媒体的跨国力量有助于控制不公正现象,促进各国的政治民主和言论自由。另外,以联合国为主的重要国际组织在维护世界和平、促进世界发展方面的权威力量可以在国际舞台上抵消由于多国公司的控制所带来的负面影响。

三是对文化的影响。网络文化——以计算机和通信技术为物质基础的全球性信息资源的开发与共享,已经成为现代文化的重要组成部分,极大地改变了人类的交流方式。"网络的大范围普及有可能在全球化、全球性问题、全球利益和全球治理基础之上,促进人类新的共同价值观念和新的人类文明的产生,打破西方在人类文明中的主导地位,实现对西方文明的总体超越"[②]。

2. 全球化对世界的消极影响

经济全球化也是一把双刃剑,在给世界经济带来发展机遇的同时,也带来了诸多弊端。

一是对于经济的影响。首先,全球化带来明显的变化就是拉大了世界贫富差距,使全球经济发展更加不平衡。其次,全球化加大了全球金融市场风险,为国际

---

① 高友才:《经济全球化:生成、利弊、对策》,《郑州大学学报》,2001 年第 6 期。
② 朱绍章、樊静蓉:《对全球化几个问题的思考》,《楚雄师范学院学报》,2015 年第 7 期。

投机者在国际金融市场上兴风作浪提供了机会。最后,各国的经济主权,特别是财政和货币政策的独立性也因全球化而面临日益严峻的挑战。

二是对于政治的不利影响。政治全球化所带来的危险也是显而易见的,最明显的是南北差距在扩大。"20世纪90年代初,贫困国家和地区在全球收入中所占比重为2.3%,目前这个比重已下降到1.4%"①。更为可怕的是,发达国家及其组织的经济霸权在国际事务中所体现出来的强权政治,严重威胁着世界和平。

三是对于文化的消极影响。联合国人文发展报告显示,全球化的发展有且只有一种倾向,即全球文化只朝着从富国传向穷国,而不是从穷国传向富国这一方向传播。在这个过程里,具有垄断全球话语权的大型跨国媒体集团如何保障多元文化的发展,不能不引起我们的忧虑和关切。对于大部分发展中国家而言,如何增强文化自觉,不再被动地受到西方发达国家的文化遏制,以避免沦为全球化时代下的文化殖民之附庸,已成为其制定国家文化发展战略的当务之急。

二、信息化起源及其发展

信息化是把信息转化成新的生产力,使之造福人类社会的过程。信息化的发展对社会产生了深刻影响,尤其是20世纪90年代互联网的出现,人类开启了信息时代的新纪元。技术特征鲜明的互联网,已经渗透进社会生活的方方面面。其不仅对媒介生态、舆论格局、话语环境带来了冲击,而且也对政治、经济、文化、社会等各个领域以及公众的思想观念、行为方式产生了广泛而深远的影响。

信息化是信息技术引起的社会和自然的一种质的变化。信息化是当今世界发展的大趋势,是推动经济社会变革的重要力量。

(一)信息化概念起源

信息化(Informatization)这一概念的起源,可以追溯到20世纪60年代。1967年,日本科学、技术与经济研究小组创造并开始应用"Johoka"一词,"Johoka"即为"信息化"。1977年,法国的西蒙·诺拉和阿兰·敏克在为法国政府撰写的经济发展报告《社会的信息化》中,使用了法文单词Informatisation,英译为Informatization,就是信息化,随后便被世界各国普遍接受并使用至今。1997年我国召开的首届全国信息化工作会议,对信息化和国家信息化定义为:信息化是指培育、发展以智能化工具为代表的新的生产力并使之造福于社会的历史过程。国家信息化就是在国家统一规划和组织下,在农业、工业、科学技术、国防及社会生活各个方面应用现代信息技术,深入开发广泛利用信息资源,加速实现国家现代化进

---

① 朱绍章、樊静蓉:《对全球化几个问题的思考》,《楚雄师范学院学报》,2015年第7期。

程。因此,信息化就是指培养、发展以计算机为主的智能化工具为代表的新生产力,并使之造福于社会的历史过程。

(二)技术引领下的信息化

"科技革命和由其引起的社会变革的人类历史是近代以来人类社会发展的主旋律。科技革命是贯穿于人类社会的有关人与自然关系的巨大变革,它是以科学技术根本突破为起点,并最终导致社会面貌发生根本性变革的重大革命。"[1]

第二次世界大战以后,对人类社会影响深远的科技革命当属信息技术革命。2000 年 7 月,"七国集团"和俄罗斯等在冲绳"八国峰会"通过的《全球信息社会冲绳宪章》中指出:"信息通信技术是 21 世纪社会发展的'最强有力'的动力之一,其革命性的冲击不仅极大地影响着人们生活、学习和工作的方式以及政府与文明的互动关系"[2]。

通常而言,学术界认为信息技术"是指在计算机和通信技术支持下用以采集、存储、处理、传递、显示等各种介质的技术的总称"[3]。

近代以来,资本主义历史上相继发生了 4 次影响深远的科技与产业革命,即:发轫于 18 世纪中叶西欧诸国的"蒸汽革命"。19 世纪下半叶到 20 世纪 30-40 年代,电能的广泛运用带领人类进入"电气时代",它使人类生产由机械化逐步过渡到机械化加电气化,以及始于 20 世纪 40-60 年代的"电子技术革命"。在"电子技术革命"推动下,1946 年世界上第一台电子计算机在美国问世,社会生产进入"人工智能"时代。作为信息技术革命的一大内容,电子计算机革命经历了电子管计算机、晶体管计算机、集成电路计算机和大规模集成电路计算机 4 个时代,这场革命经历了阿帕网、因特网和万维网 3 个发展阶段,人类因此获得了及时、快速、准确和海量传输信息的能力。由于现代信息技术是处理数字化信息的技术,这种技术能够把所有信息——文字、声音和影像都进行数字化编码,即使用二进制代码来表示所有信息。因此,信息技术革命又被称为"数字革命"(The Digital Revolution)。

信息技术革命以前所未有的力度改造着人类的生产方式和交往方式。计算机革命和互联网革命,作为贯穿这场革命的两条历史线索,交织演进,构成一个持续创新的历史进程。

(三)信息化的发展

几十年的信息技术的发展和普及,对社会的影响是深远的。全球信息化进程

---

① 陈筠泉、殷登祥:《科技革命与当代社会》(人民出版社 2001 年版),第 418 页。

② 《八国首脑发表〈全球信息社会冲绳宪章〉》,新浪网,2010 年 3 月 21 日。

③ 孙晓礼、冯国瑞:《信息科学技术与当代社会》(高等教育出版社 2001 年版),第 21 页。

结合国内信息化实践清楚地表明,信息化在全球的发展已是一种不可阻挡的潮流,顺应这一趋势已成为世界各国的共识。

在全球信息化的进程中,以信息通信技术为手段推进经济、社会、文化和人的全面发展,成为许多国家和国际社会共同关注的问题。

自 20 世纪 90 年代以来,全球范围的信息化建设大致经历了 3 次热潮。

第一次始于 1993 年,美国克林顿政府率先推出"信息高速公路计划",随即,许多发达国家和发展中国家纷纷跟进。一些国际组织随后也逐步确定了以信息化或信息通信技术促发展的方针,世界银行还于 1995 年专门设立了以此为宗旨的基金。

第二次是随着互联网投入商用,全球信息化进入互联网时代,在 20 世纪最后几年形成新的信息化浪潮。世界各国纷纷建立基于互联网的国家信息基础设施,探索和大力推广基于互联网的信息化应用。2003 年,联合国信息社会世界峰会通过《原则宣言——建设信息社会:新千年的全球性挑战》,标志着包括我国在内的整个国际社会普遍接受了信息社会建设要实行"以人为本""充分包容"和"面向发展"3 项原则。

第三次信息化建设热潮发生在 2009 年世界金融危机和经济危机的背景下,发达国家和信息化领先国家纷纷推出更新自己信息基础设施的国家宽带计划,积极发展移动互联网,并将这种新的信息基础设施广泛应用于经济社会的方方面面[1]。

1. 信息基础设施的更新

2009 年 4 月 8 日,美国宣布正式启动政府投资总额达 72 亿美元的国家宽带计划,该计划旨在将高速互联网接入服务普及美国的每个角落。"在 10 年内,至少 1 亿美国家庭能支付得起实际下载速度至少为每秒 100 兆比特,实际上传速度至少为每秒 50 兆比特的宽带网络服务。并依靠速度最快的、覆盖范围最广的无线网络,使美国引领世界移动创新领域的发展"[2]。

欧盟委员会推出的"欧洲 2020 战略"建议方案提出,到 2013 年,要在欧盟国家全面普及宽带网,到 2020 年所有互联网接口的速率将达到每秒 30 兆比特以上,其中 50%家庭用户的网速要在每秒 100 兆比特以上。[3]

2. 信息基础设施用于社会发展方面的新动态

在美国,奥巴马上台后,积极推进庞大的经济刺激方案,推动美国经济进一步

---

①　汪向东、姜奇平、叶秀敏:《和谐社会与信息化战略》(商务印书馆 2014 年版),第 26 页。

②　《美国国家宽带计划细则出炉》,http://www.cww.net.cn/tech/html/2010/6/2/2010621021172199.Html。

③　《欧盟议会呼吁家庭宽带全覆盖》,http://www.cnii.com.cn/xxh/content/2010-06/01/content-770136.html。

"数字化"。美国的国家宽带计划实施细则明确规定了社会信息化方面的目标,除了保证宽带普遍接入外,还包括让每个社区都能够支付得起接入大于等于每秒1吉比特的宽带服务费用,让每一个美国人都能通过宽带跟踪管理其实时能源消耗指标。此外,医疗记录数字化、学校教育信息化、国土安全、航天监测等关系公民切身利益的信息化应用也被列入奥巴马政府信息化投入的重点。

欧盟自2005年实施"i2010"战略以来,一直将"电子包容"作为该战略的重要目标,官方把电子包容定义为"确保欧洲所有公民从信息通信技术中获益"。为此,欧盟重视扩大宽带服务的覆盖范围,大力开展数字化推广,向公众提供一流的网上公共服务,建立更安全、更智能化、更清洁和更节能的交通,创建欧洲数字图书馆,使公众更方便地接触欧盟文化遗产①。

根据2016年5月《全球信息社会发展报告2016》(报告测评了全球及五大洲126个国家的信息社会发展水平)得出:2016年全球信息社会指数为0.5601,仍处于信息社会准备阶段的转型期。欧洲、大洋洲整体上进入信息社会,非洲增长最快。报告预计,到2020年,全球将整体进入信息社会。

三、全球化语境下的传播全球化

1992年10月,时任联合国秘书长布特罗斯·加利在联合国日的致辞中宣布,世界已经进入全球化时代,第一个真正的全球化的时代已经到来。

经济全球化在20世纪90年代迅猛发展,越来越多国家深切感受到全球化的热潮。与此同时,信息化社会的特征也在90年代开始显露。在传播领域,卫星电视和互联网的出现带来了真正的传播全球化的工具。全球化是以经济的全球化以及信息传播的全球化为其起点的,同时它们也是全球化的主要内容。

事实上,全球化的概念就是从传播全球化而来的。不过,大多数学者承认传播全球化的存在,却没有对此做出明确的定义,从麦克卢汉的"地球村"到美国学者福特纳的"全球都市",都是对这一形态的描述。

"传播全球化就是信息能够在地球上任何地方跨越时间、空间、地域和边界的限制,进行及时、广泛的传播或交流"②。

(一)传播全球化的特征

传播全球化最为突出的特征是全球传播的网络化和传播媒介的数字化。世纪

---

① 《欧盟议会呼吁家庭宽带全覆盖》,http://www.cnii.com.cn/xxh/content/2010－06/01/content－770136.html。

② 明安香:《传媒全球化与中国崛起》(社会科学文献出版社2008年版),第5页。

之交以来,数字技术打破了过去传统印刷媒介、音频媒介和视频媒介之间不可逾越的界限,拆除了过去普通公民进入大众传播领域的种种壁垒,掀起了一波又一波数字化新媒介的浪潮。

卫星电视广播网、电信网和互联网三大网网罗天下、疏而不漏。这就是当今传播全球化的基本特征。

（二）经济全球化推动传媒全球化

20世纪80年代中期,以数字式技术、网络技术和多媒体技术等为代表的传播新技术、新媒介的逐渐成熟和广泛普及,则为信息传播的全球化提供了坚实的技术和物质基础。在经济全球化的背景下,跨国企业在统一的全球战略下,需要读者、听众、观众和网络用户市场的全球化、媒体所有权的全球化以及媒体分布的全球化,最终是要实现媒体产业链的全球化和媒介产品、娱乐商品的全球市场最大化与利润最大化。所有这些的实现,都离不开传媒全球化。传媒全球化在它们的强力推动下终于到来。

（三）传播全球化的发展

传播全球化最早突出表现为传媒美国化。在20世纪初至五六十年代,美国传媒公司面向全球出口媒介内容,如好莱坞电影、《时代》杂志、《生活》杂志、迪士尼动画片和电视肥皂剧等。

20世纪70年代中期,在美国的"文化帝国主义""媒介帝国主义"全球扩张达到高峰的时候,外国传媒也开始进入美国传媒市场展开与美国传媒的竞争。

1985年,默多克以2.5亿美元购买了当时负债达4.3亿美元的福克斯公司的一半股票,开始涉足美国的影视市场。1989年,索尼公司以34亿美元收购了美国文化象征之一的好莱坞哥伦比亚电影制片厂,成立了索尼影像娱乐公司,成为当时在美国社会引起极大震动的外资购买传媒事件。1998年7月,德国的图书出版集团贝塔斯曼终于买下了兰登书屋,并与矮脚鸡（Bantam）、道布尔戴（Doubleday）、戴尔（Dell）等公司合并组成新的兰登书屋公司。

20世纪90年代末,不仅主要发达国家日本、法国、加拿大、澳大利亚纷纷投资美国传媒,而且实现了相互之间的传媒投资,连一些非发达国家的传媒公司也走上了传媒产业全球化之路。据俄罗斯《消息报》报道,全俄国家广播电视公司和欧洲新闻台之间签署了有关协议,全俄国家广播电视公司在欧洲新闻台的股份将增加到16%,从而使俄罗斯进入该频道四大股东的行列,这意味着俄罗斯成为欧洲电视市场最具影响力的参与者之一。印度本土第一家民营传媒集团——瑞网影视传播公司（Zee Telefilms）积极与国际上的大型传媒集团建立合作关系,通过相互持有股份、结成伙伴联盟等方式,来寻求不断的发展。1992年瑞网在中东上星,1995

年在英国收购了亚洲电视(TV Asia),成功进入英国和欧洲的卫星节目市场[①]。

(四)传播全球化的影响

传播全球化虽然可以使美国等西方发达国家的既有传播优势得到淋漓尽致的发挥,却也给发展中国家带来了难得的机遇。传播新技术、新媒介带来的后发优势等,有利于发展中国家在传播领域实现跨越式发展。特别是手机、互联网等数字式新媒介技术的普及,使得发展中国家可以一举跨越许多技术发展阶段,实现传播的现代化。

"互联网的到来为建立一种替代性新闻信息网络提供了机会,但同时也造成了新的不平等现象的出现。占全世界人口 20% 的世界最富有的人独揽了全球 93% 的互联网资源,而 20% 最贫困的人所占有的比例只有 0.2%"[②]。

传播全球化的发展严重不平衡不仅表现在传播基础结构建设在各国、各大洲之间的分布上,更重要的是表现在全球传播产业的资金流向、传播产业链的分布流向以及传媒的内容流向,基本上是由超级传媒大国美国和少数发达国家流向发展中国家。这构成了超级传媒大国美国和少数发达国家对世界各国媒体所有权和传播内容的控制,并有可能进而影响各国传媒受众和公众的消费意识、价值观念、消费行为乃至舆论导向。

传播的全球化特别是网络技术和网络平台的全球化,既带来了信息的全球化,使得全球的信息流通总量大大增加、速度大大加快,节省了大量的时间、人力和经费,也进而促进了生产力的发展;但是另一方面,传播的全球化也带来了垃圾邮件和电脑病毒等有害信息的全球化,各种暴力、犯罪、恐怖主义等信息,也借助传播全球化之机特别是网络传播,对全球网络用户和社会安全构成了不同程度的威胁。传播全球化带来的另一个重大现实问题是,各国包括所有的发展中国家和许多发达国家的文化传统与文化安全面临严峻挑战。

传播美国化的问题主要涉及的是传播全球化的内容和软件问题,威胁到各国文化、本土文化、弱势文化的生存问题。美国在互联网上的霸权表现得尤为突出。美国政府通过一个总部设在华盛顿的名为"互联网域名与网址分配公司"(The Internet Corporation for Assigned Names and Numbers,ICANN)的民间机构,不仅一手控制着对全世界网址及网站域名的分配,而且最终一手控制着对互联网上传递的一切信息以及传递信息所使用的线路。目前全球互联网共有 13 台根服务器,其中 10 台在美国,这就使得任何国家和地区的支干线间的通信都要经过美国的主线。

---

① 明安香:《传媒全球化与中国崛起》(社会科学文献出版社 2008 年版),第 16—21 页。
② [墨西哥]安娜·帕拉西奥斯:《西方控制世界新闻传媒》,《全球化》,2004 年 11 月号。

2005 年 11 月 16 日,在突尼斯召开的"信息社会世界峰会"上,约 50 个国家的政府首脑和来自 149 个国家的 1.1 万名代表再次向美国的网络霸权发起挑战,要求将互联网的管理权交由国际组织,但是遭到了美国的坚决反对。

第二节　全球化与国际新闻传播

在全球化过程中,经济全球化和传播全球化是影响最大的两个领域。在传播全球化中,国际传播可视为其典型代表,而国际新闻又是国际传播中最为重要、最为特殊的部分。全球化不仅影响到了国际新闻传播的内容和方式,甚至影响到了国际新闻形态的变化。

一、全球化与国际新闻

人类社会从分散发展走向整体发展,从相互隔离到彼此了解,国际新闻功不可没。有人曾经比喻"新闻是历史的草稿",那么,国际新闻无疑是国际关系和国际社会发展的原始记录。人类社会从"国际化""世界化"到"全球化",背后绝对不能缺乏国际新闻的身影。

国际新闻"就是跨越国境信息中的新闻信息,或者简单地说,就是跨越国境的新闻"[①]。

全球化对国际新闻的影响是十分巨大的,不仅改变了国际新闻的环境,还发展了国际新闻的形态。可以说,全球化与国际新闻是相互促进的关系。一方面,国际新闻对全球化的形成发挥了很大的作用;另一方面,全球化又促进了国际新闻的发展,为国际新闻带来了新的变化与新的发展。

英国著名学者吉登斯在谈到通信和媒体的作用时曾声称:"如果不是铺天盖地而来的由'新闻'所传达的共享知识的话,现代性制度的全球化扩张本来是不可能的。"[②]国际新闻的主要功能也可以做如此观。

对国际新闻来说,作为跨越国家界限并具有跨文化性的特殊新闻品种,它一方面履行着与国内新闻相似的社会信息传播职能,同时也受到国家政府因素与媒体

---

① 关世杰:《国际传播学》(北京大学出版社 2004 年版),第 262 页。

② [英]安东尼·吉登斯著,田禾译:《现代性的后果》(译林出版社 2000 年版),第 68 页。

全球化发展等方面的影响,呈现出复杂的传播样态。这一时期,国际新闻在向新闻性回归的同时,其各种功能都得到了比较充分的发展。国际新闻在信息沟通、国际社会整合、国际文化发展和大众娱乐等方面的功能不断凸显,特别是其经济功能的扩展和对经济全球化的贡献值得注意。当然,国际新闻的政治化特征也并没有改变,而且随着传播全球化的到来,国际新闻报道的能力成了国家"软实力"的一个重要标志。在全球化时代,一方面由于传播全球化,世界的传播空间被"非疆界化"和"再度疆界化",各国都在参与激烈的传播竞争;另一方面,在一个冲突的世界,争取了解、沟通与和平成为人们的普遍愿望和面临的主要任务。传播全球化只是增加了信息的流通,并不意味着人类社会的相互了解必然加强,只能说提供了相互了解的可能性与机会,但也有可能提供了相互误解的可能性与机会,关键是流通信息的价值和对信息的理解。

国际媒体

当然,我们在认识国际新闻的价值时,也不能否认国际新闻中由于"偏见"和"误读"甚至有意"捏造"所造成的消极影响,不能否认国际新闻在制造隔阂、扩大分裂中所扮演的角色。

而全球化对国际新闻的影响主要表现在以下几个方面:

① 由于国际社会的扩大、国际联系的加强和全球性问题的增加,国际新闻变得

越来越重要,在许多国家,国际新闻开始超越国内新闻而成为新闻最重要的品种。

②　由于事件的全球性联系开始加强,出现了越来越多的传统领域的跨界现象,对国际新闻的传播提出了更高的要求,国际新闻传播的难度也大大提升了。

③　全球化时代不仅是传统领域的模糊化,而且在国家的层面之外形成了人类共同体形式的层次分化和多元化,这在一定程度上形成了国际新闻的混杂化和泛国家化,或者称为"国际报道国内化"或"国内报道国际化"。

④　在传播全球化时代,由于国家地域主义受到冲击及国家职能的重塑,传播及文化软实力的重要性增强,在"意义的空间"与"文化边界"的重建中,国际新闻成了文化软实力与国际话语权的重要载体。

⑤　随着媒体传播能力的不断提高、国际性事件的不断增多和受众地位的不断提升,信息过剩、媒介竞争激烈,也成了国际新闻传播中常见的现象①。

二、全球新闻:国际新闻的新形态

正如在传播领域出现了从传播的国际化到传播的全球化一样,在新闻领域也出现了从国际新闻到全球新闻的形态变化。

全球新闻,是在经济和传播全球化背景下所出现的新闻要素之间的国家界限日益模糊的新闻,是一种展示全球一体化和反映全球整体性的新闻,是全球性媒体面向国际社会报道全球性问题的新闻②。

20世纪80年代以后是国际新闻发展的新阶段。这一时期,发达国家的国际报道在发展到顶点之后开始逐步下降,对外宣传也在向对外新闻传播过渡。与此同时,发展中国家对国际新闻的需求则在上升,国际报道在增加,同时也在加入新闻的"国际化"潮流。正是在此时期,全球新闻开始出现。

从发展的历史脉络看,全球新闻起源于国际性的通讯社向国际社会提供的国际新闻,同样也受对外新闻传播的影响,二者在全球化的时代产生了质变。传播技术的发展、传播社会环境的发展、国际传播范式的演变、全球问题的增加,是全球新闻产生的原因。

传播技术的发展是国际新闻向全球新闻演变的技术条件。国际卫星电视和互联网可以把全球任何角落发生的事情同时传给其他角落,这是全球新闻出现的最重要的条件。

传播社会环境的演变是全球新闻出现的社会基础,最重要的表现就是世界体

---

①　刘笑盈:《国际新闻学:本体、方法和功能》(中国广播电视出版社2010年版),第307—311页。

②　刘笑盈:《国际新闻史:从传播的世界化到全球化》(中国广播电视出版社2018年版),第348页。

系发展成为全球化体系。19 世纪末 20 世纪初初露端倪的国际社会,在 20 世纪末全球化时代进一步扩大和深化,引发新闻的社会环境发生了重要变化。

国际传播范式和媒体的发展是全球新闻出现的行业背景。19 世纪出现的国际传播,到了 20 世纪进一步发展,先后出现了 20 年代到 40 年代的国际宣传范式、50 年代与 60 年代的发展传播范式、70 年代与 80 年代的媒介帝国主义范式、90 年代以后的全球化传播范式。从媒体的组织形式发展来看,媒体不仅是经济全球化的组成部分,而且在全球化过程中位居核心的角色。从传媒体制的角度来看,以美国为主的西方传媒经历了一个商业化—私有化—集中化的过程,随着不断的快速扩张,最终形成了跨国传媒集团,出现了集国际新闻报道与对外传播功能于一体、面向国际社会的全球性媒体。如 AOL 时代华纳、新闻集团、维亚康姆、迪士尼、贝塔斯曼等,也成为全球新闻重要的推动力量。

全球化时代出现了很多全球性的问题是全球新闻的事实来源。所谓全球性问题是超越了单个国家甚至国家集团的利益范围,单个国家无法解决的问题,例如反恐、核扩散、资源、环境、全球贫富分化、全球公共卫生事件等,这类问题越来越多,层出不穷。

全球新闻的作用,是在一种广泛的多样化趋势中呈现出了一体化的形态。1986 年 1 月 28 日当地时间 11 时 38 分,美国"挑战者"号航天飞机在升空不久后爆炸,全球受众在同一时刻目瞪口呆地看到了 CNN 现场报道的这一场景,是全球新闻的开始,随后的海湾战争是全球新闻的滥觞。自此之后,特别是 21 世纪以来,全球新闻的实践更多,从政治事件到经济危机,从文化、体育到环境、能源,从恐怖袭击到生态灾难,无所不在,全球化媒体对同一事件的报道已经成为常见的现象。全球新闻的出现,为国际新闻带来了一些新的特征,例如跨国传媒机构日益强大;地方新闻、国内新闻、国际新闻的界限日益模糊;国际新闻中的国际报道、对外传播不断融合;在国际话语多元化的同时,促进了全球公共空间的形成;等等。

全球新闻是国际新闻的另一种形态,依然属于国际新闻的范畴。从理论上说,国际新闻与全球新闻的关系,如同民族国家与全球化的关系。一方面,国家的绝对主权地位有所削弱;但是另一方面,全球化又在各个方面提升了当代国家的权利地位,特别是在文化、传播等过去相对薄弱的权利环节,全球化无法取代国家。同样,全球新闻更不能取代国际新闻。从实践上说,在新闻的三要素中依然存在着国家因素的强大影响。尽管出现了全球性问题,但是对全球性问题的看法却很大程度上出自国家立场和角度。尽管出现了全球性媒体,但是媒体的国家属性和国家利益立场依然未变,全球化媒体的宣传很大程度上是为了扩大国际市场的需求。尽管出现了全球受众和全球意识,但是这些受众与国家的属地居民相比数量微小,而且也具有很强的国家属地意识,全球意识在和国家意识冲突时显得微不足道。所以，全球新闻不可能脱离国家的基础和限制，仍然属于国际新闻的概念①。

三、跨国传媒集团在行动

全球化发展中突破国家行政藩篱的先锋是资本，资本总是朝着最有利可图的地方流动，全球化的本质和最重要内容就是西方资本跨越任何障碍的自由流动，以便更有效地占用全球资源，占领全球市场，转移全球剩余，获取最大利润。国际媒体作为国际信息新闻机构，始终难以摆脱政治和商业因素。如果说，国际媒体在20世纪上半期的政治特征最为明显的话，那么在20世纪下半期的商业特征就更为突出，这也符合从"革命与战争"转变为"和平与发展"的国际社会特征。而商业化特征的主要表现就是跨国传媒集团的出现。

相比于一般性的跨国公司，跨国传媒集团是国际传播的更为直接的推动者，同时也充当了媒体和传播全球化与自由化的最重要表征。

首先，跨国传媒集团是一种以制作并向全球传播新闻和娱乐节目等精神性产品为主要特点，并以营利为目的和依照商业（资本）逻辑运作的专业性国际传播公司。其次，作为一类特殊的跨国公司，跨国传媒公司的特殊性在于：它既是传播的主体即传播者，又是传播的渠道和手段，集传播的主客体双重身份于一身，因而兼具目的与手段的双重性。一方面，它作为国际传播的主体在全球范围内进行信息的生产和传递，因而其本身就是目的；另一方面，它也是主权国家、超国家机构（政府间国际组织）、国际非政府组织、其他跨国公司及个人等所有其他国际传播主体传递信息的通道和载体，因而成为充当传播手段的客体②。

西方媒体的跨国扩张通常采取合资、收购、新办3种途径。其中和当地媒体合资或合作是西方各媒体最常见、最乐于采用的方法，因为可以利用合资方原有的设备、人员，尤其是原有市场进行扩展。而合资对象在全球化浪潮中也非常明白：这是个"赢家通吃"的时代，或者和大公司合资以求生存、发展，或者就被淘汰、兼并。其经营则不择手段，"兵临城下"以强签城下之盟、"乘人之危"以巧取豪夺、"逐步渗透"以蚕食市场是它们3种常用手段。

欧洲各国是跨国公司最活跃的地区，最典型的国家是英国。一方面，国际跨国公司大量蚕食着英国媒体。默多克的新闻公司从1981年进军英国以来不仅成为英国报界最大的报系，还开办空中电视台并与英国卫星广播公司合并成立空中广播公司（BskyB）。另一方面，英国媒体以BBC为代表也大踏步走向世界。其与英

---

① 刘笑盈：《国际新闻史：从传播的世界化到全球化》（中国广播电视出版社2018年版），第346—349页。

② 李智：《国际传播》（中国人民大学出版社2020年版），第126—127页。

国皮尔逊、福克斯泰、考克斯等公司合资在澳大利亚、欧洲、美国、日本等地开办娱乐频道,创办互联网公司,取得了很好的成绩。

美国无疑是世界媒体资本和媒体产品最大的输出国,1999 年,美联社通过并购组建美联社电视部,与路透社电视部竞争,成为世界最主要的 2 个电视新闻供应商之一。美国媒体还出售它们的频道,几乎已占领英国以及欧洲的有线电视付费频道。像迪士尼、维亚康姆、时代-华纳公司目前 30%～40% 的收入来自海外。拉丁美洲这块历来被称作"美国后花园"的地方,其有线电视、卫星电视已被美国垄断。在欧洲,迪士尼公司持有 5 家欧洲商业公司 20%～33% 的股份,是欧洲最大的体育网,并拥有很多广播网控制权;时代华纳公司同样控制着欧洲音乐频道VIVA、德国的 N - TV。

跨国媒体集团的出现又对国际媒体业带来了 4 个方面的冲击:一是对传统体制的冲击,即商业化媒体的快速崛起和公共媒体的相对衰落;二是对新闻业务带来的影响,媒体娱乐化倾向明显,硬新闻减少,软新闻增加;三是新的媒体运作理念对新闻伦理道德构成的挑战,受众对媒体的信任危机;四是大批跨国传媒集团的崛起对全球媒体格局的重大影响以及大肆兼并留下的后遗症[①]。

由于拥有雄厚的信息传播技术和庞大的媒介传播机构,相比于主权国家和其他非国家行为体,跨国传媒集团在国际传播方面的竞争力更强,对世界各国政治、经济和文化生活的影响也更大。跨国传媒集团的全球传播运作使信息跨界传播成为人类生活的常态。

世界上规模最大的跨国传媒集团主要有美国的时代-华纳公司、迪士尼公司、维亚康姆集团,澳大利亚的新闻集团,法国的维旺迪环球集团和德国的贝塔斯曼集团等。紧随其后的巨型跨国传媒公司还有:日本的索尼公司、荷兰的埃尔泽菲尔公司、美国的甘尼特公司、英国的皮尔逊公司、墨西哥的特莱维萨公司和巴西的环球公司等。这些跨国传媒公司都是真正意义上的全球性媒体和全球化的传媒集团,是所谓的"全球传媒帝国",它们以跨国界的规模和跨媒体的形式编织了一张覆盖全球的信息传播网络。

西方国家的 50 家跨国传媒公司占有世界 95% 的传媒市场,控制着全球媒介新体系。新的媒介集团正在创建一个全球图像和视听空间:"一个传输空间,它作为一个有自己主权、自己保证人的新地理存在,无视权力地理、社会生活地理、知识地理……"[②]有鉴于巨型的跨国传媒公司控制了全球巨量的媒介资源,在全球传播中所发

---

① 郭可:《国际传播学导论》(复旦大学出版社 2004 年版),第 122 页。

② [英]戴维·莫利、凯文·罗宾斯著,司艳译:《认同的空间:全球媒介、电子世界景观与文化边界》(南京大学出版社 2001 年版),第 10 页。

挥的信息和舆论管理方面的社会控制作用甚至超越了主权国家，人们难免担忧：这将对全球民主构成巨大的威胁，将把人类健康的文化环境置于深刻的危机当中。

四、著名的跨国传媒公司

跨国传媒公司是媒体全球化扩张最典型的代表，它们的扩张历程是媒体全球化的缩影，它们代表其背后的国家在全球媒体市场抢占地盘，争夺话语权，并由于媒体行业的特性将其影响力延伸至经济领域之外的政治、文化等多领域，使得文化殖民的现象越发明显。其中的新闻集团是跨国传媒的一个典型代表，而如今在世界上有巨大影响的跨国传媒，除默多克的新闻集团外，还包括 AOL 时代华纳、迪士尼、维亚康姆和维旺迪环球等，通过它们的扩张历程就能看出媒体全球化的风云变幻。

（一）AOL 时代华纳

在 1989 年以前，美国时代公司、华纳兄弟公司和美国在线都是各自独立的企业。时代公司由亨利·卢斯创立于 1923 年，20 世纪 80 年代发展成为一个庞大的媒体集团，此外还持有大量其他企业的股权，包括拥有华纳公司下属有线电视网的 42.5% 的股份。

华纳兄弟公司由华纳四兄弟于 1923 年创立。其电影制片厂于 1918 年创建，1924 年开始建立自己的院线，1973 年介入

时代华纳公司标志

有线电视业，发展为美国影视娱乐业的巨头之一。华纳旗下的电影制作、唱片公司在全世界都享有很高的知名度。其同时还是美国五大电影制作公司之一。1990 年，时代公司以 140 亿美元收购华纳公司，合并为时代华纳公司，成为当时全球最大的娱乐及媒介公司。

2001 年 1 月，在赢得反垄断问题的裁决，并得到美国联邦通讯委员会的正式批准后，全球最大的互联网服务商美国在线公司（AOL）与时代华纳公司正式合并，并购交易总值高达 1062 亿美元，涉资 3500 亿美元。AOL 时代华纳公司一举成为无与伦比的媒体巨头。

2014 年，康卡斯特以 450 亿美元并购时代华纳有线。

事件：
美国在线收购时代华纳

目前,AOL 时代华纳公司主要有六大业务:美国在线(ISP)、电视和广播部门、有线电视部门、出版、影视娱乐以及音乐。

(二)迪士尼

1923 年,沃尔特·迪士尼以 3200 美元,成立了"迪士尼兄弟动画制作公司"。1927 年,迪士尼的头脑中萌发了一个卡通主角的灵感——活泼可爱的米老鼠。

迪士尼游乐园

随着米老鼠卡通形象的成功,迪士尼公司的业务也步入正轨。一系列可爱的卡通形象不断地创造出来:唐老鸭、白雪公主、七个小矮人、灰姑娘、小飞侠等。1955 年,迪士尼乐园在洛杉矶开放,使沃尔特·迪士尼的娱乐帝国在梦幻与现实中找到结合点,创造了一个时代的辉煌。

1984 年,迈克尔·艾斯纳接任总裁后大力推动电影及动画制作,创造了电影界的几个纪录,其中《狮子王》给迪士尼公司带来 10 亿美元的收入。

1995 年,迪士尼公司花费 196 亿美元收购了 ABC。这次并购使迪士尼成为当时世界上最大的娱乐媒体公司之一,新迪士尼公司的市值超过 500 亿美元。

2018 年 7 月 27 日,迪士尼公司以 713 亿美元收购福克斯的电影和电视资产。

2019 年 11 月 12 日,迪士尼流媒体平台"迪士尼＋"在北美上线,截至 2021 年 3 月 9 日,该平台全球付费用户超 1 亿。

迪士尼公司目前的经营分为 4 个领域:媒体网络、主题公园和度假村、音像娱乐和消费产品。

链接:
"一次投入,
多次产出"

(三)维亚康姆

1984 年,雷石东通过国家娱乐公司不断收购维亚康姆公司的股份,维亚康姆当时是美国第十大有线网运营商,拥有 110 万订户。更重要的是,维亚康姆公司拥有包括电影频道 Showtime、MTV 电视网和儿童频道 Nickelodeon 等诸多知名品牌。

1986 年,维亚康姆公司收购了 MTV 全球电网。后 MTV 向海外发展,在欧洲、拉丁美洲、亚洲等地共建立了 25 个 MTV 音乐电视频道,成为名副其实的全球性电视网络。

维亚康姆集团标志

1987 年 3 月,雷石东以 34 亿美元收购了维亚康姆公司。

1994 年,维亚康姆以 84 亿美元收购了全美最大的录像带出租店布洛克巴斯特(Blockbuster),以 100 亿美元收购了派拉蒙电影公司,成为世界最大的娱乐公司之一。

1999 年,维亚康姆收购了哥伦比亚广播公司,并购金额高达 230 亿美元,成为世界上最大的娱乐传媒公司之一。

2001 年,维亚康姆以 30 亿美元完成了对非洲裔美国人娱乐电视(BET)的收购。这是为非裔美国人服务的最大全国性有线电视网络。

2005 年,原维亚康姆集团拆分为 2 家独立公司,出版、户外广告、主题公园等业务与 CBS 电视网络一起归入现 CBS 集团;现维亚康姆则主要从事媒体电视网络和电影娱乐业务,成为以生产和提供电影电视内容产品为主的传媒集团,2019 年 8 月 13 日,哥伦比亚广播公司和维亚康姆联合宣布,双方达成合并协议组建联合公司 ViacomCBS,新公司营收将达到 280 亿美元。

事件:
维亚康姆侵权诉讼案

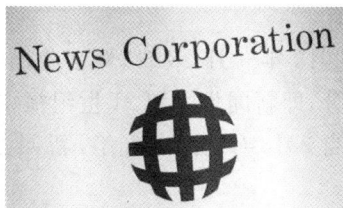

目前,维亚康姆主营电视、广播与户外、电影与剧院、录像带、因特网、出版、主题公园等七大业务。

(四)新闻集团

默多克的媒介帝国无论是规模还是地理分布,在当代世界都是首屈一指的。

1953 年,默多克接管了他父亲留下的新闻公司。在随后的十几年中,新闻公司在默多克的领导下迅速发展,1956 年,以 40 万美元收购《珀斯星期日时报》。接着,默多克得到了阿德莱德的 TV-9 电视台。

此后,默多克在澳大利亚境内进行大肆兼并,在 1964 年,出版了澳大利亚第一份全国性日报《澳大利亚人报》,使这个历史不长、地域辽阔的国家真正从精神上统一起来。

新闻集团标志

1969 年,默多克进军英国,先后买下英国最大的星期日报《世界新闻报》和《太阳报》。通过"三版女郎"、激进言论及体育报道,默多克迅速把《太阳报》变成了英国发行量最大的报纸。

接着,默多克进入美国,先后买下哈特-汉克斯报系的 3 份报纸和《纽约邮报》,后又买下了《纽约杂志》《乡村之声》和《新西部》3 家杂志。

1981 年,默多克收购了在英国国民心目中享有盛誉的报纸《泰晤士报》和它的姊妹报《星期日泰晤士报》,由于该报连年亏损,撒切尔政府没有对这项收购进行干预。

1985 年,默多克买下了 20 世纪福克斯影业公司,继而买下了都市媒介电视台(Metromedlia TV),为他的福克斯电视网(Fox Boardcasting)奠定了基础。

1987 年,默多克和新世界传播集团签订协议,将其 12 个附属于三大电视网的城市电视台转为福克斯电视网的附属台,福克斯电视网开始成型。

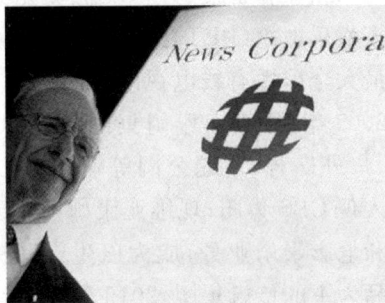

默多克与新闻集团

1988 年,默多克出资 30 亿美元兼并美国三角出版公司,1989 年又接管了柯林斯出版公司。

1983 年起,默多克涉足卫星领域。1989 年,默多克在英国创办了天空电视台,该台 1991 年与英国卫星广播公司合并组成英国天空广播公司。

1991 年,在海湾战争和全球经济衰退的双重打击下,新闻集团被迫出售部分业务,转向更为保守的管理方式,但兼并、收购并没有因此放缓。

之后,默多克把媒体未来的希望寄托在卫星电视市场上,进一步勾画出全球卫星电视王国的轮廓。2003 年默多克旗下的卫星电视网络在全球拥有近 10 亿用户。

2004 年 6 月,新闻集团大规模重组,公司注册地也从澳大利亚转至美国,并寻求在纽约证券交易所上市。

2013 年 6 月 28 日,默多克将新闻集团拆分为两个部分,即新闻集团和 21 世纪福克斯公司。

自 2013 年至 2017 年,新闻集团年收入呈下降趋势。

新闻集团目前的主营业务包括:电视、广播和卫星电视业务;报刊出版业务;电影娱乐业务;IT 业务;其

链接:
新闻集团的
"窃听门"

他业务,包括石油钻探、航空业、畜牧业等。

（五）维旺迪环球

维旺迪的前身为法国最大的自来水供应、垃圾处理和环保设备制造公司。从 20 世纪 80 年代起,该公司逐渐发展为一家综合性企业。

Vivendi

维旺迪环球标志

1994 年,让·玛丽·梅西耶加入该公司,于 1996 年成为 CEO,开始涉足传媒界,在法国收费电视台电视 4 台（Canal＋）参股,逐渐转型为继时代华纳之后的世界第二大媒体集团。

1998 年,维旺迪并购了摩洛哥电信、哈瓦斯通讯社、Cendant Software、Anaya 和一家欧洲大陆最大的收费电视公司 NetHold,并在多国播放数码频道。

1999 年 6 月,维旺迪与百代电影公司合并,合并后公司保留了百代在英国天空广播公司和法国最大的直播卫星电视平台 CanalSat 的股权。

2000 年,维旺迪集团进行了业务拆分,专注于传媒业务;同年并购了 Canal＋电视网、环球影业和西格拉姆,成立维旺迪环球娱乐。

2002 年,维旺迪集团向德意志 2 家银行出售 33 亿欧元股票,此次资本出售是维旺迪财务崩溃的前奏,维旺迪的崩溃是典型的公司发展过快而面临流动资金不足的案例。

链接:
维旺迪背后的
"法国情节"

第三节　信息时代世界新闻媒体的发展趋势

有学者把互联网相关技术的推广使用以及由此带来的新媒体勃兴称为第四次传播革命,相比于前三次传播革命,不仅在传播载体、传播介质上更加先进,实现了数字、文字、声音、图画、影像等多种传播方式的统一数字化处理,更以其交互性传播模式,使得传者与受众之间的传统关系面临巨大转变,传播权力面临深层次的结构调整。互联网正在重塑我们的世界[1]。

---

[1] 李良荣、郑雯:《论新传播革命:"新传播革命"研究之二》,《现代传播》,2012 年第 4 期。

一、信息爆炸与信息社会

美国学者詹姆斯·格雷克在其《信息简史》中引用计算机科学家杰伦·拉尼尔的话,描述了对当代信息爆炸的感觉,"这就好像是你蹲下了身子,埋下了一颗树种,结果它生长得如此之快,以至于你还没有来得及站起身来,它就把你居住的小镇吞噬了"①。在这本书中,詹姆斯·格雷克用"洪流"这样的词语来描述信息发展的态势,"信息犹如翻腾高涨的洪流,将人淹没"②。"洪流"正是这个时代信息发展之快的隐喻。

信息社会不是学者们的臆想,而是实实在在的现实。自20世纪中期以后,人类社会的确发生了很大的变化,开始进入一个与过去有明显区别的时代。其主要的特征,就是随着科学技术、特别是人类信息整理和传输技术的发展,人类开始又一次进入远远超过以前的任何一次的"信息爆炸"时代。

美国学者弗莱德里克曾经做过这样一个推算:如果以公元元年人类掌握的信息量为单位1,那么信息量的第一次倍增,花费了1500年;第二次倍增,花费了250年;第三次倍增,花费了150年;进入20世纪后的第四次信息量倍增,所需时间进一步缩短为50年。其后,倍增速度骤然加快,在20世纪50年代,10年内就实现了倍增;接着在20世纪60年代和70年代,时间周期进一步缩短为7年和5年。根据现在的推算,人类社会的信息量倍增的时间仅仅需要18个月至5年的时间。这是一个惊人的速度。即使以5年为周期来计算,也意味着,在今后不到70年的时间内,人类积累的信息量将达到我们今天信息量的100万倍。信息量正在以指数函数的速度急剧增加,信息爆炸所产生的信息洪流以前所未有的力量冲击着社会的政治、经济和文化,改变着人类社会的结构和形态,并迎来了一个全新的社会——信息社会③。

学者们曾为信息社会做了各种总结,概括起来,信息社会有以下明显的特点:①社会经济的主体由制造业转向了以高新技术为核心的第三产业,即信息和知识产业占据主导地位;②劳动力主体不再是机械的操纵者,而是信息的生产者和传播者;③在实体经济基础上虚拟经济开始膨胀,交易结算不再主要依靠实物或现金而开始向信用转移;④贸易不再主要局限于国内,跨国贸易和全球贸易将成为主流;⑤与信息全球化相伴随的是经济全球化,国家主权受到威胁,但是信息收集、整理、

---

① [美]詹姆斯·格雷克著,高博译:《信息简史》(人民邮电出版社2013年版),第388页。
② [美]詹姆斯·格雷克著,高博译:《信息简史》(人民邮电出版社2013年版),第397页。
③ [美]霍华德·弗莱德里克:《全球传播与国际关系》,转引自郭庆光:《传播学教程》(中国人民大学出版社2011年版),第29页。

控制和扩散能力也成为一种重要的国家力量。经过 20 世纪八九十年代的发展,这些特征正在逐步变成现实①。

信息社会的发展也有一个过程。从媒介普及的角度看,二战后人类逐步进入的信息社会可以分为 3 个阶段。20 世纪 50 年代到 80 年代中期,是初级信息化阶段,在这个阶段,报刊、广播、电视等大众传播媒介得到了高度普及,个人用的媒介也日趋多样化,如电话、录音、录像、摄影、传真等都达到了相当高的普及程度。80 年代中期到世纪之交是中级信息化阶段,这一阶段,大众传媒进一步发达,广播电视进入数字化多频道和卫星跨国传播时代;微型电脑成为个人进行综合信息处理的主要媒介;以互联网和多媒体为代表的新传播的发展,使不同媒介功能出现了融合的新趋势;各国普遍开始信息高速公路建设,加大了信息社会的建设力度,信息不仅成为人们生活中的重要组成部分,而且成为一种重要的国家战略资源。21 世纪以来是高级信息化阶段,这一阶段,网络普及、移动互联网的发展、媒介融合、各类的自媒体、大数据、云计算、人工智能等,不断出现的新媒介和新技术将信息社会带到了更深入的新阶段。

二、网络与新媒体发展

互联网,又称因特网,是国际互联网的简称。

它有 3 个方面的含义:在逻辑上由一个以国际互联协议(IP)及其延伸的协议为基础的全球唯一的地址空间连接起来;能够支持使用传输控制协议和网际互联协议(TCP/IP),或其他 IP 兼容协议的通信;公开或不公开地提供利用通信和相关基础设施的高级信息服务。

虽然从技术的角度看,互联网与网络是两个概念,但在非计算机领域里,人们所指的网络,通常都是互联网,因为互联网是人们接触最多的一个网络。因此,在新闻传播这样的领域里,对网络与互联网同等看待。

网络媒体依靠的是计算机技术的发展。1946 年美国研制出了世界上第一台计算机。其后,随着计算机技术的不断进步和信息论、控制论等科学理论的发展,计算机开始了每七八年更新换代一次,每次运算速度提高 10 倍、体积缩小 10 倍、成本降低 10 倍的过程。20 世纪 80 年代出现了第五代大规模集成电路的计算机,运算速度每秒几十亿次。与此同时,计算机开始了网络化,1985 年,美国国家科学基金会(NSF)牵头,开始建立连接美国各大学、科研机构的主干网 NSFnet。1990 年,英国人提出建立万维网(WWW,World Wide Web)采用超文本标识语言,是计

---

① 刘笑盈:《国际新闻史:从传播的世界化到全球化》(中国广播电视出版社 2018 年版),302 页。

算机新革命的开始。1991年互联网转向商业化。1993年美国提出信息高速公路计划。1995年互联网进入商业应用阶段,此后获得了惊人的发展,网站、上网人数、计算机数量、网络经济的发展速度每年都超过了100%。据统计,到2000年全球的上网人数就超过了3亿,计算机及相关的信息经济产值大约4万亿美元,成了世界第一产业。2003年,全球上网人数超过了6亿人,接入主机3亿多台,网站超过了4000万个。2014年世界网民数超过了30亿人,全球互联网普及率40%。网站2014年甚至突破了10亿家。值得注意的是,从2009年到2014年5年间,发展中国家的网民数增加了1倍,现在2/3的网民在发展中国家。但世界上还是有近40亿人无法上网,其中90%生活在发展中国家。

伴随着互联网的飞速发展,"新媒体"迅速崛起。不同于人类社会传播史中一直存在"新"与"旧"的相对概念,这一次的"新媒体"孕育出独特的内涵,不仅相对于"旧媒体"诞生出丰富多彩的新型媒体形态,更革命性地重塑了现有传播生态环境,颠覆了大众传播的既有线性传播特征,全面、深远地影响了整个社会的政治、经济与文化,成为与"传统媒体"明显不同的"新媒体"。

联合国教科文组织最早给出"新媒体"的定义:新媒体就是网络媒体。美国《连线》杂志将"新媒体"定义为"所有人对所有人的传播"。国内外相关研究机构、组织、专家学者纷纷从不同角度对"新媒体"进行界定,但几乎所有的相关研究都承认并认可互联网在"新媒体"中的主体作用。互联网既是"新媒体"的重要表现形态,也是"新媒体"的深刻发展动力。

网络媒体作为一种全新的媒体具有鲜明的特征:①传播的快捷和时间上的自由性。互联网不仅传播速度快,而且不受印刷、运输、发行等限制,可以随时发布、滚动播出各类消息,网络则易于检索,随时连接。②传播的全球性和空间的无限性。任何信息一进入互联网,就同时可以被全球网民看到。所以,互联网可以说是真正的全球媒体。在信息容量上的无限性,则指通过搜索和链接,不仅可以看到新闻,还可以看到与该新闻有关的任何信息。③传播的交互性和方式的多样性。与传统媒体单向传播、缺乏沟通不同,网络媒体可以是单向,也可以是双向,还可以是多向的,信息的传播具有很强的交互性。网络媒体传播方式的多样性是指可以把文字、图片、声音和图像多种方式合成,提供个性化服务,这些是传统媒体无法做到的[①]。

互联网的发展使人们把它看作一个全新的媒体,在上网用户中,大多数人从网上获取新闻。1998年,联合国在互联网对公众开放4年后宣布它为"第四媒

---

① 刘笑盈:《国际新闻史:从传播的世界化到全球化》(中国广播电视出版社2018年版),第306—307页。

体"。同年,网络媒体对克林顿丑闻的热炒,帮助其打破了传统媒体对新闻的垄断,1995 年诞生的"德拉吉报道"网站也借势而起。在 1999 年的科索沃战争中,网络媒体又开始在国际新闻领域崭露头角。2000 年美国在线与时代华纳的天价合并使第四媒体身价倍增。2003 年在伊拉克战争中,网络媒体更是大出风头。网络媒体还在很大程度上改变了新闻报道的方式与内容,挑战传统的新闻报道模式。

世界上的网站中有新闻网站数千万家,其中许多是网络报纸、广播和电视台网站,另一部分是网络公司直接开办的。网络新闻有几个特点:首先是与传统媒体不同,网络有海量信息,一般的规模网站每天提供的新闻信息数千条、数百万字,还有方便的链接和庞大的资料库。其次是网络的功能排列依此是沟通、娱乐、资料库和新闻,因为缺少原创性,网络新闻在公众心目中可信度不高,不过这种状况在改变,网络的新闻地位在不断提升。再次是以通信和计算机网络技术为基础,还出现了许多诸如 BBS、博客、手机短信、微博、微信等各种应用软件新媒体,或者可以称之为个人媒体、社交媒体,新的媒体在改变着新闻的形态。最后是从形态上看,网站的发展经历了以美国在线、雅虎等为代表的门户网站,以 Google、百度等为代表的搜索网站,以 Face book、My Space 等为代表的社交网站,以及 You Tube、Hulu 等为代表的视频网站等四代的发展,充分展示出了互联网的海量信息、互动与分享等特点。还有另外一种发展分类,就是互联网经历了门户网站的 1.0 时代、平台化的 2.0 时代、移动化的 3.0 时代,现在进入了智能化的互联网 4.0 时代[①]。

三、传统媒介业在信息时代的转型与发展

随着信息化的深入发展,新一代信息技术在传统媒体业广泛应用,在催生新产业、新业态、新模式的同时也对传统媒介的转型产生较大影响。传统的生产和传播方式不断被替代,融合也已是大势所趋,融合发展成为释放信息化潜能下传统媒介业重获新生的必然选择。

（一）传统媒体衰败之势不可逆转

信息技术进步带来的是网络社交平台、视频互动平台与大数据、云计算等被广泛应用,通过网络提供的快捷与便利,个人一跃成为"信息"的发布者、传播者。在此背景下,传统媒体也迎来了前所未有的挑战。

在信息时代的洪流中,传统媒体出现不小的危机。生存环境突变,新型媒体如

---

①　刘笑盈:《国际新闻史:从传播的世界化到全球化》(中国广播电视出版社 2018 年版),第 372-373 页。

雨后春笋般迅速崛起。竞争压力下,一些新媒体成为虚假信息产生的温床。此时,传统媒体所坚守"内容为王"的原则被打破,在"流量爆款"作品的冲击之下,个别传统媒体也追求起有名无实的"十万＋"阅读量。记者的职业认同感也逐渐败退,"人人皆记"的现状使得记者的意见领袖作用式微,加之传统媒体较自媒体对用户反馈重视度较低,用户黏性日渐减弱,进而导致用户大量流失等。面对信息时代这些危机,一些传统媒体仍旧凭借一己之力突出重围。

(二)传统媒体求生之路日渐明晰

信息时代,传统媒体追求的不是简单的"＋数字""＋互联网",而是以"数字＋""互联网＋"为代表的深度融合,以此为发力点实现自己的重生。

同时,新一轮信息革命对传统媒体影响深刻,表现为信息化带来的一些突破性创新,进而形成信息技术驱动下的产业范式变迁、组织形态重构等变化。当前,新一轮信息革命的图景尚未完全展开,对传统媒体生产方式的影响尚不能精准预知。但是,至少借助信息产业,"旧媒体"在新媒体上重获新生的事实已毋庸置疑。

1. 纸媒的转型之路

纸媒是受到新媒体冲击最大的传统媒体。网络媒体、手机媒体等新媒体的兴起与发展快速挤压了纸媒的生存空间,纸媒若想寻得生存,势必要借助新技术以实现自身的生存与改造。在众多摸索与实践中,拥有自己的 App 成为纸媒在信息时代的立足点。

纸媒的转型经历了电子版报刊、创办新闻网站、利用 Web2.0 应用才走到创办自己的移动客户端。电子版报刊是传统报刊的电子版,仅仅是将纸媒内容、版式、图片原封不动复制到互联网上。虽然电子版报纸技术含量低,但是也是纸媒转型迈向网络媒体的第一步。世界上第一家拥有电子报纸的媒体是位于美国硅谷的《圣何塞信使报》,该报于 1987 年首度将报纸克隆到互联网上。随后,随着计算机网络、通信技术、多媒体技术的发展,网络用户不断增多,传统媒体在 20 世纪 90 年代掀起"上网"热潮。一时间,从《纽约时报》《华盛顿邮报》《华尔街日报》等著名报刊到地方小报,都拥有了自己的网络版。

20 世纪末,互联网的热潮推动了传统媒体创办新闻网站。《纽约时报》《华盛顿邮报》等传统媒体凭借成熟的商业运作和丰富且专业的内容资源,使自己的新闻网站在激烈的竞争中脱颖而出,一些传统媒体在互联网平台上找到了自己更大的发展机遇。同时,基于自己的官方网站,一些传统媒体利用 Web2.0 拓展论坛、社区等提供交互性新闻信息服务,实现了与网络用户的双向交流。

21 世纪手机普及,移动终端报刊应运而生,主要包括手机报和应用程序 2 个阶段。手机报指的是将纸质报刊内容通过移动通信技术平台,以短信、彩信的方式发送到用户手机上或使用 WAP 浏览的媒体形态。手机报一经问世就产生了巨大影响,但由于移动互联网技术的发展和智能手机的普及,手机报被迅速淘汰,取而代之的是基于智能手机、平板电脑等移动终端系统更加适配的 App。App 成为传统媒体又一块攻城略地的战场,传统媒体推出手机、平板电脑应用也日渐普遍起来。传统报业基于内容资源,大量利用移动端新媒体渠道,可谓"无孔不入"。

　　纸媒的成果转型与发展,从《纽约时报》的实践中也可窥见一二。2020 年,虽然传统报业机构的广告收入仍在持续缩水,但是《纽约时报》依然保持良好的发展状态。近年来,《纽约时报》在信息化的背景下积极尝试与实践,在传统报业转型中取得不俗成绩和良好的发展趋势。长期以来,《纽约时报》对新兴科技持开放心态,努力顺应时代潮流。早在 1996 年,《纽约时报》就成立了新闻技术部,并建立新闻网站提供在线服务。随着社交媒体的崛起,《纽约时报》又将 Facebook、Twitter 作为入口,带动新闻信息的二次传

链接:
《纽约时报》
付费墙

播。到 2005 年,《纽约时报》的报纸部门和数字部门已经完成了融合。《纽约时报》的电子新闻简报"Newsletter"也颇为成功。2011 年,《纽约时报》启动付费墙战略,将核心用户作为发展重心。随后,为了将阅读用户转化为付费订阅者,《纽约时报》对网站读者采取计量付费的方式,并严格限定提供给第三方网站免费文章的数量。2019 年,鉴于 5G 可能引发数字新闻革命的认知,《纽约时报》推出 5G 新闻实验室,研究如何利用 5G 为受众提供"更加动态的内容叙述格式"。通过试水新科技与开发新工具,《纽约时报》形成了颇具规模的多平台媒体,这不仅拉动了订阅量的增长,也提升了其品牌形象。从曾经的权威纸媒到今天的数字媒体领头羊,《纽约时报》的试水为其他传统媒体的转型与发展提供了参考。信息化时代《纽约时报》凭借着先人一步的敏锐洞察力与执行力,快速抢占了新媒体市场。

　　2. 广播媒体的转型之路

　　网络与广播的结合开始于 20 世纪 90 年代中期。在广播领域,顺应信息时代对广播的新要求,广播从生产到呈现形式都发生了变化,网络广播、手机广播和专业的广播类 App 也顺势产生并获得快速发展。

　　传统广播电台入网的基本形式是网络广播、网络点播,改变了过去无线电波传输的形式。网络广播,是指广播电台利用互联网作为接触受众的平台,提供广播音频服务。网络点播是指将传统的广播节目保存在互联网上,用户可以随时选择可

以收听的广播音频①。

在手机和智能手机普及的同时,广播也和纸媒经历了相类似的发展。手机广播、移动终端广播也伴随手机出现并发展。手机广播指的是广播节目通过手机内置的 FM 广播调谐器,直接接收无线电波信号以收听广播。但是在移动互联网技术的逼迫下,手机广播并没有获得大范围流行便被移动终端广播所取代。现今,在"互联网＋广播"的发展趋势下,众多广播电台都加快了转型步伐,其中美国国家公共电台极具代表性。

美国国家公共电台(National Public Radio,NPR)成立于 1970 年,是美国最大的公共广播电台,是私人资助的、非营利性会员组织。NPR 以美国本土民众为广播对象,作为一家综合性广播电台,其内容涵盖新闻、文化,还有一些很有特色的专栏。

新媒体环境下的受众普遍希望从各种渠道实时获取新闻信息,而以互联网为代表的新媒体基本上可以满足受众 24 小时全方位、立体化的新闻信息需求。在这种情况下,NPR 探索出一种全新的网络化生存模式,新闻全天候 24 小时滚动新闻,每天不停地对播出内容和网站新闻进行实时更新。并且,为了迎合时代发展,NPR 有一个专门的社交媒体研究小组,研究受众在用了社交媒体后与 NPR 关系的变化。NPR 还利用社交媒体做一个周末档的节目。通

美国国家公共电台标志

过社交媒体调查,NPR 可以了解听众收听 NPR 的时间长度、对 NPR 的印象。调查研究表明,很多听众觉得 NPR 做得非常好,并且感受到他们是 NPR 的一部分,NPR 受众忠诚度也得到提高。

3. 电视媒体的转型之路

电视媒体是在 20 世纪诞生并大放异彩的媒介,而到了 21 世纪,受到新媒体技术的挑战,电视媒体逐渐势单力薄。

众所周知,今天的年轻人正在抛弃古老的有线电视、卫星电视,正在通过互联网点播各种视频,或者观看直播电视频道。传统的付费电视服务商以及电视台已经开始了重大转型,纷纷转移到了互联网。广播电视与各类新兴媒体快速融合,进一步扩展了广播电视的内容资源和传播体系,诞生了网络电视、移动终端电视、IPTV、数字电视等种类丰富的媒介形态。同时,电视媒体也积极与众多视频 App

---

① 李良荣:《网络与新媒体概论(第二版)》(高等教育出版社 2019 年版),第 88 页。

合作,占领新的受众市场。近些年来,在媒体转型浪潮的推动下,国外广电事业改革获得新的突破。

英国广播公司全面加速其自身的数字化、流媒体化转型,不断尝试为媒介融合拓宽平台。BBC 作为英国广播电视界的头牌大佬,在 2008 年推出了其广播电视节目的网络平台 iPlayer,用户可以在这一平台直接观看、点播、下载收听收看 30 天(原为 7 天)内 BBC 播出的音视频节目,此举体现出 BBC 重视网络平台,意在联通线上线下。2016 年,虚拟现实技术(VR)、增强现实技术(AR)、8K、无人机等新技术应用给传播形式和内容带来很大影响,激发出新的灵感。网速、摄影设备和手机应用的改善让直播大显身手。新技术在 2016 年里约奥运会、美国总统大选中的诸多应用,让人们看到了其惊人的力量。在 2016 年里约奥运会举行之际,英国广播公司推出了首个 360 度视频试验服务"BBC Sport 360",其 360 度视频直播了开幕式、闭幕式、田径以及拳击比赛,总计播出了约 100 个小时,每次都有 4 个不同的拍摄角度供观众选看。

通过观察可以发现,BBC 等各国大牌电视媒体都不约而同地选择在社交媒体上直接播出节目。面对数字化浪潮,传统广播电视媒体在网络音视频、在线直播、与新媒体公司合作等多方尝试,通过多类软件工具进行爆料追踪、精准搜索、社交媒体信源核实等,以数字化优先的新闻采编流程,转战移动端内容场,争夺移动端用户。这说明传统广播电视终端已不再是优秀音视频内容唯一的输出平台。它们看好社交媒体巨大的用户基数和对年轻受众的影响力,希望引流社交网络用户成为广播电视节目的消费者。同时,随着更多合作渠道的打通,"社交+广播电视"的发展新路径和模式会逐渐清晰和确立起来,依托"社交"风口,电视媒体也探寻到了未来的转型方向。

信息时代,传统媒体固守的逻辑和判断已经被新媒体产业所颠覆。如若传统媒体只是执拗坚持"只进入而不融入,只利用形式而不转变运营理念",那么势必会加快传统媒体的衰亡速度。当下,无论是媒介融合还是万物互联,不管信息化带来怎样的生产要素变迁,人永远是生产力中最活跃的要素。要想不断激发创新创造的活力,还需新闻从业人员挺身而上、击楫中流,主动做驭风者、弄潮儿,时刻以互联网思维和改革创新精神寻求问题攻坚之法、发展破难之策。

四、互联网的未来走向以及对传媒业的影响[①]

新技术的发展,为新媒体勃兴与互联网浪潮对人类生活产生巨大影响奠定了

---

① 彭兰:《网络传播概论(第四版)》(中国人民大学出版社 2017 年版),第 27—39 页。

重要的技术基础。总的看来,数字技术、计算机网络技术、移动通信技术是互联网与新媒体发展的三大关键性支撑技术,我们可以它们为线索去探究互联网的未来走向及其对传媒业的影响。

(一)移动互联网重新定义大众传播

移动互联网不仅是互联网的升级,也将是大众传播的升级。

1. 移动互联网改变了传统的时空观

移动互联网时代,用户接触和使用网络的时间是"碎片化的"。传统媒体时代,电视等媒体非常看重所谓的"黄金时段",对于移动互联网来说,当媒体可以随时带在身上时,一切时间都有可能是黄金时间。

2. 移动互联网改变的空间观

移动互联网赋予传播的"追身性",即在任何空间实现信息与服务的到达。近几年兴起的 LBS(Location Based Service,基于位置的服务)技术的普遍应用意味着,移动互联网可以向不同位置的人们提供不同的信息和服务。它可以跟踪人们的移动轨迹,理解人们在不同位置的需求,把每一个位置作为向其提供个性化服务的重要依据。

移动终端使得出自新闻现场的即时的新闻生产变得更为普遍,基于文字、图片、视频等手段的新闻现场直播成为常态,新闻生产空间从"媒体空间"向"现场空间"迁移。空间的转移更多地意味着新闻生产时间的高浓缩,以及新闻产品中更多的原生态。这对于媒体的生产手段、流程以及媒体人的素质是一种挑战。

3. 场景成为移动时空描述的新维度

场景主要是指基于特定时间、空间和行为及心理的环境氛围。它也是移动产品的一个新的构成要素。场景分析的最终目标是要提供特定场景下的适配信息或服务。

(二)大数据驱动媒体生产方式变革

大数据是基于相当大的量级(这个量级也在不断发生变化)的数据进行数据收集、分析、挖掘与应用的技术。对于媒体,大数据技术带来的影响也是深远的。

1. 大数据时代的数据新闻及新闻业务方向的变革

① 预测性新闻的增加。大量案例表明,通过数据分析,特别是大数据分析,来预测一个事物的变化过程,揭示其发展趋势是可行的。美国"538"网站就是在新闻报道领域运用大数据做预测的一个经典,其作为《纽约时报》旗下的一个博客站点,由于在 2008 年成功预测了全美 50 个州中 49 个州的总统选举结果而名声大噪。"538"博客的主持者纳特·西尔弗并非新闻记者,而是一个统计学家。2012 年,"538"又一次成功预测了奥巴马将有 90% 以上的机会赢得选举。

　　② 深度报道模式的改变。与以往记者在某一个视野有限的观察点上对事物进行的观察与分析不同的是,在某些领域里,数据可以更直接、准确地反映全局性的或深层次的状况。如果能运用大数据技术对这些数据进行分析,报道的深度将得到有效的提升。2013年,《纽约时报》的《雪崩》报道获得普利策特稿写作奖。这一报道被人认为是数据驱动型报道的代表。作者布兰奇在接受采访时说,通过数据爬取和挖掘工具,他们获得了社交媒体上有关雪崩事件的热点话题和关键词,并以此为依据着手进行该新闻专题的策划。

链接:
《纽约时报》的
《雪崩》报道

　　③ 个性化新闻与信息服务水平的提升。在建立模型的基础上,针对每个特定用户提供的数据来进行进一步的数据分析,已成为今天的一些数据新闻的探索方向。

　　2. 大数据提升用户分析水平

　　大数据的研究由于不是要求用户对他们的行为习惯以问卷的方式做出回答,而是对他们日常的自发行为本身进行分析,因此,能更真实地反映用户的需求、偏好以及行为模式。相较于传统的用户分析方法,大数据可以在对于整体用户的全样本、跨平台分析,对于群体用户的细分化分析以及对于个体用户的精准性分析3个层面上的分析占有优势。

　　此外,大数据还会在盈利模式、合作模式等方面对媒体产生影响。

　　(三)智能化媒体时代的新闻生产

　　智能机器、智能物体和其他技术进入新闻生产领域,带来了新闻发展的5种新模式。

　　1. 个性化新闻

　　个性化新闻主要体现在以下3个层面:个性化推送、对话式呈现、定制化信息生产。

　　2. 机器新闻写作

　　2010 年,美国 Narrative Science 公司推出的机器新闻写作工具进入我们的视野。这个机器写作工具大约每 30 秒就能够撰写出一篇新闻报道。其新闻撰写的基本模式为:首先,通过系统的搜索引擎收集大量高质量的数据,并从中寻找新闻要素。其次,决定新闻的角度和风格模式。最后,按照元作者提供的词汇来组织句子。在 Narrative Science 之后,一些媒体和网站也加入了机器写作的探索中。机器新闻写作逐步成为热门话题。美联社将常态的财经类报道纳入机器写作的方式,甚至有人预测称未来机器生成的新闻将占到媒体新闻的 90％,并在 5 年内就可能获普利策新闻奖。

3. 传感器新闻

美国哥伦比亚大学托尔数字新闻中心将其定义为"利用传感器生成或搜集数据进而分析、可视化,使用数据支持新闻报道"。凡是在报道中运用的可视化数据来自传感器,我们就可以称这种新闻为传感器新闻。我们熟悉的 GPS 就是一种与地理位置相关的传感系统。今天遍布大街小巷的监控摄像头,同样是一种传感器,一些新闻事件真相的最终查明,正是得益于这些监控录像。无人机也可以被看作会飞的传感器,今天它在一些重大新闻报道上的应用已越来越多。

4. 临场化新闻

以往的电视直播在视觉上传达了一定的"现场感",但观众与现场的关系是基于二维画面的"观看"。新技术将创造媒体用户与现场的新关系——"临场",即进入现场。

临场化新闻主要有:① 网络视频新闻直播。②VR/AR新闻。③VR/AR 直播。

链接:
VR、AR

2011 年的占领华尔街运动,美国媒体就运用 360 度幻影成像技术对事件进行报道。把新闻事件置于原有的空间中,利用三维技术实现还原,并以 360 度的视角进行解读,对于新闻报道具有革命性的意义。从 2014 年起,《今日美国》就联合专业公司共同开发 360 度新闻、3D 新闻和 VR 新闻。当年 9 月该报推出第一个 VR 系列专题纪录片,成为第一家用 VR 技术报道新闻的美国大报。如今,它已成为美国报业 VR 叙事的领导者。

5. 分布式新闻

分布式新闻模式是信息与知识生产领域的共享模式,即多种主体在自组织模式下共同参与某一个话题的报道,维基百科在这方面已经树立了典范。人工智能等技术将进一步推动分布式新闻生产的普及,甚至分布式生产的参与者将扩展到物体。借助一些开放平台,人的认知盈余与机器、物体的智能资源结合在一起,将有助于对一个特定的新闻主题建立起丰富的认知框架,也有助于推动人们在某些角度下的深入挖掘。

作为媒体的互联网自身的演变,以及互联网对整个传媒业的冲击,都会促进传媒业版图的重构,并且这一种重构是在突破传统媒体的固有边界的基础上展开的。无论我们是否愿意接受,变革都已经开始。

思考与练习 》》》

1. 简述全球化、信息化的内涵及发展。

2. 简述传播全球化的影响。

3. 在网络的影响下,传统媒体发生了哪些变革?

4. 社会化媒体对新闻传播产生了哪些影响?

5. 简述智能化机器与算法对未来新闻生产的影响。

参 考 文 献

[1] [美]埃德温·埃默里,迈克尔·埃默里. 美国新闻史——报业与政治、经济和社会潮流的关系[M]. 苏金琥,张黎,阮宁,等译. 北京:新华出版社,1982.

[2] [日]仓田保雄. 路透其人和路透社[M]. 田瑞岩,任长安,译. 北京:新华出版社,1980.

[3] [日]稻叶三千男,新井直之. 日本的报业理论与实践[M]. 张国成,叶伦,王晓民,等译. 北京:新华出版社,1985.

[4] 端木义万. 美国传媒文化[M]. 北京:北京大学出版社,2001.

[5] 甘惜分. 新闻学大辞典[M]. 郑州:河南人民出版社,1993.

[6] 顾潜. 中西方新闻传播:冲突·交融·共处[M]. 上海:复旦大学出版社,2003.

[7] 童兵. 比较新闻传播学[M]. 北京:中国人民大学出版社,2002.

[8] 李良荣. 当代世界新闻事业[M]. 北京:中国人民大学出版社,2002.

[9] 李磊. 外国新闻史教程[M]. 北京:中国广播电视出版社,2001.

[10] [爱]肖恩·麦克布赖德. 多种声音 一个世界:交流与社会 现状和展望[M]. 北京:中国对外翻译出版公司,1981.

[11] 李瞻. 世界新闻史[M]. 台北:三民书局,1983.

[12] 明安香. 全球传播格局[M]. 北京:社会科学文献出版社,2006.

[13] [美]梅尔文·德弗勒,埃弗雷特·丹尼斯. 大众传播通论[M]. 颜建军,王怡红,张跃宏,等译. 北京:华夏出版社,1989.

[14] [法]皮埃尔·阿尔贝,费尔南·泰鲁. 世界新闻简史[M]. 许崇山,果永毅,李峰,译. 北京:中国新闻出版社,1985.

[15] 钱乘旦,陈晓律. 在传统与变革之间——英国文化模式溯源[M]. 杭州:浙江人民出版社,1991.

[16] [日]山本文雄,山田实,时野谷浩. 日本大众传播工具史[M]. 刘明华,

郑超然,译.西宁:青海人民出版社,1984.

[17] [美]斯塔夫里阿诺斯.全球通史[M].吴象婴,梁赤民,译.上海:上海社会科学院出版社,1999.

[18] 童兵.比较新闻传播学[M].北京:中国人民大学出版社,2002.

[19] 王泰玄.报坛群星——外国新闻史名人传略[M].北京:中国人民大学出版社,1992.

[20] 徐新.西方文化史[M].北京:北京大学出版社,2002.

[21] 徐新.西方文化史续编[M].北京:北京大学出版社,2003.

[22] [美]约翰·C.梅里尔.世界新闻大观[M].杜跃进,张晓崧,刘玉亭,等译.郑州:河南人民出版社,1988.

[23] 张昆.简明世界新闻通史[M].武汉:武汉大学出版社,1994.

[24] 张允若,高宁远.外国新闻事业史新编[M].成都:四川人民出版社,1996.

[25] 郑超然,程曼丽,王泰.外国新闻传播史[M].北京:中国人民大学出版社,2000.

[26] 张隆栋,傅显明.外国新闻事业史简编[M].北京:中国人民大学出版社,1988.

[27] 中国人民大学新闻系新闻事业史教研室.外国新闻事业史参考资料[M].北京:中国人民大学出版社,1989.

[28] 陈力丹.世界新闻传播史[M].上海:上海交通大学出版社,2002.

[29] 支庭荣,邱一江.外国新闻传播史[M].广州:暨南大学出版社,2004.

[30] 程曼丽.外国新闻传播史导论[M].上海:复旦大学出版社,2004.

[31] 郭镇之.电视传播史[M].北京:北京师范大学出版社,2000.

[32] 辜晓进.当代中外新闻传媒[M].北京:中国人民大学出版社,2012.

[33] 李良荣.当代世界新闻事业[M].北京:中国人民大学出版社,2002.

[34] 刘笑盈.国际新闻史:从传播的世界化到全球化[M].北京:中国广播电视出版社,2018.

[35] 梁洪浩.外国新闻事业史[M].武汉:武汉大学出版社,1992.

[36] 马庆平.外国广播电视史[M].北京:北京广播学院出版社,1997.

[37] 彭兰.网络传播概论[M].北京:中国人民大学出版社,2017.

[38] 徐耀魁.世界传媒概览[M].重庆:重庆出版社,2000.

[39] 张威,邓天颖. 澳大利亚传媒[M]. 北京:北京大学出版社,2002.

[40] [日]新井直之,内川芳美. 日本新闻事业史[M]. 张国良,译. 北京:新华出版社,1986.

[41] [美]迈克尔·埃默里,埃德温·埃默里. 美国新闻史:大众传播媒介解释史[M]. 展江,殷文,译. 北京:新华出版社,2001.

[42] [日]佐藤卓己. 现代传媒史[M]. 诸葛蔚东,译. 北京:北京大学出版社,2004.

[43] [英]詹姆斯·卡瑞,珍·辛顿. 英国新闻史[M]. 栾轶玫,译. 北京:清华大学出版社,2005.

后记

《外国新闻事业史》是根据学校课程体系的调整，以及教材规范指导要求编写而成的。它实质上涵盖了原《简明中外新闻事业史》中的外国新闻事业史部分，因此，我们在保留原教材的体例、框架的基础上，进行了部分章节的改写、整合，对部分章节进行了扩充，并依据时代的发展增添了相应的内容。

课程组的教师参与了本教材编写工作。刘勇负责教材的大纲、框架的设计，以及整体统筹，并撰写了第一章、第七章、第八章、第九章；刘丽撰写了第二章、第三章、第四章、第五章；李新丽撰写了第六章。

2021级研究生侯绍惠、刘高瞻负责教材的文献资料的搜集、整理、录入与核对，以及部分章节的初稿写作。其中，侯绍惠参与撰写了第七章、第九章第三节；刘高瞻参与撰写了第八章、第九章第二节。

在编写过程中，我们参考、吸收了可以参阅的中外新闻事业的大量研究资料和研究成果，在此谨向这些图书、文章的作者表示感谢。

图书在版编目(CIP)数据

外国新闻事业史/刘勇,李新丽,刘丽主编.—合肥:合肥工业大学出版社,
2023.10

ISBN 978 - 7 - 5650 - 6246 - 9

Ⅰ.①外⋯　Ⅱ.①刘⋯　②李⋯　③刘⋯　Ⅲ.①新闻事业史—外国—高等
学校—教材　Ⅳ.①G219.19

中国国家版本馆 CIP 数据核字(2023)第 202232 号

外国新闻事业史

刘　勇　李新丽　刘　丽　主编		责任编辑　张　慧	
出　版	合肥工业大学出版社	版　次	2023 年 10 月第 1 版
地　址	合肥市屯溪路 193 号	印　次	2023 年 10 月第 1 次印刷
邮　编	230009	开　本	710 毫米×1010 毫米　1/16
电　话	人文社科出版中心:0551 - 62903205	印　张	16.25
	营销与储运管理中心:0551 - 62903198	字　数	295 千字
网　址	press.hfut.edu.cn	印　刷	安徽联众印刷有限公司
E-mail	hfutpress@163.com	发　行	全国新华书店

ISBN 978 - 7 - 5650 - 6246 - 9　　　　　　　　　　定价: 58.00 元

如果有影响阅读的印装质量问题,请与出版社营销与储运管理中心联系调换。